Leitfaden Berufsorientierung

*Bertelsmann Stiftung,
Netzwerk SCHULEWIRTSCHAFT,
MTO Psychologische Forschung und Beratung GmbH (Hrsg.)*

Leitfaden Berufsorientierung

Praxishandbuch zur qualitätszentrierten Berufs- und Studienorientierung an Schulen

Autoren:
Karsten Hammer
MTO Psychologische Forschung und Beratung GmbH

Dr. Jürgen Ripper
MTO Psychologische Forschung und Beratung GmbH

Thomas Schenk
Landesarbeitsgemeinschaft SCHULEWIRTSCHAFT Baden-Württemberg

| Verlag BertelsmannStiftung

Bibliografische Information der Deutschen Nationalbibliothek

Die Deutsche Nationalbibliothek verzeichnet diese Publikation in der Deutschen Nationalbibliografie; detaillierte bibliografische Daten sind im Internet unter http://dnb.d-nb.de abrufbar.

6., vollständig überarbeitete Auflage 2015
© 2009 Verlag Bertelsmann Stiftung, Gütersloh
Verantwortlich: Naemi Härle
Lektorat: Heike Herrberg, Bielefeld
Herstellung: Christiane Raffel
Umschlaggestaltung: Elisabeth Menke
Umschlagabbildung: Juice Images/Fotolia.com
Layout: Nicole Meyerholz
Satz: Katrin Berkenkamp
Druck: Hans Kock Buch- und Offsetdruck GmbH, Bielefeld
ISBN 978-3-86793-660-6

www.bertelsmann-stiftung.de/verlag

Inhalt

Vorwort zur 6. Auflage 7

1 Einführung 9
   1.1 Über den Leitfaden 11
   1.2 Ziele und Nutzen von Berufsorientierung 13
   1.3 Kompetenzfeststellung und individuelle Förderung
       in der Berufsorientierung 19
   1.4 Qualitätsmanagementsystem zur Berufsorientierung an Schulen ... 24

2 Planung der Berufsorientierung an Schulen 31
   2.1 Statusanalyse 32
   2.2 Koordinationsgruppe 33
   2.3 Kommunikation 39
   2.4 Projektmanagement 48

3 Umsetzung der Berufsorientierung an Schulen 55
   3.1 Kompetenzfeststellung und individuelle Förderung 56
   3.2 Qualitätsrahmen Berufsorientierung 77
   3.3 Qualitätsleitbild Berufsorientierung 82
   3.4 Prozessdokumentation 88
   3.5 Evaluation und Verbesserung 91

4 Maßnahmen zur Berufsorientierung 101
   4.1 Qualitätsdimension 1: »Unterrichtliche Aktivitäten« 102
       4.1.1 Einbeziehen außerschulischer Experten in den Unterricht ... 103
       4.1.2 Recherche und Präsentation von Informationen 104
       4.1.3 Schwerpunkttag Ökonomie 106

4.2 Qualitätsdimension 2: »Außerunterrichtliche Aktivitäten« 108
    4.2.1 Benimmtraining 109
    4.2.2 Berufswahlportfolio 110
    4.2.3 Bewerbungstraining 112
    4.2.4 Ich-Stärkung 114
    4.2.5 Planspiele 116
    4.2.6 Projekttage 119
    4.2.7 Schülerfirma 121
    4.2.8 Verantwortungsübertragung 125
4.3 Qualitätsdimension 3: »Kooperation Schule – Wirtschaft« 127
    4.3.1 Berufsmessen 128
    4.3.2 Betriebsbesichtigung 130
    4.3.3 Betriebserkundung 132
    4.3.4 Betriebspraktikum 135
    4.3.5 Girls' Day 139
    4.3.6 Lehrerbetriebspraktikum 142
    4.3.7 Lernpartnerschaften 144
    4.3.8 Neue Wege für Jungs 147
4.4 Qualitätsdimension 4: »Kooperation Schule – weitere Partner« 148
    4.4.1 Agentur für Arbeit 149
    4.4.2 Berufswahlpaten 152
    4.4.3 Eltern-Schüler-Abend 154
    4.4.4 Erkundung von Elternarbeitsplätzen 156
    4.4.5 Förderung leistungsstarker Schülerinnen und Schüler 157
    4.4.6 Hochschulen 159
    4.4.7 Jugendhilfe 163

5 Anhang 173
    Übersicht über alle Materialien zum Download 173

Danksagung 178

Abstract 179

Vorwort zur 6. Auflage

Im Jahr 2014 brach jeder vierte Lehrling in Deutschland seine Ausbildung ab. An den Hochschulen sah es nicht besser aus: In manchen Fachrichtungen führten bis zu 40 Prozent der Jungakademiker ihr Studium nicht zu Ende. Zu den meistgenannten Gründen für einen Ausbildungs- oder Studienabbruch gehören falsche Vorstellungen von den Anforderungen und Inhalten, fehlende Identifikation mit dem gewählten Fach und mangelnde Motivation.

Das zeigt einmal mehr, wie wichtig Orientierung und Unterstützung für junge Menschen bei den ersten beruflichen Schritten sind. Wie aber können wir Schülerinnen und Schülern helfen, die für sie passende berufliche Richtung zu finden? Wie sollten Lehrkräfte junge Menschen auf den Beruf vorbereiten? Und was gehört eigentlich alles zu einer guten Berufs- und Studienorientierung? Antwort auf diese und viele weitere Fragen gibt die 6., aktualisierte Auflage des »Leitfadens Berufsorientierung«. Er ist das derzeit umfassendste Instrument, mit dem sich schulische Berufsorientierung systematisch gestalten lässt.

Der Leitfaden Berufsorientierung hilft Schulen, ihr eigenes Konzept zur Berufs- und Studienorientierung zu entwickeln. Gleichzeitig bietet er alltagspraktische Hilfe und Anleitung für alle Lehrkräfte, die mit diesem Thema betraut sind. Die im vorliegenden Handbuch aufgeführten Methoden zur Kompetenzfeststellung und Berufsorientierung wurden ausgiebig in der Schulpraxis erprobt. Sie lassen sich an allen weiterführenden Schulen einsetzen – ob beruflich oder allgemeinbildend. Der Leitfaden unterstützt Schulen dabei, planvoll, strukturiert und mithilfe eines erprobten Qualitätsmanagementsystems den Übergang in Ausbildung und Beruf zu begleiten. Ziel ist es, Schülerinnen und Schülern schon früh Einblicke in verschiedene Berufsbereiche zu ermöglichen. Der Leitfaden zeigt auch, wie Schule zugleich ihre außerschulischen Kooperationen fördern kann.

In seiner neuesten Auflage berücksichtigt der »Leitfaden Berufsorientierung« auch aktuelle Entwicklungen in Schule und Beruf und – erstmals in dieser Neuauflage – das

Vorwort

Thema Inklusion in Bildung und Ausbildung. Eine besondere Herausforderung besteht darin, diese gemäß UN-Behindertenrechtskonvention auch in der schulischen Berufsorientierung umzusetzen. Denn Inklusion in der Bildung endet nicht mit dem Verlassen der Schule, sondern schließt Studium und Ausbildung mit ein. Dies hat entsprechende Konsequenzen für die schulische Vorbereitung. Der »Leitfaden Berufsorientierung« hilft Lehrkräften inklusive, einzelfallbezogene Berufsorientierung im Schulalltag praktisch umzusetzen.

Aufgrund der anhaltend hohen Nachfrage erscheint der »Leitfaden Berufsorientierung« nun schon in der 6. Auflage. Zudem wurde er von der Fundación Bertelsmann in Barcelona übersetzt und adaptiert, sodass in Spanien nun eine entsprechende Version genutzt werden kann. Die Autoren des »Leitfadens Berufsorientierung« haben die Neuauflage um viele Links, Maßnahmen und Literaturhinweise ergänzt. Das Handbuch wurde an Schulen unterschiedlicher Schularten in Baden-Württemberg und Nordrhein-Westfalen erprobt, evaluiert und weiterentwickelt. Allen am Entstehungsprozess beteiligten Fachkräften und Experten sei für ihre Mitarbeit und ihr Engagement gedankt. Besonderer Dank gebührt dem Team von MTO Psychologische Forschung und Beratung GmbH für die konstruktive und engagierte Zusammenarbeit.

Für Schulen, ihre Lehrkräfte und alle außerschulischen Beteiligten hoffen wir, dass sie der Leitfaden in ihrem Engagement für eine bessere schulische Berufsorientierung wirksam unterstützt.

Dr. Jörg Dräger	*Dr. Alfred Lumpe, Dr. Wolfgang Malchow*
Mitglied des Vorstands	Vorsitzende des Netzwerks
der Bertelsmann Stiftung	*SCHULE*WIRTSCHAFT

1 Einführung

Der Übergang von der Schule ins Berufsleben spielt eine entscheidende Rolle für die Zukunftsperspektive junger Menschen. Daher ist die Förderung des individuellen Berufs- bzw. Studienwahlprozesses eine wichtige und zentrale Aufgabe der allgemeinbildenden Schulen.

Der vorliegende »Leitfaden Berufsorientierung« soll den Schulen diese Aufgabe erleichtern und die bestehenden Maßnahmen zur Berufs- und Studienorientierung zu einem schulspezifischen Gesamtkonzept zusammenführen. Hier werden sowohl die Berufs- als auch die Studienorientierung der Schülerinnen und Schüler betrachtet. Aus Gründen der besseren Lesbarkeit wird im Folgenden der Begriff »Berufsorientierung« verwendet, der auch die Studienorientierung einschließt. Aus dem gleichen Grund wird überwiegend auf die weibliche Sprachform verzichtet. Selbstverständlich sind jeweils beide Geschlechter gemeint.

Welche Rolle spielt das Thema Berufsorientierung heute?

In den Schulen sowie in Politik und Wirtschaft gewinnt das Thema Berufsorientierung zunehmend an Bedeutung. Auf dem sich schnell wandelnden Arbeitsmarkt entstehen neue Berufsfelder, neue Studiengänge und -abschlüsse, die neue Anforderungen an die Schülerinnen und Schüler stellen. Daher ist es wichtig, diese bei ihrer Orientierung auf dem vielfältigen Arbeits- und Ausbildungsmarkt zu unterstützen und sie möglichst umfassend auf den Übergang in eine berufliche Ausbildung bzw. in ein Studium vorzubereiten.

Vielen Schulabgängerinnen und -abgängern fehlen Orientierung, Kenntnisse und Entscheidungskriterien für eine begründete und fundierte Berufs- und Studienwahl. Das führt zu hohen Abbrecherquoten bei den Auszubildenden und den Studierenden. Die Bildungspolitik hat darauf mit der Aufnahme des Themas Berufsorientierung in die schulischen Bildungspläne der allgemeinbildenden Schularten reagiert.

1 Einführung

Schulen brauchen weitergehende, umfassende Unterstützung, um die Berufsorientierung zielgerichtet, standortspezifisch, schülerorientiert und systematisch voranzutreiben. Aus den kontinuierlichen Veränderungen auf dem Arbeitsmarkt ergibt sich die Notwendigkeit der ständigen Aktualisierung und eines hohen Maßes an Flexibilität in der Berufsorientierung. Diese muss dem ständigen Anpassungs- und Änderungsbedarf in der Berufswelt nachkommen.

Mithilfe eines konkreten Konzepts zur Berufsorientierung kann sich die Schule auch nach außen positiv darstellen. Ihre Aktivitäten und Ziele zur beruflichen Orientierung der Schülerinnen und Schüler werden transparent – etwa gegenüber den Eltern.

An wen richtet sich der Leitfaden?

Der Leitfaden richtet sich vor allem an Schulleitungen und Lehrkräfte aller allgemeinbildenden weiterführenden Schulen, die sich den Herausforderungen stellen und für ihre Schülerschaft eine systematische Berufsorientierung einrichten wollen. Selbstverständlich können ebenso berufliche Schulen den Leitfaden für ihre Arbeit nutzen. Auch für Grundschulen können Teile des Leitfadens eine hilfreiche Unterstützung sein.

Die konkreten Aktivitäten in den verschiedenen Schularten unterscheiden sich in einigen Punkten. So steht zum Beispiel die Studienorientierung in Gymnasien häufig im Vordergrund der Berufsorientierung, in anderen Schularten dagegen weniger. Das grundlegende Konzept dieses Leitfadens kann an allen Schulformen eingesetzt werden. Die Schwerpunktsetzungen bezüglich der Aktivitäten nehmen die einzelnen Schulen selbst vor. Die Schule kann den Leitfaden wie einen Baukasten anwenden und sich einzelne Bestandteile, wie Informationen, Methoden oder Materialien, die sie gerade benötigt, herausnehmen. Vor allem Informationen und Praxismaterialien zu den in Kapitel 4 beschriebenen Maßnahmen (z. B. zur Betriebsbesichtigung) können konkret für die schulische Arbeit verwendet werden. Insbesondere das vierte Kapitel bietet eine Unterstützung für jede Lehrkraft, die mit der praktischen Umsetzung der Berufsorientierung an der Schule zu tun hat.

Um jedoch die Berufsorientierung im Ganzen voranzutreiben und sie systematisch sowie effektiv an der Schule zu implementieren, ist es sinnvoll und hilfreich, die Aktivitäten in ein Qualitätsmanagementsystem einzubetten.

Der Leitfaden unterstützt die Schule dabei, ein umfassendes und systematisches Gesamtkonzept zu erstellen und umzusetzen. In einem solchen Konzept geht es darum, die gesamte Berufsorientierung der Schule zu beschreiben und alle Aktivitäten dazu systematisch miteinander zu vernetzen, sodass diese aufeinander aufbauend auf konkrete Ziele hinarbeiten. Dieses Vorgehen bedeutet zunächst einen gewissen Mehraufwand für die Beteiligten, langfristig sorgt es jedoch für eine qualitativ hochwertige Berufsorientierungsarbeit und für eine Arbeitserleichterung durch klare Strukturen. Darüber hinaus wird so die Berufsorientierung an der Schule unabhängig von einzelnen Personen etabliert.

1.1 Über den Leitfaden

Entstehung

Der Leitfaden ist in Zusammenarbeit der Bertelsmann Stiftung, des Netzwerks *SCHULEWIRTSCHAFT*, von *SCHULE*WIRTSCHAFT Baden-Württemberg, Berlin-Brandenburg und Nordrhein-Westfalen sowie der MTO Psychologische Forschung und Beratung GmbH Tübingen entstanden.

Im Rahmen eines Pilotprojekts im Jahr 2008 wurde der Leitfaden mit 20 Schulen unterschiedlicher Schularten in Baden-Württemberg und Nordrhein-Westfalen erprobt. Mit allen beteiligten Schulen wurde eine Evaluation durchgeführt. Auf Grundlage dieser Erfahrungen und Rückmeldungen wurde der Leitfaden optimiert und erarbeitet. Im Zuge der vollständigen Überarbeitung für die 6. Auflage wurden die neuen Inhalte des Leitfadens mit 13 Schulen unterschiedlicher Schularten aus Baden-Württemberg und Berlin-Brandenburg ausgearbeitet.

Was bietet der Leitfaden Berufsorientierung?

Der Leitfaden
- unterstützt Schulen aller Schularten dabei, auf der Basis von Qualitätsmanagement ein umfassendes und systematisches Gesamtkonzept ihrer Berufsorientierung zu planen und umzusetzen. Er bietet Methoden und Materialien zu den einzelnen Schritten, die eine Schule für eine auf Qualitätsmanagement basierende Berufsorientierung zu gehen hat – von der Planung über die Umsetzung bis hin zur Qualitätssicherung und -verbesserung. Dabei finden sowohl Schulen bzw. einzelne Lehrkräfte mit weniger Erfahrung in der Berufsorientierung als auch solche mit vorhandenen Kompetenzen und Kenntnissen eine umfassende Hilfestellung.
- bietet nicht nur Informationen, sondern auch praktische Anleitungen sowie Arbeits- und Unterrichtsmaterialien zur Umsetzung einzelner Maßnahmen zur beruflichen Orientierung.
- hilft der Schule bei der Integration und Systematisierung ihrer bereits vorhandenen Aktivitäten. Ein einheitliches und systematisches Vorgehen verbessert und sichert die Qualität der Berufsorientierung und reduziert den zeitlichen Aufwand.
- ermöglicht die Berücksichtigung länderspezifischer und schulartspezifischer Vorgaben und ist bundesweit einsetzbar.
- gibt konkrete Hilfestellungen, wie eine gute Berufsorientierung inhaltlich und organisatorisch aussehen kann. Gleichzeitig lässt er den Schulen eine große Gestaltungsfreiheit, sodass jede Schule ihre individuellen Vorstellungen und Ziele einbringen und schulspezifische Gegebenheiten berücksichtigen kann.
- ermöglicht es, die Berufsorientierungsaktivitäten in ein an der Schule bereits bestehendes schulisches Qualitätsmanagementsystem zu integrieren.

1 Einführung

- bietet ein System, das sich in der Praxis bewährt hat. Auf Grundlage der Erfahrungen der Pilotschulen wurde der Leitfaden nach schulischen Bedürfnissen und Wünschen gestaltet.

Struktur und Gestaltung des Leitfadens

Der Leitfaden ist durch verschiedene grafische Elemente gestaltet, um die Übersicht und damit den Gebrauch zu erleichtern.

- Zum Leitfaden in Buchform gehört ein Download-Bereich unter www.bertelsmann-stiftung.de/de/leitfaden-berufsorientierung. Dort finden Sie die Praxismaterialien, auf die im Buch verwiesen wird, zum Bearbeiten und Ausdrucken. Eine Übersicht aller als Download vorhandenen Materialien findet sich im Anhang. Im Text sind diese mit dem Symbol »Download« gekennzeichnet:

- Zusatzinformationen in den Kapitel 1–3 sind blau unterlegt vom übrigen Text abgesetzt.
- In Kapitel 4 werden verschiedene Maßnahmen zur Berufsorientierung dargestellt. Die Beschreibung jeder Maßnahme, die im Leitfaden jeweils grün unterlegt ist, steht ebenfalls zur Arbeitserleichterung als Download zur Verfügung. Mit dem Symbol »Maßnahmenbeschreibung« wird darauf verwiesen:

- Im Download-Bereich finden Sie zudem Vorlagenblätter zum Bearbeiten, Ausdrucken und Ausfüllen. Diese sind im Leitfaden mit dem Symbol »Vorlage« gekennzeichnet:

- Zur besseren Veranschaulichung werden zudem konkrete Beispiele aus der Praxis zum Download bereitgestellt, die mit dem Symbol »Musterbeispiel« ausgewiesen werden:

- Über die Ausführungen im Leitfaden hinausgehende Hinweise im Download-Bereich sind mit dem Symbol »Weiterführende Informationen« gekennzeichnet:

- Im Leitfaden verwendete Literatur und Links finden sich am Ende jedes Kapitels. Einige Quellen für weiterführende Informationen gibt es innerhalb der Kapitel bei dem jeweiligen Thema. Darüber hinaus sind sämtliche im Leitfaden genannten Literatur- und Linkangaben aus allen Kapiteln auch als Download im Material »Literatur und Links« (siehe Kapitel 1.4) zusammengefasst.

1.2 Ziele und Nutzen von Berufsorientierung

Was ist Berufsorientierung?

Das Ziel der Berufsorientierung ist die Vorbereitung und Gestaltung des Übergangs von der Schule in die Arbeitswelt. Es geht darum, die Voraussetzungen, Fähigkeiten und Interessen der Schülerinnen und Schüler mit den fachlichen und überfachlichen Anforderungen der Berufswelt abzugleichen.

Dabei hat die Berufsorientierung in erster Linie die Jugendlichen selbst im Blick. Während es früher die Regel war, ein und derselben beruflichen Tätigkeit bis zur Rente nachzugehen, sind die heutigen Lebensverläufe und damit Berufslaufbahnen von Brüchen und beruflichen Neuorientierungen gekennzeichnet. Nicht zuletzt der fortschreitende technologische Wandel erfordert, sich stetig auf neue berufliche Tätigkeiten einzustellen. So reicht einmalig in der Ausbildung erlerntes spezifisches Wissen für einen Beruf nicht mehr für die gesamte Berufsbiografie aus und das Konzept des lebenslangen Lernens gewinnt zunehmend an Bedeutung. Insofern ist die Berufsorientierung zugleich auch Lebensorientierung: Sie soll die Schülerinnen und Schüler befähigen, sich sowohl mit den eigenen Stärken als auch mit möglichen Schwächen auseinanderzusetzen und zu lernen, diese einzusetzen bzw. mit diesen umzugehen. Ein Schwerpunkt der Berufsorientierung liegt daher auf der Stärkung der Persönlichkeit der Schülerinnen und Schüler. Eigenverantwortung und Selbstständigkeit sollen gefördert werden. Den Jugendlichen sind Möglichkeiten und Fähigkeiten zu vermitteln, mit denen sie ihre Arbeits- und Lebenswelt aktiv mitgestalten können. Mit zunehmender Entscheidungsfähigkeit sollen sie die eigene Berufsbiografie bzw. Lebenswegplanung selbst in die Hand nehmen.

Auch die Situation am Arbeitsmarkt muss bei der Berufsorientierung berücksichtigt werden. Dabei sollen einerseits fachliche Anforderungen von Berufen und Berufsfeldern betrachtet werden; andererseits sollen Kompetenzen, die in der Arbeitswelt eine Rolle spielen, individuell gefördert werden. Da der Arbeitsmarkt ständigen Veränderungen unterworfen ist, müssen auch die Inhalte der Berufsorientierung immer wieder an die neuen Gegebenheiten angepasst werden. So verändern sich beispielsweise einzelne Berufe bzw. Berufsfelder sowie die dazugehörigen Anforderungen ebenso wie die Beschäftigungschancen in den unterschiedlichen Branchen.

Berufsorientierungsaktivitäten an der Schule richten sich nach folgenden Leitfragen:
- Welche Interessen und Fähigkeiten besitzt die einzelne Schülerin bzw. der einzelne Schüler und welche Rolle spielen diese bei der Berufswahl?
- Welche Voraussetzungen, Kenntnisse und Fähigkeiten benötigen die Schülerinnen und Schüler, um ihre berufliche Laufbahn gestalten zu können?
- Wie lassen sich diese Kenntnisse und Fähigkeiten erwerben bzw. entwickeln?
- Welche Anforderungen ergeben sich aus Sicht der ausbildenden Unternehmen und Hochschulen?

1 Einführung

- Welche Kompetenzfeststellungsverfahren und Fördermöglichkeiten für den Übergang von der Schule in die Ausbildung und ins Studium stehen zur Verfügung?
- Welche Anleitungen, Impulse und Hilfen zur Selbsthilfe können die beteiligten Personen (Eltern, Lehrkräfte, Berufsberater etc.) den Schülerinnen und Schülern im Prozess der Berufsfindung geben?

Für Schülerinnen und Schüler der Sekundarstufe II sind die Themen der Berufsorientierung ebenfalls von Bedeutung; deshalb sollte sich auch am Gymnasium und in anderen Schulformen, die zur Hochschulreife führen, die Berufsorientierung nicht auf das Studium beschränken. Unabhängig davon, dass viele duale Ausbildungen ein Abitur voraussetzen, müssen auch in Bezug auf ein Studium konkrete berufliche Einsatzmöglichkeiten diskutiert werden.

Folgende Bereiche sind zentrale Themen der Studienorientierung:
- verschiedene Hochschularten und Formen des Studiums (Fachhochschulen, Universitäten, Vollzeit- oder Teilzeitstudium, Fernstudium, duales Studium etc.)
- mögliche Studiengänge und -abschlüsse sowie Inhalte, Zulassungsbedingungen, Ablauf, Dauer etc.
- fachliche und überfachliche Anforderungen von Studium und Berufsfeldern
- Rahmenbedingungen des Studiums und des Studienortes (Bewerbungsverfahren/Einschreibung, Finanzierung des Studiums, Wohnen, Infrastruktur, Arbeiten neben dem Studium etc.)
- berufliche Möglichkeiten und Berufsaussichten nach dem Studium

Die Studienorientierung ist nicht nur für die Schülerschaft der Gymnasien wichtig. Auch für Schülerinnen und Schüler, die mit dem Schulabschluss zunächst keine Hochschulzugangsberechtigung erwerben, ist es sinnvoll, über die Voraussetzungen und Möglichkeiten eines Studiums aufgeklärt zu werden. Dadurch wird dieser Bildungsweg nicht von vornherein ausgeschlossen. In Kapitel 4.4.6 zum Thema Hochschulen werden dazu Informationsquellen genannt.

Welche inhaltlichen Ziele hat die Berufsorientierung?

Die Berufsorientierung hat vor allem folgende Ziele:
- Einschätzung der eigenen Fähigkeiten und Interessen
- Kenntnisse über verschiedene Ausbildungswege und deren Anforderungen
- gezielter Erwerb von Kompetenzen, Fähigkeiten und berufsspezifischem Wissen für anvisierte Berufsbilder und das Arbeitsleben allgemein
- Übernahme von Verantwortung für den eigenen Berufs- und Lebensweg
- frühzeitige Einblicke in die Arbeitswelt

1.2 Ziele und Nutzen von Berufsorientierung

Die Berufsorientierung im Rahmen der Schule soll die Jugendlichen auf die nächsten Schritte nach der Schulzeit vorbereiten. Daher muss sie sich sowohl an den Fähigkeiten und Interessen der Schülerinnen und Schüler als auch an den Anforderungen der Arbeitswelt orientieren.

Wer ist an der Berufsorientierung beteiligt?

Damit Berufsorientierung in der Schule gelingen kann, ist die Zusammenarbeit verschiedener Personen und Instanzen unerlässlich. Dabei ist es grundsätzlich wichtig, dass alle Beteiligten an einem Strang ziehen und ihren Teil zu einer gelingenden Kooperation beitragen. Akteure innerhalb der Schule sind vor allem die Schulleitungen, die Lehrkräfte und die Schülerinnen und Schüler. An vielen Schulen gibt es lediglich eine für das Thema Berufsorientierung zuständige Person. Im Sinne der Effektivität und der Nachhaltigkeit ist es sehr sinnvoll, mehrere verantwortliche Personen in die kontinuierliche Umsetzung an der Schule einzubeziehen (vgl. auch Kap. 2.2 Koordinationsgruppe). Als externe Partner können regionale Unternehmen, die Agentur für Arbeit, soziale Einrichtungen, Vereine, Behörden, Bildungsträger und viele mehr hinzugezogen werden.

Eine wesentliche Bedeutung kommt der Kooperation zwischen der Schule und den Eltern zu. Besonders am Übergang Schule – Beruf ist eine gute Zusammenarbeit zwischen diesen sehr wertvoll. Untersuchungen haben gezeigt, dass Eltern den größten Einfluss auf die Berufswahl ihrer Kinder haben – noch vor den Gleichaltrigen. Daher ist es sehr wichtig, die Eltern als aktive Kooperationspartner zu gewinnen und ihnen Hilfen hinsichtlich der Unterstützung ihrer Kinder bei der Berufsfindung anzubieten.

Welche Schritte werden im Rahmen der Berufsorientierung durchlaufen?

Anerkannte Berufswahlmodelle unterscheiden drei Phasen des Berufsorientierungsprozesses: die Orientierungsphase, die Entscheidungsphase und die Realisierungsphase (vgl. Abbildung 1).

Abbildung 1: Phasen der Berufsorientierung

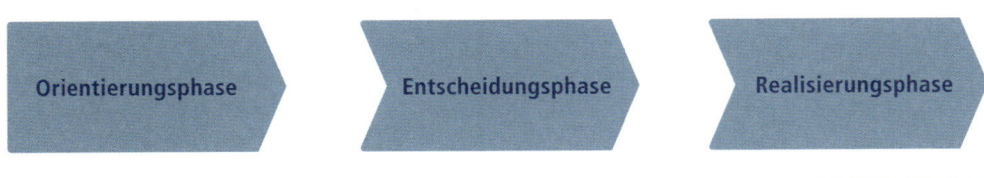

1 Einführung

In der Orientierungsphase sammeln die Schülerinnen und Schüler Wissen über Berufe und Berufsfelder, über Anforderungen dieser Berufe und Ausbildungsplatzangebote im Wunschberuf sowie über sich selbst: ihre Fähigkeiten, Interessen und Neigungen.

In der Entscheidungsphase sammeln sie Praxiserfahrung, um sich auf der Grundlage von Interessen und Eignung, Fähigkeiten und Anforderungen für einen Wunschberuf zu entscheiden und mögliche Alternativen festzulegen.

Zur Realisierungsphase gehören die Suche nach geeigneten Ausbildungsstellen, das Erstellen von Bewerbungen, wobei die Jugendlichen hier auch mit Misserfolgen umgehen müssen, das Erlernen eines sicheren Auftretens, beispielsweise in Bewerbungsgesprächen, das Abschließen eines Ausbildungsvertrags und die Einschreibung an einer beruflichen Schule. Die genannten Phasen gelten ähnlich für die Studienwahl.

Anhand dieser drei Phasen wird deutlich, dass es sich bei der Berufsorientierung um einen umfassenden Prozess handelt, der das ganze Schulleben und darüber hinaus andauert. Maßnahmen zur Förderung der Berufsorientierung müssen deswegen frühzeitig beginnen.

Die Förderung der Berufsorientierung – besonders in Bezug auf die Berufswahlkompetenz – zielt in zwei Richtungen: nach innen und nach außen. Nach innen, indem günstige Voraussetzungen für die individuelle Entwicklung und Selbstbeurteilung geschaffen werden, und nach außen, indem der Zugang zur komplexen Arbeits-, Studien- und Berufswelt vereinfacht wird, sodass Informationen gefunden und zur Entscheidung verwertet werden können (Abbildung 2).

Die Systematisierung der Berufsorientierung erfolgt mithilfe des im Folgenden beschriebenen Qualitätsmanagementsystems zur Berufsorientierung an Schulen.

Programme zur Berufsorientierung

Es gibt seit Jahren zahlreiche bildungspolitische Programme auf Bundes-, Länder- und kommunaler Ebene sowie von Stiftungen, die die Berufsorientierung der Schülerinnen und Schüler bzw. die Berufsorientierungsprozesse an Schulen befördern. Als wichtiges und erfolgreiches länderübergreifendes Programm ist aktuell die Bildungsketten-Initiative des Bundesministeriums für Bildung und Forschung (BMBF) und des Bundesministeriums für Arbeit und Soziales (BMAS) zu nennen. Einen länderübergreifenden Charakter hat ebenfalls die Initiative »Übergänge mit System«, bei der sich die Bertelsmann Stiftung, neun Bundesländer und die Bundesagentur für Arbeit auf gemeinsame Standards zur Berufsorientierung verständigt haben.

1.2 Ziele und Nutzen von Berufsorientierung

Abbildung 2: Nutzen einer systematischen Berufsorientierung (BO) für die Beteiligten

für Schülerinnen und Schüler:
- bessere Orientierung am Ausbildungs- und Arbeitsmarkt
- Studienorientierung
- Bewerbungshilfe
- erleichterter Übergang in Arbeit bzw. Studium
- Steigerung der Motivation und Leistungsbereitschaft
- Steigerung von Selbstständigkeit und Eigenverantwortung
- bessere Wahrnehmung der eigenen Kompetenzen
- verbesserte Berufschancen durch Nutzung bestehender Kontakte

für Unternehmen:
- bessere Verzahnung zwischen Anforderungen an Auszubildende und schulischer Arbeit
- motivierter, qualifizierter und auf Arbeits- und Berufswelt vorbereiteter Nachwuchs
- Sicherung der Wettbewerbsfähigkeit
- Gestaltungsmöglichkeiten hinsichtlich der Optimierung der Ausbildungsqualität
- Förderung des Images
- regionale Vernetzung mit schulischen Partnern
- positives Feedback durch soziales und schulisches Engagement

für Lehrkräfte:
- Arbeitserleichterung durch einen strukturellen Rahmen für BO
- Orientierung und Sicherheit durch systematisierte Abläufe und transparente Anforderungen
- Anregungen und Ideen für neue Maßnahmen zur BO
- Weiterentwicklung durch Feedback und Erfahrung im außerschulischen Bereich
- intensivere Kontakte zu den Schülerinnen und Schülern
- Erfahrungsaustausch und Bündelung der Kompetenzen durch Kooperation
- Zusatzqualifikationen durch BO-Weiterbildungen
- Stärkung der Arbeitszufriedenheit und der Wahrnehmung der eigenen Kompetenzen
- Stärkung der beruflichen Identität

für Eltern:
- Unterstützung eigener Bemühungen zur BO
- Anleitung und Hilfestellung zur Stärkung der beruflichen Orientierung der eigenen Kinder
- Unterstützung im Entscheidungsprozess
- Transparenz bezüglich der Anforderungen an Schulabgänger
- Intensivierung des Kontaktes zur Schule durch aktive Mitarbeit
- gezielter Erfahrungsaustausch durch Gespräche mit Lehrkräften und Eltern
- mittel- und langfristige finanzielle Entlastung

für Schulleitungen:
- Anpassung an sich wandelnde gesellschaftliche Anforderungen
- Effektivität und Effizienz durch Systematisierung der BO
- Arbeitserleichterung durch Dokumentation von Prozessabläufen
- Attraktivität der Schule für Lehrkräfte, Schülerinnen und Schüler und Eltern
- Rechtfertigung des Einsatzes öffentlicher Mittel
- gezielter Austausch mit anderen Schulen und regionalen Institutionen
- langfristige Sicherung des Erfolgs von Maßnahmen zur BO
- Kompatibilität mit bestehendem Qualitätsmanagementsystem

1 Einführung

Neben diesen Programmen gibt es noch eine Vielzahl weitere. Beispiele sind »Komm, mach MINT« des BMBF, mit dem junge Frauen für naturwissenschaftlich-technische Studiengänge begeistert werden sollen, oder »JUGEND STÄRKEN im Quartier« des Bundesministeriums für Familie, Senioren, Frauen und Jugend (BMFSFJ) und des Bundesministeriums für Umwelt, Naturschutz, Bau und Reaktorsicherheit (BMUB), mit dem benachteiligte Jugendliche unterstützt werden sollen, ihren Weg in Beruf und Gesellschaft zu finden.

Derartige Programme haben stets eine begrenzte Laufzeit. Ein guter Überblick über verschiedene Programme zum Herunterladen findet sich unter www.dji.de/bibs/9_11672_berufsorientierung.pdf.

Aus Platzgründen wird im Folgenden nur das oben genannte Programm des BMBF und des BMAS exemplarisch dargestellt.

Die Bildungsketten-Initiative des BMBF, des BMAS und der Bundesagentur für Arbeit (BA) hat das Ziel, die Vielzahl der Förderinstrumente der Berufsorientierung von Bund und Ländern miteinander zu verzahnen. Damit strebt sie eine Verbesserung der Übergänge von der Schule in die duale Berufsausbildung und das Verhindern von Schulabbrüchen an. Schon während der Schulzeit sollen die Jugendlichen im Rahmen der Berufsorientierung unterstützt und auf ihrem Weg bis zum Ausbildungsabschluss begleitet werden. Wichtige Glieder der (Bildungs-)Kette sind das Sonderprogramm »Berufseinstiegsbegleitung Bildungsketten«, das Berufsorientierungsprogramm (BOP) und das Ausbildungsstrukturprogramm Jobstarter. Das BMBF stellt für diese Programme umfangreiche Fördergelder bereit.

Das Berufsorientierungsprogramm (BOP) unterstützt die Schülerinnen und Schüler dabei, realistische und praxisbezogene Einblicke in das Berufsleben zu erhalten und somit die Berufswahl frühzeitig und systematisch vorzubereiten. Ein wesentlicher Standard des Programms ist die enge Abstimmung und Rückkopplung zwischen Schule, Lehrkräften, Eltern, Betrieben, Agenturen für Arbeit, Jugendhilfe und anderen lokalen Akteuren unter Berücksichtigung der regionalen Anforderungen. Bestandteile der Förderung sind Potenzialanalysen, mit deren Hilfe die Neigungen und Kompetenzen der Schülerinnen und Schüler festgestellt werden, sowie Werkstatttage in den Berufsbildungsstätten, in denen die Schülerinnen und Schüler zwei Wochen lang mindestens drei Berufsfelder kennenlernen können. Die Potenzialanalysen finden in der Regel im zweiten Halbjahr der Klasse 7 statt, die Werkstatttage in Klasse 8. Begleitet und angeleitet werden die Schülerinnen und Schüler sowohl von geschulten Pädagogen als auch von erfahrenen Ausbildern.

Weiterführende Literatur und Links:

Bertelsmann Stiftung. Initiative »Übergänge mit System«. www.bertelsmann-stiftung.de/uems_fuenf_forderungen (Zugriff am 31.3.2015).

Bundesinstitut für Berufsbildung (BIBB). »Berufsorientierung. Entdecke dein Talent«. www.berufsorientierungsprogramm.de (Zugriff am 31.3.2015).

Bundesministerium für Bildung und Forschung (BMBF) (Hrsg.). *Berufsbildungsbericht 2014*. www.bmbf.de/pub/bbb_2014.pdf (Zugriff am 31.3.2015).

Bundesministerium für Bildung und Forschung (BMBF) (Hrsg.). Initiative »Abschluss und Anschluss – Bildungsketten bis zum Ausbildungsabschluss«. www.bildungsketten.de/de/235.php (Zugriff am 31.3.2015).

Kompetenzzentrum Technik-Diversity-Chancengleichheit e.V. (Hrsg.). »Komm, mach MINT. Nationaler Pakt für Frauen in MINT-Berufen«. 2008. www.komm-mach-mint.de (Zugriff am 31.3.2015).

1.3 Kompetenzfeststellung und individuelle Förderung in der Berufsorientierung

Die Feststellung der individuellen Kompetenzen und die darauf aufbauende individuelle Förderung sind zwei wichtige Elemente, um die Berufsorientierung der einzelnen Schülerinnen und Schüler zu systematisieren und zielgenau gestalten zu können. Beide werden hier einleitend dargestellt und in Kapitel 3.1 methodisch näher erläutert. Dabei wird auf die besondere Bedeutung von individueller Förderung im Zusammenhang mit der Diskussion um Inklusion und zunehmender Heterogenität eingegangen. Individuelle Förderung hat in den letzten Jahren in der schulischen Bildung eine weitgehende Verbreitung erfahren. Sie setzt ergänzend zu der in Bildungsplänen vorgegebenen lernsituativen Förderung einen konsequenten individuellen Ansatz um. Auch innerhalb der Berufsorientierung ist sie als konzeptionelle Methodik sehr sinnvoll. Durch individuelle Förderung der Fähigkeiten ihrer Schülerschaft wird deren Übergang von der Schule in den Beruf unterstützt. Sie hat zum Ziel, Kompetenzen der Jugendlichen auf individuellen Wegen weiterzuentwickeln und die Bildungs- und Berufsorientierungsprozesse gezielt für die jeweiligen Schülerinnen und Schüler zu gestalten. Einzelne Berufsorientierungsmaßnahmen können dabei Bestandteil sein.

Ausgangspunkt einer individuellen Förderung in der Berufsorientierung sollte die Feststellung der Stärken und Entwicklungspotenziale der Schülerinnen und Schüler sein. Das daraus resultierende individuelle Kompetenzprofil kann hervorragend als Grundlage dafür verwendet werden, die Schülerinnen und Schüler gezielt zu fördern. In einigen Bundesländern werden Kompetenzfeststellungsverfahren durch Lehrkräfte bereits verpflichtend in der 7. bzw. 8. Klasse durchgeführt. Bundesweit führen auch Bildungsträger im Rahmen von Berufsorientierungsprogrammen solche Kompetenzfeststellungen durch.

1 Einführung

Für diese Verfahren werden unterschiedliche – weitgehend synonyme – Begriffe verwendet, beispielsweise Potenzialanalyse oder Kompetenzanalyse. Zur allgemeinen Beschreibung wird in diesem Leitfaden der Begriff »Kompetenzfeststellungsverfahren« verwendet. Die Verfahren zielen in der Regel auf überfachliche und berufsrelevante Kompetenzen ab, die es den Schülerinnen und Schülern ermöglichen, in einer Situation selbstorganisiert und selbstverantwortlich zu handeln.

Die erfassten Kompetenzen lassen sich vor allem den folgenden Bereichen zuordnen:

- Methodenkompetenz: Planungsverhalten, Problemlösung etc.
- soziale Kompetenz: Kommunikationsfähigkeit, Kritikfähigkeit etc.
- personale Kompetenz: Eigenverantwortung, Selbstständigkeit etc.
- berufsbezogene Kompetenz: Arbeitsgenauigkeit, technisches Verständnis etc.
- kognitive Kompetenz: Konzentrationsfähigkeit, schlussfolgerndes Denken etc.

Qualitativ hochwertige Verfahren setzen als zentrale Methode die Beobachtung ein. Die Schülerinnen und Schüler bearbeiten Gruppen- oder Einzelaufgaben, wobei sie von geschulten Personen, etwa Lehrkräften, hinsichtlich unterschiedlicher Kompetenzen beobachtet und anschließend beurteilt werden. Innerhalb von Kompetenzfeststellungsverfahren kommen neben der Beobachtung häufig auch Tests (z. B. kognitive Leistungstests) und Fragebögen (z. B. zu eigenen Fähigkeiten und Interessen) zum Einsatz.

Wesentlich bei der individuellen Förderung ist, dass die Schülerinnen und Schüler selbst für ihre Förderplanung verantwortlich sind. Das bedeutet, dass sie eine aktive Rolle übernehmen und nicht passiv an der Förderung teilnehmen. Dadurch ist die Rolle der Lehrkraft verändert. Sie nimmt sich bei diesem individualisierten Ansatz zurück und beobachtet, begleitet und unterstützt die Jugendlichen ihren Bedürfnissen entsprechend.

Zudem kommt der regelmäßigen Rückmeldung ein besonderer Stellenwert zu: Zu Beginn der individuellen Förderung sollten die Ergebnisse einer Kompetenzfeststellung der Schülerin bzw. dem Schüler offengelegt und mit ihr/ihm auf Augenhöhe besprochen werden. Anschließend sollten weitere regelmäßige Fördergespräche durchgeführt werden, in denen es um den aktuellen Stand und die weitere Planung hinsichtlich der Berufsorientierung geht. Die Gespräche können innerschulisch als Teil des Unterrichts verankert werden, als Ergebnis ist die Vereinbarung weiterer Schritte und ggf. neuer Ziele festzuhalten. Die Ziele sollten durch entsprechende Maßnahmen und Aufgabenstellungen im Unterricht und außerhalb des Unterrichts verfolgt werden. Hierfür bieten sich offene Unterrichtsformen an, bei denen die Schülerinnen und Schüler die Möglichkeit haben, selbstorganisiert und mithilfe der Lehrkraft an ihrer individuellen Berufsorientierung zu arbeiten, ebenso wie konkrete Berufsorientierungsmaßnahmen, die in Kapitel 4 dargestellt werden.

Es wird deutlich, dass eine individuelle Förderung bei der Berufsorientierung ohne entsprechende offene Unterrichtsstrukturen und damit verbundene Möglichkeiten der inneren Differenzierung schwierig zu verwirklichen ist. Idealerweise wird die individuelle Förderung – nicht nur innerhalb der Berufsorientierung – als Gesamtkonzept von der Schule vertreten. Dies erleichtert eine sinnvolle Integration in den Schulalltag. Ebenso ist dadurch eine bessere Verknüpfung mit dem schulischen Konzept der Berufsorientierung möglich.

Qualitätskriterien der individuellen Förderung:
- *Direkte Verknüpfung mit einem Kompetenzfeststellungsverfahren:* Förderung aufgrund fundierter Diagnostik – »was beurteilt wird, muss gefördert werden – nur was gefördert wird, darf beurteilt werden«
- *Gegenstand der individuellen Förderung:* Förderung von individuellen Stärken und Entwicklungspotenzialen der fachlichen, überfachlichen und berufsbezogenen Kompetenzen
- *Nutzung unterschiedlicher Förderorte:* Fachunterricht, außerunterrichtliche Maßnahmen (z. B. Mitarbeit in der Schulbibliothek), außerschulische Veranstaltungen (z. B. organisatorische Begleitung des Klassenausflugs), Praktika, Elternhaus
- *Nutzung unterschiedlicher Fördersituationen:* Projektarbeit, Gruppenarbeit, Präsentationen, Gruppendiskussionen, Referate, Betriebspraktika, Schülerfirmen etc.
- *Verantwortung für die individuelle Förderung:* Die Verantwortung liegt bei der Lehrkraft und bei den betroffenen Schülerinnen oder Schülern (im Rahmen ihrer Möglichkeiten).
- *Individuelle Förderung dient der Berufswege-/Studienplanung:* Förderung der notwendigen Kompetenzen zur Wahl eines geeigneten Ausbildungs-/Studienplatzes bzw. Berufs

Im Rahmen der individuellen Förderung kommen Unterschiede zwischen Schülerinnen und Schülern in einer Lerngruppe etwa im Hinblick auf Alter, Geschlecht, ethnische Herkunft oder Leistungsfähigkeit in den Blick und bilden damit den Ausgangspunkt von Unterricht und Berufsorientierung.

Besondere Aufmerksamkeit hat Heterogenität im Bildungssystem bzw. der Umgang damit durch das Inkrafttreten der UN-Behindertenrechtskonvention im Jahr 2009 erfahren. Unter dem Stichwort »Inklusion« enthält die Konvention Bestimmungen zur umfassenden Teilhabe, Gleichstellung und Selbstbestimmung von Menschen mit Behinderungen in allen Lebensbereichen. Jugendliche mit und ohne Behinderungen haben seitdem in Deutschland das Recht, gemeinsam eine Schule zu besuchen. Die Umsetzung der Konvention für den schulischen Bereich ist in den jeweiligen Schulgesetzen der Länder geregelt. Die Diskussion um Inklusion beschränkt sich jedoch nicht nur auf Kinder und Jugendliche mit Behinderungen, sondern nimmt in einem weiten Verständnis alle (potenziell) Benachteiligten in den Blick. Dazu gehören in Deutschland insbesondere Kinder und Jugendliche, die aufgrund eines Migrationshintergrundes Nachteile oder Diskriminierung erfahren.

1 Einführung

Inklusion in der Bildung

Grundlage für das Verständnis von »Inklusion im Bildungsbereich« bildet in dem vorliegenden Leitfaden die Definition der Deutschen UNESCO-Kommission:

»Inklusion im Bildungsbereich bedeutet, dass allen Menschen die gleichen Möglichkeiten offen stehen, an qualitativ hochwertiger Bildung teilzuhaben und ihre Potenziale zu entwickeln, unabhängig von besonderen Lernbedürfnissen, Geschlecht, sozialen und ökonomischen Voraussetzungen« (Quelle: www.unesco.de/inklusion-faq.html).

Entsprechend diesem Verständnis werden in dem Leitfaden alle Kinder und Jugendlichen in den Blick genommen und Inklusion nicht allein auf die Teilhabe von Menschen mit Behinderungen bezogen. Da jede Schülerin bzw. jeder Schüler individuelle Stärken und Schwächen hat, ist es Aufgabe eines inklusiven Bildungssystems, alle Schülerinnen und Schüler individuell zu fördern.

Inklusion kann als Weiterführung von Integration verstanden werden: Integration zielt darauf ab, Kinder und Jugendliche mit besonderem Förderbedarf oder anderen Benachteiligungsmerkmalen entweder auf Sonderwegen auszubilden oder diese nachträglich in die allgemeine Schule einzubeziehen, ohne dass sich das Bildungssystem verändert. Ziel einer inklusiven Schule ist es dagegen, diese entsprechend den individuellen Voraussetzungen von Kindern und Jugendlichen zu gestalten und die Bedürfnisse aller Schülerinnen und Schüler zu berücksichtigen.

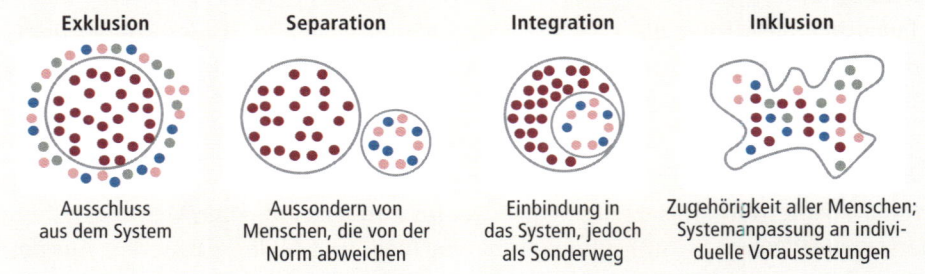

Inklusive Bildung bzw. inklusive Schule ermöglicht allen Kindern und Jugendlichen, in ihrer Unterschiedlichkeit gleichberechtigt teilzuhaben. Dieses Inklusionsverständnis umfasst alle Dimensionen von Heterogenität, wie beispielsweise Lernvoraussetzungen, Alter, Geschlecht, Nationalität oder Religion der Schülerinnen und Schüler.

Weiterführende Literatur und Links:

Aktion Mensch e.V. (Hrsg.). »Inklusion: Schule für alle gestalten«. http://publikationen.aktion-mensch.de/unterricht/AktionMensch_Inklusion_Praxisheft_2013.pdf (Zugriff am 31.3.2015).

Beauftragte der Bundesregierung für die Belange behinderter Menschen, Bertelsmann Stiftung, Deutsche UNESCO-Kommission e.V. »Jakob Muth-Preis für inklusive Schule«. www.jakobmuthpreis.de (Zugriff am 31.3.2015).

Boban, Ines, und Andreas Hinz (Hrsg.). *Index für Inklusion. Lernen und Teilhabe in der Schule der Vielfalt entwickeln*. Universität Halle (Saale) 2003. www.eenet.org.uk/resources/docs/Index%20German.pdf (Zugriff am 31.3.2015).

Deutsche UNESCO-Kommission e.V. www.unesco.de/inklusion-faq.html (Zugriff am 31.3.2015).

1.3 Kompetenzfeststellung und individuelle Förderung in der Berufsorientierung

Die Schule muss sowohl auf die Heterogenität ihrer Schülerschaft als auch auf die veränderten Bedingungen in der Arbeitswelt reagieren. Ziel ist es, die Kompetenzen der Schülerinnen und Schüler auf individuellen Wegen zu entwickeln und ihre Bildungs- und Berufsorientierungsprozesse gezielt zu gestalten.

In Kapitelabschnitt 3.1 werden neben einer ergänzenden Begriffsklärung Voraussetzungen für eine erfolgreiche inklusive Berufsorientierung an der Schule beschrieben, wie etwa die Haltung der beteiligten Personen sowie personelle, räumliche und materielle Ressourcen. Zudem werden spezielle Hinweise für die Berufsorientierung von (potenziell) Benachteiligten gegeben. Darüber hinaus finden sich Vorschläge für externe Unterstützungsmöglichkeiten für Schülerinnen und Schüler, Lehrkräfte, Schulleitungen und Eltern, Verweise auf weiterführende Informationen sowie eine Reihe von Programmen, Projekten und Initiativen, die sich mit dem Thema Inklusion befassen.

Weiterführende Literatur und Links:

Arbeitsgemeinschaft »in eigener Sache«. »Kompetenz-Test«. www.csrgermany.de/www/csr_cms_relaunch.nsf/res/Brosch%C3%BCre%20Initiative%20In%20eigener%20Sache/$file/broschure_in_eigener_sache.pdf (Zugriff am 31.3.2015)

Hüttenhölscher, Bernhard, Barbara Koch und Johannes Kortenbusch (Hrsg.). »Individueller Förderplan ›Berufliche Integration‹«. 2002. www.bildung.koeln.de/material-bibliothek/download/individueller_foerderplan_bizebs_april_0%5B...%5D.pdf?idx=cd6533a8cd2b68cd25b7cfc58fbc1830&PHPSESSID=4dfad3448ebbd3887d6fe0d9321fd349 (Zugriff am 31.3.2015).

Imago Agentur für Kommunikation. »Studierfähigkeitstest«. www.steps-to-success.info/studierfae.htm (Zugriff am 31.3.2015).

Koch, Barbara, und Johannes Kortenbusch. *Förderplanung zur beruflichen Integration. Individuell fördern in der Berufs- und Studienorientierung. Neue Handreichung im Bereich der Berufs- und Studienorientierung*. Heft 5. Hrsg. Ministerium für Schule und Weiterbildung des Landes Nordrhein-Westfalen. Bielefeld 2009.

Landesbildungsserver Baden-Württemberg. »Evaluation von Schlüsselqualifikationen (ESQ)«. www.bildungsserver.de/innovationsportal/blk_set.html?Id=573 (Zugriff am 25.11.2014).

Ministerium für Kultus, Jugend und Sport Baden-Württemberg. »Kompetenzanalyse Profil AC an Schulen«. www.kultusportal-bw.de/,Lde/Startseite/schulebw/Kompetenzanalyse (Zugriff am 31.3.2015).

1 Einführung

1.4 Qualitätsmanagementsystem zur Berufsorientierung an Schulen

Zentrale Grundlage für die Berufsorientierung an Schulen ist ein Qualitätsmanagementsystem, in das die Berufs- und Studienorientierungsaktivitäten der Schule eingebettet werden.

Die Abbildung 3 zeigt, dass die Berufsorientierung an der Schule mit diesem System in zwei Phasen unterteilt wird: die Phase der Planung und die Phase der Umsetzung. Die beiden Phasen sind zeitlich nicht vollständig trennscharf; sie werden teilweise parallel durchlaufen. In der Planungsphase werden wichtige strukturelle Voraussetzungen geschaffen, die für eine effektive und effiziente Berufsorientierung sinnvoll und notwendig sind; in der Umsetzungsphase wird die Berufsorientierung an der Schule etabliert und langfristig durchgeführt.

Abbildung 3: Das Qualitätsmanagementsystem zur Berufsorientierung an Schulen

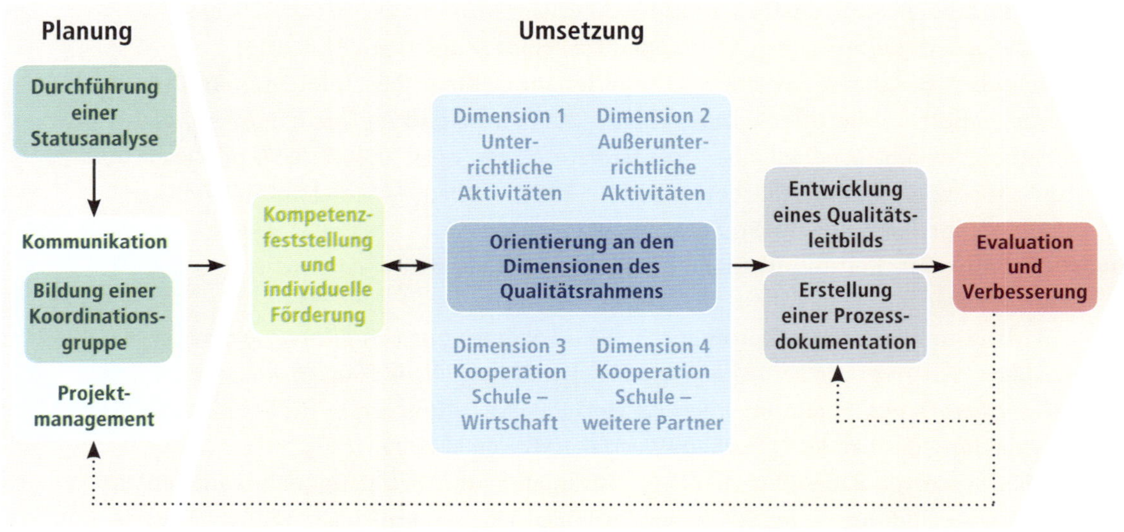

Der erste Schritt in der Phase der Planung (siehe Kapitel 2) ist eine Statusanalyse. Dabei wird erhoben, welche Aktivitäten, Kenntnisse, Materialien etc. an der Schule zum Thema Berufsorientierung bereits existieren. So kann auf Vorhandenes aufgebaut werden.

In einem zweiten Schritt wird eine Koordinationsgruppe (siehe Kapitel 2.2) gebildet, deren Hauptaufgabe in der Erstellung eines Gesamtkonzepts zur Berufsorientierung, der übergeordneten Steuerung der Berufsorientierungsprozesse sowie in der Koordination einzelner Berufsorientierungsaktivitäten besteht. Sie ist somit für das Projektmanagement verantwortlich. Eine weitere zentrale Aufgabe der Koordinationsgruppe ist die geregelte interne und externe Kommunikation. Klare Absprachen, Transparenz und Mitsprache aller Beteiligten sollen so sichergestellt werden.

1.4 Qualitätsmanagementsystem zur Berufsorientierung an Schulen

In der Phase der Umsetzung (siehe Kapitel 3) sind die Durchführung von Kompetenzfeststellungen sowie die Systematik individueller Förderung wesentliche Basiselemente. Durch sie kann die Berufsorientierung an der Schule auf die einzelne Schülerin bzw. den einzelnen Schüler gezielt abgestimmt werden. Die Berufsorientierungsmaßnahmen sind als Bestandteil der individuellen Förderung zu verstehen.

In der Phase der Umsetzung kann der Qualitätsrahmen Berufsorientierung als Hilfe zur Strukturierung der Aktivitäten verwendet werden. Darin ist die Berufsorientierung in verschiedene Dimensionen und darunterliegende mögliche Maßnahmen untergliedert. Auf dieser Grundlage erstellt die Schule ihr eigenes Qualitätsleitbild – mit eigenen Zielen und Standards – zur Berufsorientierung. Bei der inhaltlichen Gestaltung hat die Schule also einen großen Gestaltungsspielraum.

Durch die inhaltliche Neutralität des vorliegenden Leitfadens wird es möglich,
- landesspezifische Vorgaben in den Bildungsplänen,
- regionale bzw. lokale strukturelle und politische Gegebenheiten,
- schulartspezifische Schwerpunkte und
- schulspezifische Gegebenheiten zu berücksichtigen.

Ausgehend von den schulischen Zielen und Standards werden die an der Schule durchzuführenden Berufsorientierungsaktivitäten in einer Prozessdokumentation schriftlich festgelegt. Durch eine regelmäßige Evaluation wird die Qualität bei der Planung und Umsetzung gesichert und kontinuierlich verbessert.

Die einzelnen Elemente des Qualitätsmanagementsystems zur Berufsorientierung an Schulen werden in den Kapiteln 2 und 3 ausführlich erläutert.

Verbindung von Berufsorientierung mit Qualitätsmanagement

Schulen fördern bereits mithilfe vielfältiger Maßnahmen die Berufsorientierung ihrer Schülerinnen und Schüler. Häufig fehlt jedoch der Überblick über die Fülle durchgeführter oder möglicher Maßnahmen. Oft sind nur einzelne Lehrkräfte darüber informiert, was in Bezug auf Berufsorientierung bereits umgesetzt wurde oder gerade geplant wird. Die Maßnahmen sind – wenn sie über den jeweiligen Bildungsplan hinausgehen – häufig vom Engagement Einzelner abhängig. Dementsprechend werden sie losgelöst von der übrigen schulischen Arbeit im Unterricht und außerhalb des Unterrichts umgesetzt.

Einzelmaßnahmen können oft nicht ihr volles Potenzial entfalten, wenn sie nicht in ein Gesamtkonzept integriert sind. Deshalb sollten die Maßnahmen zur Berufsorientierung nicht unabhängig voneinander durchgeführt, sondern systematisch miteinander vernetzt und in ein Qualitätsmanagementsystem eingebettet werden. Diese Systematisierung wird durch das Qualitätsmanagementsystem zur Berufsorientierung an Schulen ermöglicht. In diesem Sinne wird die Berufsorientierung im Schulprofil verankert und so mit dem übrigen Unterricht sowie der gesamten schulischen Arbeit verbunden.

1 Einführung

Qualitätsmanagement im Hinblick auf Berufsorientierung umfasst alle Strategien, Maßnahmen und Methoden, die zur Planung, Sicherung und Verbesserung der Qualität der Berufsorientierung beitragen. Die Philosophie von Qualitätsmanagement ist die immer wiederkehrende Abfolge von Planungs-, Umsetzungs-, Überprüfungs- und Veränderungsphasen, wie in Abbildung 4 dargestellt.

Damit bietet Qualitätsmanagement einen systematischen, organisatorischen und strukturellen Rahmen für die Berufsorientierung an der Schule. Einzelne Berufsorientierungsaktivitäten in Form von Praktika, Bewerbungstraining, Ich-Stärkungsmaßnahmen und vielem mehr werden durch die Einbettung in ein Qualitätsmanagementsystem vernetzt und so in ihrer Güte und Wirksamkeit verbessert. Dies geschieht vor allem durch die Integration der einzelnen Maßnahmen in ein Gesamtkonzept und durch die Dokumentation und Evaluation der Aktivitäten sowie die Strukturierung der Kooperationsbeziehungen.

Die Standardisierung und kontinuierliche Verbesserung sich wiederholender Prozesse führt langfristig nicht nur zu höherer Qualität, sondern auch zu einer deutlichen Arbeitserleichterung, indem die Flut von Informationen zur Berufsorientierung strukturiert und reduziert werden kann.

Abbildung 4: Kreislauf Qualitätsmanagement

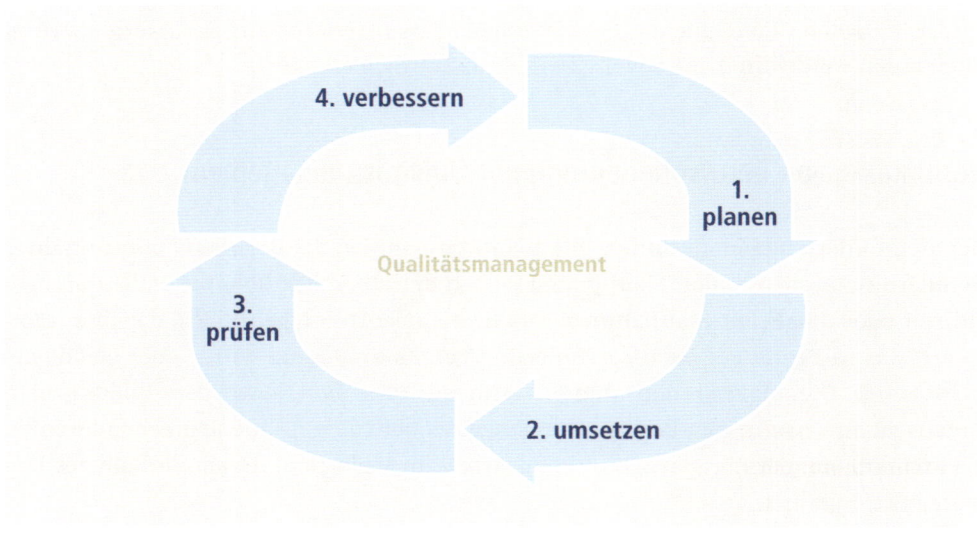

1.4 Qualitätsmanagementsystem zur Berufsorientierung an Schulen

Das Verfahren »Qualitätszentrierte Schulentwicklung« (QZS)

Eine wichtige Grundlage des Leitfadens Berufsorientierung ist das Verfahren »Qualitätszentrierte Schulentwicklung« (QZS). Es ist aus einem mehrjährigen Pilotprojekt mit 46 Schulen aller Schularten entstanden und verbindet Qualitätsmanagement mit Schulentwicklung.

QZS ist ein Rahmenkonzept für die systematische Gestaltung des Schulentwicklungsprozesses und bietet Schulen – unter anderem mit einem Leitfaden und Qualifizierungen – umfassende Unterstützung für ihre Schulentwicklungsarbeit. QZS unterstützt die Schulen bei der Einführung, der Durchführung und der Dokumentation von Qualitätsmanagement. Kernelemente sind die Erstellung eines Qualitätsleitbildes, die Durchführung einer internen Evaluation und die Dokumentation von Prozessen und Zielen.

Getragen wurde das zugrunde liegende Projekt von der Landesvereinigung Baden-Württembergischer Arbeitgeberverbände e.V. und dem Ministerium für Kultus, Jugend und Sport Baden-Württemberg. Weitere Träger waren das Netzwerk SCHULEWIRTSCHAFT, die Landesarbeitsgemeinschaft SCHULEWIRTSCHAFT Baden-Württemberg sowie der Verband der Metall- und Elektroindustrie Baden-Württemberg e.V. – SÜDWESTMETALL. Das Projekt wurde wissenschaftlich begleitet und evaluiert von der MTO Psychologische Forschung und Beratung GmbH Tübingen.

Weitere Informationen zu QZS können auf dem Internetportal »QZS-Online« eingesehen werden (www.qzs.de).

Abbildung 5 zeigt die Vorteile der Verbindung von Berufsorientierung mit Qualitätsmanagement.

Wie Maßnahmen zur Berufsorientierung und Qualitätsmanagement verknüpft werden können und welche Schritte dabei zu gehen sind, wird in den folgenden Kapiteln dargelegt.

In Kapitel 2 wird das Vorgehen bei der Planung der Berufsorientierung an Schulen erläutert. Kapitel 3 enthält Informationen zur Umsetzung. Schließlich werden in Kapitel 4 zentrale Maßnahmen zur Berufsorientierung beschrieben.

Links zu länderspezifischen Vorgaben zur Berufsorientierung
Beschreibung: Links zu länderspezifischen Vorgaben zum Thema Berufsorientierung für jedes Bundesland
Kapitel 1.4 Qualitätsmanagementsystem zur Berufsorientierung an Schulen

Literatur und Links
Beschreibung: Sammlung aller Literatur und Links, die im Leitfaden genannt werden
Kapitel 1.4 Qualitätsmanagementsystem zur Berufsorientierung an Schulen

1 Einführung

Abbildung 5: Vorteile der Verbindung von Berufsorientierung mit Qualitätsmanagement

Zusammenarbeit an der Schule
- Die gemeinsame zielgerichtete Arbeit im Kollegium wird gefördert.
- Die Umsetzung berufsorientierender Maßnahmen wird einheitlich gestaltet.
- Gemeinsame, akzeptierte Zielsetzungen werden festgelegt.

Strukturierung der Kooperationsbeziehungen
- Die Zusammenarbeit zwischen allen Beteiligten wird systematisch geplant und koordiniert.
- Eine regelmäßige und strukturierte Kommunikation zwischen den Beteiligten wird gefördert.
- Ressourcen werden effektiv genutzt.
- Offener Austausch und wechselseitiges Lernen werden begünstigt.
- Ein lebendiger Dialog wird angestoßen, in dem das Konzept zur Berufsorientierung fortlaufend kritisch reflektiert und angepasst werden kann.
- Eine für alle Beteiligten gewinnbringende und zufriedenstellende Kooperation wird gefördert.

Vorteile der Verbindung von Berufsorientierung mit Qualitätsmanagement

Dokumentation der Berufsorientierung an der Schule
- Gelungene Projekte und Maßnahmen können ausgetauscht werden.
- In jedem Schuljahr kann auf ein bestehendes Konzept zurückgegriffen werden.
- Berufsorientierung wird nachhaltig implementiert.
- Mehrfacharbeit wird vermieden.
- Berufsorientierungsarbeit ist in geringerem Maße von einzelnen Personen abhängig.
- Die bestehende Berufsorientierungsarbeit und das Engagement einzelner Lehrkräfte werden gewürdigt.
- Die Verbindlichkeit von Absprachen wird durch schriftliche Fixierung erhöht.
- Durch Verschriftlichung wird die Transparenz gewährleistet.
- Die Kommunikation nach außen (z. B. mit Eltern und Kooperationspartnern) wird durch schriftliche Fixierung erleichtert.

Evaluation der Berufsorientierung an der Schule
- Die Qualitätssicherung bei der Planung und Umsetzung von Berufsorientierung wird überprüft.
- Einzelne Maßnahmen und ihre Wirksamkeit werden überprüft (Erfolgskontrolle).
- Die Schülerinnen und Schüler werden in den »kontinuierlichen Verbesserungsprozess« integriert.
- Die berufsorientierenden Maßnahmen werden kontinuierlich verbessert.
- Die Zufriedenheit aller Beteiligten wird überprüft und kann ggf. erhöht werden.

Literatur und Links zu Kapitel 1

Sämtliche hier genannten Literatur- und Linkangaben sind auch im 🔵 Material »Literatur und Links« (siehe Kapitel 1.4) zu finden.

Aktion Mensch e.V. (Hrsg.). »Inklusion: Schule für alle gestalten«. http://publikationen.aktion-mensch.de/unterricht/AktionMensch_Inklusion_Praxisheft_2013.pdf (Zugriff am 31.3.2015).

Aktionsbündnis für Bildung und Beschäftigung Hamburg. *Hamburger Programm »Berufsorientierung und Berufswegeplanung – Leitsätze und Erfolgsfaktoren für den Übergang von der Schule in Ausbildung und Studium«*. Hamburg 2009. www.lis.bremen.de/sixcms/media.php/13/HamburgerProgrammEndfassung.pdf (Zugriff am 31.3.2015).

Beauftragte der Bundesregierung für die Belange behinderter Menschen, Bertelsmann Stiftung, Deutsche UNESCO-Kommission e.V. »Jakob Muth-Preis für inklusive Schule«. www.jakobmuthpreis.de (Zugriff am 31.3.2015).

Bertelsmann Stiftung (Hrsg.). *Leitfaden lokales Übergangsmanagement*. Gütersloh 2008.

Boban, Ines, und Andreas Hinz (Hrsg.). *Index für Inklusion. Lernen und Teilhabe in der Schule der Vielfalt entwickeln*. Universität Halle (Saale) 2003. www.eenet.org.uk/resources/docs/Index%20German.pdf (Zugriff am 31.3.2015).

Bundesagentur für Arbeit (Hrsg.). »Vertiefte Berufsorientierung«. o. O. 2010.

Bundesagentur für Arbeit, Bundesarbeitsgemeinschaft *SCHULE*WIRTSCHAFT (Hrsg.). »Gelungene Studien- und Berufsorientierung an Schulen der Sekundarstufe I«. 2010. www.arbeitsagentur.de/web/wcm/idc/groups/public/documents/webdatei/mdaw/mdk5/~edisp/l6019022dstbai394163.pdf?_ba.sid=L6019022DSTBAI394166 (Zugriff am 31.3.2015).

Bundesagentur für Arbeit, Bundesarbeitsgemeinschaft *SCHULE*WIRTSCHAFT (Hrsg.). »Gelungene Studien- und Berufsorientierung an Schulen mit Sekundarstufe II«. 2011. www.stiftung-proausbildung.de/images/PDF/Checkliste_Gelungene-Berufsorientierung-an-Schulen-mit-Sekundarstufe%20II.pdf (Zugriff am 31.3.2015).

Bundesministerium für Bildung und Forschung (BMBF). »Projekt ›Herausforderung Hauptschule‹ im Rahmen der Initiative ›Schule-Wirtschaft/Arbeitsleben (SWA)‹. Erfolgreich lernen in Schule und Arbeitswelt. Ein Praxisleitfaden zur Gestaltung von Berufsorientierung in Hauptschulen«. www.asw-trier.de/fileadmin/media/asw/downloads/projekte/themenbereich1/herausforderung_hauptschule_elisa_2004.pdf (Zugriff am 31.3.2015).

Butz, Bert. »Berufsorientierung an Schulen mit Ganztagsangebot«. 2006. www.ganztag-blk.de/cms/upload/pdf/brandenburg/Butz_Berufsorientierung.pdf (Zugriff am 31.3.2015).

Deutsche UNESCO-Kommission e.V. www.unesco.de/inklusion-faq.html (Zugriff am 31.3.2015).

1 Einführung

Institut für Ökonomische Bildung, Institut für Ökonomische Bildung gGmbH, An-Institut der Carl von Ossietzky Universität Oldenburg, Oldenburgische Industrie- und Handelskammer (Hrsg.). *Berufsorientierung in der Schule – Eckpunkte einer nachhaltigen Förderung der Berufsorientierung an allgemeinbildenden Schulen in Niedersachsen.* Oldenburg 2010. www.ioeb.de/sites/default/files/pdf/101102_version_web_broschure_ioeb_ihk.pdf (Zugriff am 31.3.2015).

Linten, Markus, und Sabine Prüstel. »Auswahlbibliographie ›Berufsorientierung‹«. 2011. www.bibb.de/dokumente/pdf/a1bud_auswahlbibliographie-uebergaenge-erste-zweite-schwelle.pdf (Zugriff am 31.3.2015).

Lippegaus-Grünau, Petra, Franciska Mahl und Iris Stolz. *Berufsorientierung – Programm- und Projektbeispiele von Bund und Ländern, Kommunen und Stiftungen.* München 2010. www.dji.de/bibs/9_11672_berufsorientierung.pdf (Zugriff am 31.3.2015).

Meier, Bernd. »Biographisch orientierte Berufswahlvorbereitung«. *Berufsorientierung in der Schule. Grundlagen und Praxisbeispiele.* Hrsg. Jörg Schudy. Bad Heilbrunn 2002. 143–157.

Ministerium für Arbeit, Integration und Soziales des Landes Nordrhein-Westfalen (MAIS) (Hrsg.). *Neues Übergangssystem Schule – Beruf in NRW.* Düsseldorf 2012.

MTO Psychologische Forschung und Beratung GmbH. »Qualitätszentrierte Schulentwicklung«. www.qzs.de (Zugriff am 31.3.2015).

Ripper, Jürgen, und Thomas Schenk. *Qualitätszentrierte Schulentwicklung. Der Leitfaden zur Einführung, Durchführung und Dokumentation von Qualitätsmanagement an der Schule.* Steinheim/Murr 2006.

Schudy, Jörg. »Berufsorientierung als schulstufen- und fächerübergreifende Aufgabe«. *Berufsorientierung in der Schule. Grundlagen und Praxisbeispiele.* Hrsg. Jörg Schudy. Bad Heilbrunn 2002. 9–17.

2 Planung der Berufsorientierung an Schulen

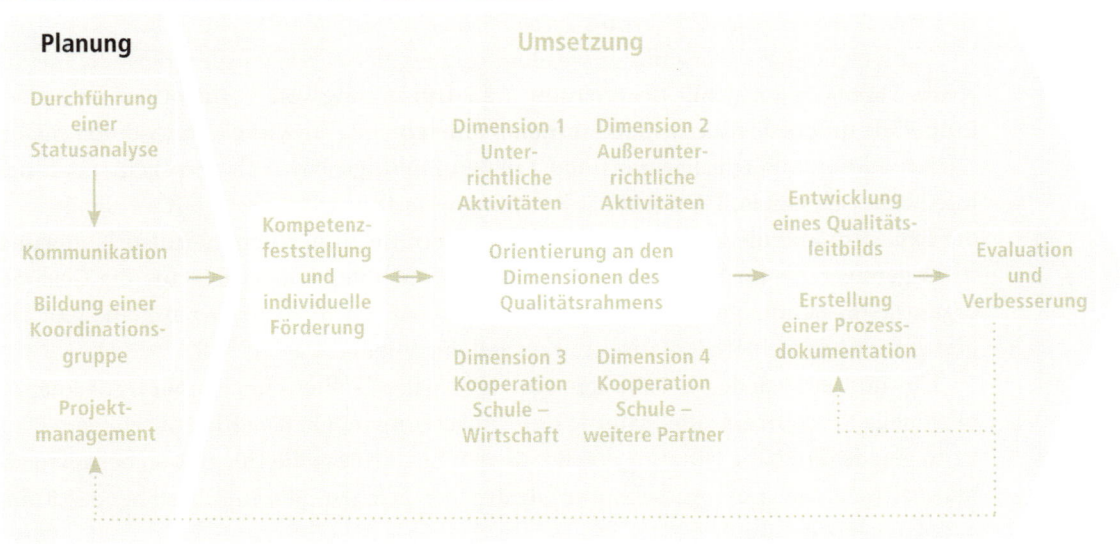

Wenn es darum geht, neue Konzepte zu erarbeiten, wird an Schulen häufig rasch mit der Umsetzung vorhandener Ideen begonnen, in der Hoffnung, schnell Erfolge zu sehen. Die qualitätssichernde Planung und systematische Erhebung dessen, was im betreffenden Themenfeld bereits existiert, kommen dabei oft zu kurz. Eine systematische Planung und Analyse ist jedoch unabdingbar für den nachhaltigen Erfolg der Umsetzung neuer, innovativer Konzepte. Daher sollte dieser Phase genügend Raum gegeben und dabei sorgfältig vorgegangen werden.

In diesem Kapitel werden die wichtigsten planerischen und strukturellen Voraussetzungen beschrieben, um eine erfolgreiche und auf die gesamte Schule ausgerichtete qualitätsmanagementbasierte Berufsorientierung zu implementieren.

2 Planung der Berufsorientierung an Schulen

2.1 Statusanalyse

Planung
- Durchführung einer Statusanalyse
  - Kommunikation
  - Bildung einer Koordinationsgruppe
  - Projektmanagement

Umsetzung
- Kompetenzfeststellung und individuelle Förderung
- Orientierung an den Dimensionen des Qualitätsrahmens:
  - Dimension 1: Unterrichtliche Aktivitäten
  - Dimension 2: Außerunterrichtliche Aktivitäten
  - Dimension 3: Kooperation Schule – Wirtschaft
  - Dimension 4: Kooperation Schule – weitere Partner
- Entwicklung eines Qualitätsleitbilds
- Erstellung einer Prozessdokumentation
- Evaluation und Verbesserung

Keine Schule beginnt mit der Planung und Umsetzung von Berufsorientierung bei null. Viele unterschiedliche Maßnahmen wurden bereits entwickelt und werden erfolgreich umgesetzt. Berufsorientierung ist in den Bildungsplänen als verpflichtender und integrativer Bestandteil des schulischen Bildungsauftrags verankert. Oft werden jedoch die Expertise und die Erfahrung einzelner Lehrkräfte zum Thema Berufsorientierung nicht genügend – im Sinne einer gemeinsamen Schulentwicklung – für die Gesamtorganisation Schule genutzt. Auch sind die Aktivitäten nicht immer miteinander abgestimmt und in ein systematisches Konzept eingebettet.

Um nun ein solches Gesamtkonzept zu erstellen, sollte – im Hinblick auf knappe personelle Ressourcen – die Planung und Umsetzung möglichst effizient erfolgen. Dies kann gerade durch die Nutzung von bewährten Strukturen, die Integration bestehender Maßnahmen sowie die Ausschöpfung bisheriger Erfahrungen und bestehender Kompetenzen erreicht werden.

Daher sollte am Anfang des Planungsprozesses eine Statusanalyse stattfinden, in der festgestellt wird, welche Aktivitäten, Kompetenzen, Materialien etc. zum Thema Berufsorientierung bereits an der Schule existieren. Die dabei gewonnenen Informationen und Erkenntnisse können von Beginn an genutzt werden. Auf diese Weise wird direkt an Vorhandenes angeknüpft.

Für eine umfassende Statusanalyse kann der in der Materialsammlung enthaltene »Fragebogen zur Statusanalyse« verwendet werden. Dieser kann in der vorliegenden Form genutzt oder je nach Bedarf individuell verändert und ergänzt werden.

Fragebogen zur Statusanalyse
Beschreibung: Vorlage für einen Fragebogen zur Statusanalyse der Aktivitäten, Erfahrungen und Kompetenzen zur Berufsorientierung
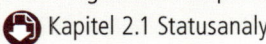 Kapitel 2.1 Statusanalyse

Mit der Durchführung der Statusanalyse zur Berufsorientierung sollte eine kleine Arbeitsgruppe – aus Schulleitung und Teilen des Kollegiums – beauftragt werden. Falls einzelne Informationen oder Kompetenzen fehlen, können weitere Personen beteiligt werden. Es ist wichtig zu beachten, dass es sich bei der Statusanalyse nicht um eine Evaluation handelt. Daher werden keine Sachverhalte bewertet, sondern lediglich Informationen gesammelt.

Die Ergebnisse der Statusanalyse können als Grundlage für den weiteren Prozess der Maßnahmenentwicklung und der Zusammenführung der Berufsorientierung an der Schule verwendet werden. Zusätzlich dient die Statusanalyse der Akzeptanzsicherung im Kollegium. Indem bestehende Maßnahmen und Konzepte gesammelt und transparent gemacht werden, wird deutlich, welche Arbeit hier bereits geleistet wurde. Daher sollten die Ergebnisse der Statusanalyse an das Kollegium zurückgemeldet werden, zum Beispiel bei einer Lehrerkonferenz. Zudem können sie auch nach außen mitgeteilt und den Eltern oder weiteren Kooperationspartnern zugänglich gemacht werden.

2.2 Koordinationsgruppe

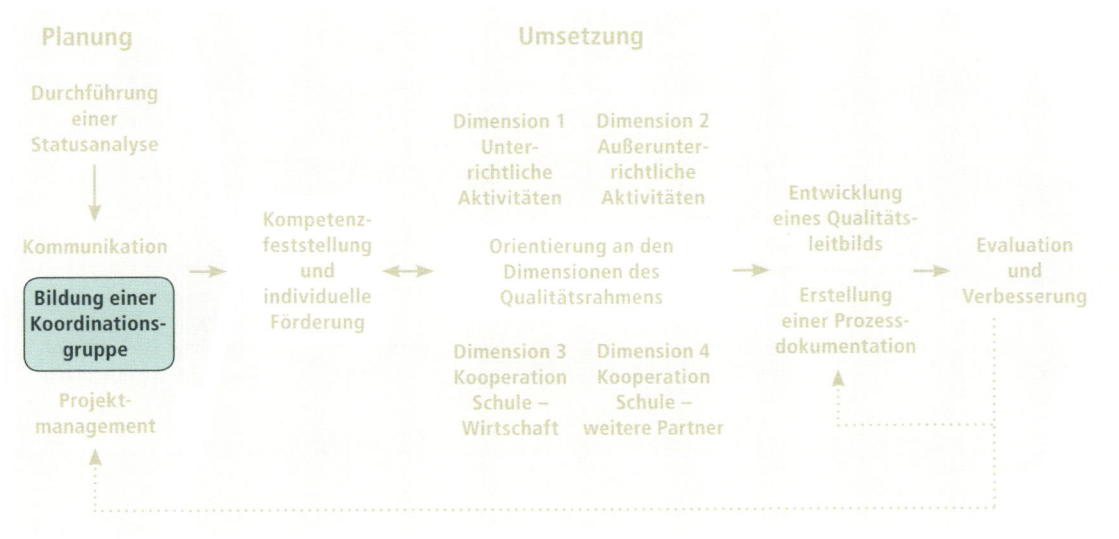

2 Planung der Berufsorientierung an Schulen

Das zentrale Element in der Planungsphase der Berufsorientierung ist eine Koordinationsgruppe Berufsorientierung. Die Hauptaufgaben dieser Gruppe bestehen in der Planung, Organisation und Koordination der Berufsorientierung an der Schule. Dazu gehören die Entwicklung eines Gesamtkonzepts und die Erstellung eines Berufsorientierungscurriculums. Dabei gilt es, die Berufsorientierungsaktivitäten auch in die unterrichtliche Arbeit zu integrieren. Die Koordinationsgruppe bzw. die einzelnen Mitglieder führen die Maßnahmen nicht (allein) durch. Dazu sind – wenn notwendig – weitere Arbeitsgruppen einzurichten. Jedoch ist die Gruppe für die Koordination der einzelnen Berufsorientierungsaktivitäten sowie für ihre Dokumentation und Evaluation verantwortlich.

Darüber hinaus unterstützt sie die Lehrkräfte bei der Planung und Durchführung der Aktivitäten sowie bei der Erstellung neuer Einzelkonzepte. Auch die Koordination der Überarbeitung bestehender Maßnahmen und der Integration der Berufsorientierung in die Schulentwicklung ist Aufgabe der Koordinationsgruppe. Sie setzt sich außerdem für eine schulinterne Sensibilisierung für die Bedeutung der Berufsorientierung ein. Die Koordinationsgruppe baut ein Kooperationsnetzwerk mit klaren Kommunikations- und Informationsstrukturen auf. Sie sichert den Informationsfluss innerhalb der Schule, ist schulinterne Ansprechpartnerin und Ansprechpartnerin für außerschulische Kooperationspartner.

Abbildung 6: Aufgaben der Koordinationsgruppe

2.2 Koordinationsgruppe

Zusammensetzung der Koordinationsgruppe:

Berufsorientierung wird in unterschiedlichen Klassenstufen und Fächerverbünden mit ganz verschiedenen Maßnahmen umgesetzt. Daher ist es zweckmäßig, dass auch in der Koordinationsgruppe Lehrkräfte unterschiedlicher Klassenstufen bzw. Fächerverbünde vertreten sind. Die Mitgliedschaft der Schulleitung ist zwar nicht zwingend notwendig, aber sinnvoll. Berufsorientierung ist selbstverständlich auch Aufgabe der Schulleitung. Insofern muss sie hinter der Gruppe stehen und diese nach innen – im Kollegium – und nach außen aktiv unterstützen. Die Schulleitung hat im Qualitätsmanagementprozess eine besondere Verantwortung bei der Initiierung und Begleitung von Optimierungsmaßnahmen im Bereich der Berufsorientierung der Schule. Weitere Personengruppen (z. B. Schülervertretung, Elternvertretung, externe Kooperationspartner) sollten in die Aktivitäten integriert werden, ohne jedoch Teil der Koordinationsgruppe zu sein.

Die Mitarbeit in der Gruppe sollte freiwillig erfolgen. Ebenso sollte die Mitgliedschaft zeitlich befristet sein, um die Personen nicht auf »ewig« zu binden. Je nach Schulgröße sollte die Gruppe aus etwa drei bis sechs Personen bestehen. Größere Gruppen werden schnell unflexibel und entscheidungsträge. Den einzelnen Mitgliedern der Koordinationsgruppe sollten bestimmte Kompetenzen und Aufgaben zugeordnet werden. Zudem sollte es eine Leitung bzw. einen Sprecher der Gruppe geben, der in der Regel der Ansprechpartner nach innen und außen ist. Die Leitungsfunktion muss nicht dauerhaft von einer Person übernommen werden, sondern kann – etwa über ein Rotationssystem – nach einem bestimmten Zeitraum weitergegeben werden. In Bundesländern, in denen an den einzelnen Schulen eine Person für die Berufs- und Studienorientierung zuständig ist, wie beispielsweise der »StuBO-Koordinator« (Koordinator für Studien- und Berufsorientierung) in Nordrhein-Westfalen, ist es sinnvoll, dieser Person dauerhaft die Leitung der Koordinationsgruppe zu übertragen.

Mandat der Koordinationsgruppe:

Um die Akzeptanz der Gruppe zu sichern, braucht sie unbedingt ein Mandat vom Kollegium. Vor allem darf die Koordinationsgruppe kein von der Schulleitung beauftragtes Gremium sein. Die Berufsorientierung sollte von möglichst vielen an der Schule tätigen Lehrkräften getragen werden. Daher sollte die Koordinationsgruppe aus dem Kollegium heraus entstehen.

Bestandteile eines Mandats:

- Klar definierter Auftrag: Die Aufgaben, die das Kollegium an die Koordinationsgruppe überträgt, werden genau festgelegt (z. B. Erstellung eines Konzeptes zur Berufsorientierung; Umsetzung bestimmter Maßnahmen; Unterstützung einzelner Personen und Arbeitsgruppen, die selbst Maßnahmen umsetzen). Dazu kann das Praxismaterial »Aufgabenbeschreibung« (siehe nächsten Abschnitt) herangezogen werden.

2 Planung der Berufsorientierung an Schulen

- Klar bezeichnete Entscheidungskompetenzen: Neben den Aufgaben muss vereinbart werden, welche Entscheidungen die Koordinationsgruppe in Bezug auf die Berufsorientierung treffen darf. Generell sollten Strategieentscheidungen und Entscheidungen bezüglich neu durch das Kollegium zu bearbeitender Themen in Absprache mit der Schulleitung erfolgen.
- Befristung: Das Mandat sollte zeitlich befristet sein, um der Gefahr einer Verselbstständigung der Gruppe entgegenzuwirken. Nach Ende des Mandats sollte die Koordinationsgruppe – ggf. in derselben Besetzung – erneut gewählt werden.
- Berichtspflicht: Da die Koordinationsgruppe innerhalb eines gewissen Rahmens eigenständig Entscheidungen trifft, ist sie verpflichtet, Schulleitung, Kollegium und ggf. auch Eltern, Schülerinnen und Schüler regelmäßig über den Stand ihrer Arbeit, über ihre Entscheidungen und geplante Maßnahmen zu informieren.

Aufgabenbeschreibung
Beschreibung: Vorlage für eine Aufgabenbeschreibung
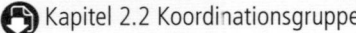 Kapitel 2.2 Koordinationsgruppe

Nach Gründung der Koordinationsgruppe sollte sich diese nach und nach in das schulische Leben integrieren und dessen fester Bestandteil werden. Dazu sind eine regelmäßige Präsenz sowie ein gutes Informationsmanagement notwendig. Nicht nur die Koordinationsgruppe, sondern alle Lehrkräfte benötigen zur Planung und Durchführung von Berufsorientierungsaktivitäten freien Zugang zu den wesentlichen Informationen, zu Maßnahmenplänen, Prozessbeschreibungen etc. Ein spezifischer Bereich im Intranet der Schule, ein »Schwarzes Berufsorientierungs-Brett« oder entsprechend gekennzeichnete Ordner sind allen beteiligten Personen zur Verfügung zu stellen.

Fortbildungen:
Die Arbeit der Koordinationsgruppe ist vielfältig und erfordert daher verschiedene Kompetenzen. Es werden unter anderem Kompetenzen in der Projektarbeit, der Teamarbeit und im Bereich Qualitätsmanagement benötigt. Zu diesen Themen bieten die Lehrerfortbildungsinstitute der Länder und beispielsweise auch die Landesarbeitsgemeinschaften *SCHULE*WIRTSCHAFT Veranstaltungen an. Über die Internetseite des Netzwerks *SCHULE*WIRTSCHAFT (www.schulewirtschaft.de) gelangt man auf die Seiten der einzelnen Landesarbeitsgemeinschaften.

Neben den genannten Kompetenzen ist es für die Lehrkräfte, die an der Berufsorientierung beteiligt sind, wichtig zu wissen, was die Schülerinnen und Schüler im Rahmen eines Praktikums bzw. einer Berufstätigkeit erwartet. Eine sehr praktische und realitätsnahe Möglichkeit dazu bietet das Lehrerbetriebspraktikum, das in Kapitel 4.3.6 näher beschrieben wird.

Die Initiative »JOBLAB – Coaching zur Berufsfindung« von NORDMETALL – Verband der Metall- und Elektroindustrie e.V. führt Lehrerfortbildungen zum »JOBLAB-

2.2 Koordinationsgruppe

Coach« durch. Dabei lernen die Teilnehmenden das Multimediaprogramm zur Berufsorientierung »JOBLAB« und dessen Einsatzmöglichkeiten im Unterricht kennen. Beispielsweise kann JOBLAB die Vorbereitung eines Betriebspraktikums unterstützen: www.wir-bilden-den-norden.de/projekte/joblab-coaching-zur-berufsfindung/

Teamarbeit:

Teamarbeit wird immer wichtiger. Gerade um eine hohe Qualität der Arbeit mit knappen zeitlichen und personellen Ressourcen zu erzielen, ist eine intensive Zusammenarbeit innerhalb der Schule erforderlich. Dies gilt nicht nur für die Arbeit in der Koordinationsgruppe Berufsorientierung. Auch weitere Arbeitsgruppen an der Schule sowie die Projekt- und Gruppenarbeit von Schülerinnen und Schülern können von einer geregelten Teamarbeit und von Methoden der Teamentwicklung profitieren. Teamarbeit muss jedoch gelernt werden. Das Praxismaterial »Teamentwicklung« enthält Informationen zum Thema und Tipps zur Zusammenarbeit.

Ziele der Teamentwicklung:

- die Rollen klären
- die Kommunikation verbessern
- die gegenseitige Unterstützung der Teammitglieder stärken
- Probleme lösen
- Konflikte bewältigen
- den Teamgeist stärken

Teamentwicklung
Beschreibung: Beschreibung der Phasen der Teambildung sowie Informationen und Methoden zur Teamentwicklung
Kapitel 2.2 Koordinationsgruppe

Moderation:

Damit sie produktive Arbeit leisten kann, sollten Sitzungen der Koordinationsgruppe gut vorbereitet und strukturiert durchgeführt werden. Dadurch wird ein sachorientiertes und persönlich angenehmes Arbeiten ermöglicht. Ansonsten bekommen häufig Vielredner ein Übergewicht in der Sitzung, wodurch wichtige Inhalte verloren gehen bzw. gar nicht erst eingebracht werden. Neben der Protokollierung der Sitzung (siehe Material »Sitzungsprotokoll«) sollte vor jeder Sitzung eine Tischvorlage erstellt werden, auf der die Tagesordnungspunkte aufgeführt sind. Dadurch werden die Teilnehmenden der Sitzung auf den gleichen Informationsstand gebracht und es ist jederzeit sichtbar, welche Punkte bereits behandelt wurden bzw. welche noch offen sind und bearbeitet werden müssen.

Damit Sitzungen zielgerichtet und effizient ablaufen, sollten im Vorfeld gemeinsame Regeln aufgestellt werden. Als Anhaltspunkt kann das Material »Regeln zur Sitzungsgestaltung« dienen. Zur Leitung einer Sitzung und zur Einhaltung der Regeln ist es sinnvoll, eine moderierende Person einzusetzen. Moderationsfähigkeit ist eine Kompetenz, die erlernt und geübt werden muss, da sie unterschiedliche und komplexe Aufgaben umfasst. Das Material »Rolle des Moderators« enthält die wichtigsten Aufgaben und Funktionen der Moderation von Sitzungen.

Sitzungsprotokoll
Beschreibung: Vorlage für ein Sitzungsprotokoll
Kapitel 2.2 Koordinationsgruppe

Regeln zur Sitzungsgestaltung
Beschreibung: Darstellung möglicher Regeln zur Sitzungsgestaltung
Kapitel 2.2 Koordinationsgruppe

Rolle des Moderators
Beschreibung: Beschreibung der Funktion eines Moderators bei Sitzungen
Kapitel 2.2 Koordinationsgruppe

Feedback im Team:
Sehr förderlich für eine professionelle Teamarbeit ist eine Feedbackkultur innerhalb der Koordinationsgruppe. Durch die gegenseitige Rückmeldung von Positivem oder Verbesserungswürdigem an Einzelne oder an die ganze Gruppe wird die Grundlage für gute Arbeitsergebnisse und für eine effektive weitere Zusammenarbeit gelegt. Diskussion und Reflexion auf einer von Vertrauen geprägten Basis sind wichtige Voraussetzungen für die Qualität der Schule. Mithilfe des Materials »Feedbackregeln« kann das Feedback systematisch gestaltet werden und Missverständnisse sowie persönliche Angriffe beim Geben und Nehmen von Feedback können vermieden werden.

Ziele und Nutzen einer Feedbackkultur:
- Klima der Offenheit und des Vertrauens
- gegenseitige Beziehungen verbessern
- gemeinsam aus Erfolgen und Fehlern lernen
- sich gegenseitig unterstützen
- Selbst- und Fremdreflexion trainieren

Feedbackregeln
Beschreibung: Regeln für das Geben und Annehmen von Feedback
Kapitel 2.2 Koordinationsgruppe

2.3 Kommunikation

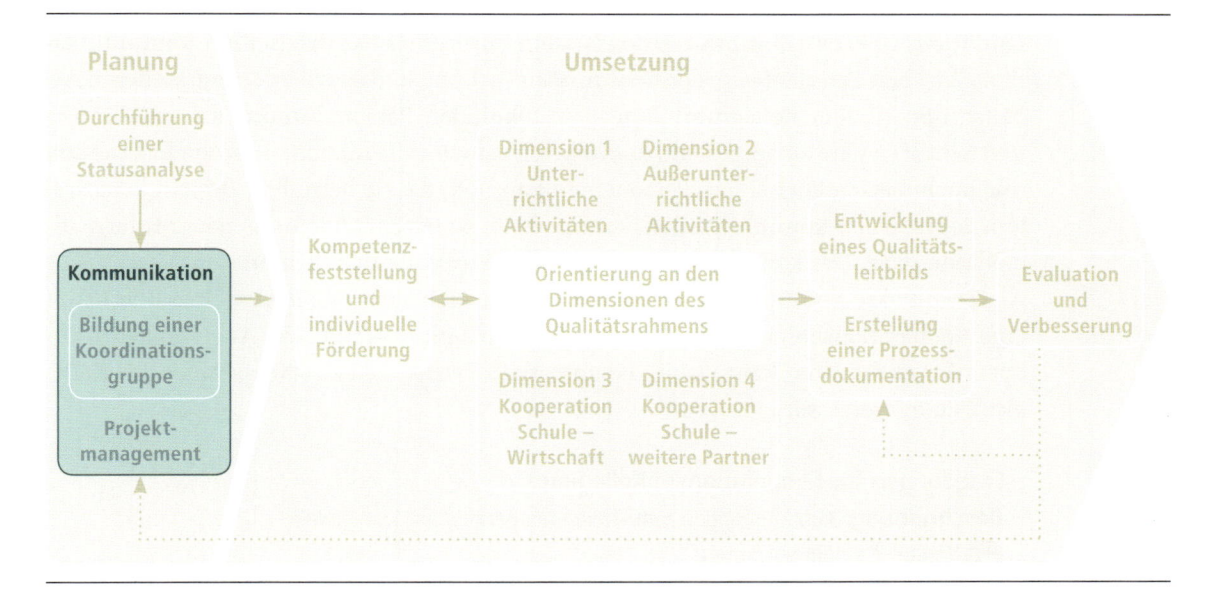

Funktionierende und transparente Kommunikationsstrukturen sind für den Erfolg der Berufsorientierung an der Schule unverzichtbar. Eine der Aufgaben der Koordinationsgruppe ist es, wichtige Informationen an die richtigen Personen weiterzugeben sowie eine regelmäßige und strukturierte Kommunikation nach innen und außen zu organisieren.

Dabei geht es zum einen um den Austausch von Berufsorientierungsinhalten innerhalb der Schule, etwa mit Lehrkräften, die keine Mitglieder der Koordinationsgruppe sind, jedoch Maßnahmen zur Berufsorientierung ihrer Schülerinnen und Schüler durchführen. Zum anderen sind die Kommunikation und der Informationsaustausch mit Kooperationspartnern, wie Eltern, regionalen Betrieben und öffentlichen Institutionen, zu pflegen. Kommunikation ermöglicht:

- Vernetzung: Austausch von Erfahrungen und Wissen erweitert die Kompetenzen aller Beteiligten.
- Transparenz: Offene Informationsweitergabe beugt Missverständnissen und Misstrauen vor.
- Kooperation: Das Zusammenwirken aller Beteiligten motiviert und bündelt Kompetenzen.

Informationsmanagement spielt für effektive Kommunikation eine wesentliche Rolle. Es beinhaltet die Planung, wann wer welche Informationen in welcher Form an wen weitergeben soll.

Zentral ist dabei, dass Personen nur diejenigen Informationen erhalten, die sie tatsächlich betreffen. Somit wird eine Informationsflut verhindert, bei der wichtige Informationen untergehen.

Interne Kommunikation

Durch ein internes Kommunikationssystem, also durch wechselseitige Kommunikation zwischen Schulleitung, der Koordinationsgruppe Berufsorientierung, weiteren Arbeitsgruppen, dem Kollegium, dem nicht lehrenden Personal und den Schülerinnen und Schülern wird sichergestellt, dass alle relevanten Informationen »gesendet« werden und auch tatsächlich bei den Personen ankommen, die sie betreffen. Besteht kein System der internen Kommunikation, kommt es oft zu falscher oder ungenauer Informationsweitergabe. Das kann zu Frustration und Unzufriedenheit führen.

Eine intakte Kommunikationsstruktur hängt auch davon ab, inwieweit es überhaupt eine Kooperationsbereitschaft – vor allem im Kollegium – gibt. Zur Analyse dieser Kooperationsstrukturen kann das Praxismaterial »Fragebogen zur Kooperation im Kollegium« eingesetzt werden.

Fragebogen zur Kooperation im Kollegium
Beschreibung: Kurzfragebogen zum Thema Kooperation im Kollegium
Kapitel 2.3 Kommunikation

Ziele der internen Kommunikation:
- Aktivitäten koordiniert durchführen
- Missverständnisse und Konflikte vermeiden
- zur aktiven Beteiligung am Schulleben anstoßen
- Projekte vorstellen und regelmäßig über ihren aktuellen Stand informieren
- Regeln erarbeiten bzw. einhalten
- Akzeptanz der Berufsorientierungsaktivitäten im Kollegium sichern
- Lehrkräfte qualifizieren und ihre Kompetenz entwickeln

Möglichkeiten des Informationsaustausches innerhalb der Schule:
- regelmäßige Vermittlung von Informationen in Konferenzen (z. B. Stand der Umsetzung einzelner Maßnahmen zur Berufsorientierung)
- Koordinationsgruppentreffen, an denen auch andere involvierte Lehrkräfte teilnehmen können
- Aushang von Ergebnissen der aktuellen Arbeit (z. B. im Lehrerzimmer, an einer Informationstafel)
- Ordner mit Materialien zum schulischen Berufsorientierungskonzept und dazugehörenden Maßnahmen zur Berufsorientierung
- Aushang bzw. Weitergabe der Protokolle von Konferenzen und Sitzungen
- E-Mail-Verteiler für Lehrkräfte sowie Schülerinnen und Schüler
- Internet- bzw. Intranet-Homepage der Schule
- Schülerzeitung

- Jahresberichte der Schule
- Kummerkasten
- Informierung der Schülerinnen und Schüler in einer Klassenlehrerstunde

Kommunikation mit den Partnern der Schule

Eine wichtige Kommunikationsform ist der Informationsaustausch zwischen der Schule und ihren Partnern, wie Eltern, Unternehmen, Verbänden und Kammern der Wirtschaft, den Berufsberaterinnen und -beratern der Agenturen für Arbeit, den Arbeitskreisen *SCHULE*WIRTSCHAFT, Hochschulen, Presse und Medien, Partnerschulen, Beratern. Die meisten Informationen in diesem Zusammenhang werden nicht von den einzelnen Lehrkräften, sondern »von der Schule als Ganzes« nach außen getragen.

Bildungsträger als wichtige Kooperationspartner der Schule

In Deutschland gibt es zahlreiche regionale und überregionale Bildungsträger, die Kooperationen mit Schulen anbieten. Mithilfe von Fördergeldern arbeiten sie vor Ort mit Schulen und Schülerinnen und Schülern zusammen und gehören zu den wichtigsten Kooperationspartnern bei der Berufsorientierung. Beispielsweise führen viele Bildungsträger Kompetenzfeststellungen für Schülerinnen und Schüler durch, deren Ergebnisse sich für die individuelle Förderung an der Schule nutzen lassen.

Da das Angebot der Maßnahmen sehr groß ist, sollte eine Schule vor allem folgende Aspekte als Auswahlkriterien heranziehen:
- Passt das Angebot in das Berufsorientierungskonzept der Schule?
- Kann das Projekt nachhaltig – auch nach einer Förderperiode – weitergeführt werden?

Ein gutes Beispiel für die Unterstützung sind Übergangsbegleiter von Bildungsträgern. Sie begleiten ausgewählte Schülerinnen und Schüler mit Förderbedarf zum Teil über mehrere Jahre. Sie unterstützen die Jugendlichen dabei, eine realistische Berufswahl zu treffen, den beruflichen Bewerbungsprozess zu absolvieren und in der ersten Zeit der Ausbildung zu bestehen. Die Kooperation sollte so gestaltet sein, dass die Übergangsbegleiter Platz im Gesamtsystem der Berufsorientierung der Schule erhalten und eng mit der Schulleitung und den Lehrkräften zusammenarbeiten.

Die Eltern haben bei der Kommunikation einen Sonderstatus, da sie weder vollständig zur internen Struktur der Schule gehören noch richtige externe Partner sind. Sie stehen vielmehr dazwischen und spielen eine besondere und sehr wichtige Rolle für die Berufsorientierung der Schülerinnen und Schüler. Daher ist der Kommunikation zwischen Schule und Eltern große Bedeutung zuzumessen.

2 Planung der Berufsorientierung an Schulen

Mit dem Begriff »Eltern« sind im gesamten Leitfaden selbstverständlich nicht nur die leiblichen Eltern der Jugendlichen gemeint, sondern alle Erziehungsberechtigten – gleichgültig, ob es sich dabei um Verwandte, Adoptiv- oder Stiefeltern oder andere für die Erziehung zuständige Personen handelt.

In Schulen existieren viele Partnerschaften und Kontakte nach außen: zu Unternehmen für Praktikumsstellen, kooperierenden Einzelpersonen für (Berufswahl-)Patenschaften, regionalen sozialen Einrichtungen etc. Meist hat eine bestimmte Person an der Schule einen Kontakt hergestellt – etwa über persönliche Beziehungen – und erhält diesen aufrecht. Eine einheitliche Datenbank mit allen außerhalb der Schule beteiligten Personen und Institutionen, mit festem Ansprechpartner, Anschrift, Telefonnummer und E-Mail-Adresse, ggf. mit Sprechzeiten und Vertretungen, kann die externe Kommunikation sehr erleichtern. Als mögliche Vorlage kann hier das Material »Partnerdatenbank« dienen.

Partnerdatenbank
Beschreibung: Datenbank zur Pflege der Daten externer Partner der Schule
Kapitel 2.3 Kommunikation

Der Vorteil einer solchen Datenbank ist, dass eine Lehrkraft auf sämtliche Kontakte der Schule zugreifen kann. Zudem profitiert die gesamte Schule in hohem Maße von einer Partnerdatenbank. So werden wichtige Daten zentral und für alle Beteiligten zugänglich gespeichert. Sie gehen nicht verloren, wenn die Lehrkraft, die den Kontakt hergestellt und gepflegt hat, die Schule verlässt.

Um den Schülerinnen und Schülern einen Überblick über die Berufe zu ermöglichen, die in der Region erlernt werden können, bietet sich ebenfalls eine Datenbank an. Als Grundlage kann das Praxismaterial »Berufedatenbank« verwendet werden. Darin können Praktikums- oder Ausbildungsmöglichkeiten nach Berufen sortiert dargestellt werden. Die Berufe können mit den jeweiligen Inhalten, Tätigkeiten und Qualifikationsanforderungen beschrieben und die Kontaktdaten der entsprechenden Institutionen/Betriebe festgehalten werden.

Eine solche Datenbank mit einer kurzen Beschreibung und Qualifizierungsanforderungen gibt es auf der Internetseite der Agentur für Arbeit (www.planet-beruf.de) unter der Rubrik »Berufe finden« – »Berufe von A bis Z« (siehe auch Kapitel 4.4.1).

Berufedatenbank
Beschreibung: Vorlage für eine Datenbank zur Übersicht über die Berufe in der Region
Kapitel 2.3 Kommunikation

Eine Übersicht über vorhandene Kooperationspartner kann mithilfe des Praxismaterials »Kooperationspartner« erstellt werden.

2.3 Kommunikation

Kooperationspartner
Beschreibung: Graphische Vorlage zur Übersicht über die Partner der Schule
Kapitel 2.3 Kommunikation

Um eine optimale Kommunikation mit den Partnern der Schule zu bewerkstelligen, sollte es – neben der übersichtlichen und vollständigen Partnerdatenbank – klare Zuständigkeiten für die Aufrechterhaltung der Kooperationsbeziehungen mit den einzelnen Partnern geben. Dadurch kann gewährleistet werden, dass die Beziehungen langfristig Bestand haben. Für die Pflege der Partnerschaften sollte jeweils eine bestimmte Person zuständig sein. Zur Unterstützung bei der Verteilung von Zuständigkeiten und Verantwortungen kann das Praxismaterial »Aufgabenbeschreibung« (siehe Kapitel 2.2) verwendet werden.

Ziele der Kommunikation mit den Partnern der Schule:
- auf die Schule aufmerksam machen
- Kontakte und Beziehungen auf- und ausbauen
- Informationen einholen (z. B. zu den Anforderungen bestimmter Berufsfelder bzw. Unternehmen)
- den Schülerinnen und Schülern ermöglichen, in der Schule Gelerntes praktisch einzusetzen
- die Akzeptanz der schulischen Arbeit bei Unternehmensvertretern sichern
- Verantwortlichkeiten der Schule und der Partner klären und in Kooperationsvereinbarungen fixieren

Eine Vorlage für eine Kooperationsvereinbarung und weitere Informationen dazu finden sich im Kapitel 4.3.7 zum Thema Lernpartnerschaften.

Kooperation mit den Eltern:
Der Austausch mit den Eltern kann bei verschiedenen Gelegenheiten gefördert werden: im Rahmen von Sprechstunden, Elternbeiratssitzungen, Elternabenden, Themenabenden, Elternsprechtagen oder durch Elternbriefe und regelmäßige Newsletter der Schule.
   Der aktiven Einbeziehung der Eltern bei der Berufsorientierung der Schule kommt eine zentrale Rolle zu. Zum einen bieten die Eltern ein großes Potenzial an Wissen und Erfahrungen über Berufe und Berufswahlprozesse, das es für die Gesamtorganisation Schule zu nutzen gilt. Zum anderen ist Berufsorientierung keine rein schulische Angelegenheit. Jugendliche sollten ihr neu gelerntes berufsbezogenes Wissen oder ihre ersten praktischen Erfahrungen im Elternhaus einbringen und von den Eltern weitere Unterstützung für den Berufswahlprozess erhalten. Ein wichtiger Aspekt hierbei ist auch, dass die Lehrkräfte nach Beendigung der Schulzeit als Beratungskräfte wegfallen. Es existiert kein Monitoring bzw. keine Begleitung während der ersten Phase der Ausbildung, sodass die Eltern in dieser Phase eine zentrale Rolle einnehmen.

2 Planung der Berufsorientierung an Schulen

Es ist bekannt, dass Eltern die wichtigste Einflussgröße in der beruflichen Entwicklung von Jugendlichen sind. Jedoch sind sich viele Eltern ihres Einflusses nicht bewusst oder fühlen sich nicht kompetent, ihre Kinder bei der Berufsfindung zu unterstützen. Dennoch sind die meisten Mütter und Väter bereit, sich in die Berufsorientierung ihrer Kinder einzubringen und mit der Schule zu kooperieren. Auch nahezu alle Schülerinnen und Schüler wünschen sich eine Einbindung ihrer Eltern. Der Kommunikation mit den Eltern sollte daher besondere Aufmerksamkeit geschenkt werden.

Die Rolle der Eltern bei der Berufsorientierung ihrer Kinder hat mehrere Funktionen. Zum einen übernehmen sie als wichtigste Bezugspersonen der Jugendlichen eine Beratungsfunktion bei der Berufsfindung, zum anderen beeinflussen sie ihre Kinder durch die Vermittlung von Wertevorstellungen und Interessen. Dieser Einfluss kann für die Jugendlichen sowohl förderlich als auch hinderlich sein. So sind die Kenntnisse der Eltern über die wirtschaftliche Situation in manchen Branchen sowie die aktuellen Bewerbungsmodalitäten teilweise mangelhaft und mitunter sogar falsch. Um den Einfluss der Eltern positiv nutzen zu können, ist ein motivierendes Vorgehen notwendig. Dabei sollten Eltern adäquat informiert und aktiv in den Berufsorientierungsprozess ihrer Kinder einbezogen werden. Bei Schülerinnen und Schülern aus nicht deutschsprachigem Elternhaus erleben es Schulen teilweise als schwierig, die Eltern zu erreichen; daher sollte die Ansprache dieser Eltern nach Möglichkeit auch muttersprachlich erfolgen (z. B. in Einladungen und Informationsbroschüren). Zudem können fehlende Kenntnisse über das Ausbildungssystem in Deutschland und die hierzulande existierenden schulischen Strukturen und Anforderungen eine größere Barriere für eine offene und erfolgreiche Kommunikation darstellen. Bei Informationsveranstaltungen sollten deshalb die kulturellen Besonderheiten bei der Themenauswahl und -behandlung berücksichtigt und thematisiert werden (siehe auch den Kasten »Familien mit Migrationshintergrund«).

Die optimale Kooperation der Schule mit den Eltern umfasst die drei wesentlichen Bereiche Information, Kommunikation und Partizipation. Diese sind jedoch nicht als voneinander abgegrenzte, sondern als sich ergänzende Komponenten zu verstehen.

Information:
Information bedeutet, dass die Schule wichtige Themenfelder in Bezug auf die Berufsorientierung aufbereitet und die Eltern darüber informiert, etwa durch Elternbriefe zum Thema Berufsorientierung. In diesem Zuge können auch außerschulische Experten, beispielsweise aus Unternehmen oder von Bildungsträgern, eingebunden werden. Auf dieser Grundlage kann anschließend die aktive Einbindung der Eltern erfolgen.

2.3 Kommunikation

Wichtige Themenfelder:
- das Bildungssystem und die damit verbundenen Bildungs- und Ausbildungsmöglichkeiten
- das Konzept der Berufsorientierung der Schule (z. B. Berufsorientierungs-Curriculum)
- die Einflussmöglichkeiten der Eltern im Berufsfindungsprozess

Kommunikation:
Eine intensive und gut funktionierende Kommunikation mit den Eltern ist für eine gelungene Kooperation in der Berufsorientierung unverzichtbar. Dafür ist es notwendig, die Eltern so direkt wie möglich anzusprechen und einzubinden. Ziel ist es, alle Eltern zu erreichen und sie für die Zusammenarbeit in der Berufsorientierung zu motivieren. Um eine erfolgreiche Kommunikation sicherzustellen, gilt es Folgendes zu beachten:
- dauerhafte und regelmäßige Kommunikation im Rahmen von Sprechstunden, Elternbeiratssitzungen, Elternabenden, Themenabenden, Elternsprechtagen
- Austausch über das Berufsorientierungskonzept der Schule
- Transparenz über die individuellen Berufsorientierungsmaßnahmen ihrer Kinder

Partizipation:
Zudem ist es erforderlich, die Eltern aktiv in die Berufsorientierung einzubinden. Dies hat zum Ziel, dass den Eltern durch die Übernahme von konkreten Aufgaben der Schritt zu einer dauerhaften Begleitung ihrer Kinder bei der Berufsfindung erleichtert wird. Ein reines Informationsangebot würde den Ansprüchen einer gelungenen Kommunikation mit den Eltern nicht gerecht werden. Möglichkeiten einer aktiven Zusammenarbeit:
- Eltern-Schüler-Abende
- Elternabende im Partnerbetrieb der Schule
- gemeinsame Besuche in Berufsinformationszentren der Agentur für Arbeit
- gemeinsame Aufgaben und Ziele der Schule und der Eltern definieren (z. B. Monitoring des Berufsorientierungs-Portfolios der Schülerinnen und Schüler)
- Ausbildungsmessen
- Erkundungen der Elternarbeitsplätze durch die Schülerinnen und Schüler
- Berichte der Eltern an der Schule als Expertinnen und Experten ihrer Berufe

In Kapitel 4 wird der Eltern-Schüler-Abend als eine mögliche Maßnahme näher beschrieben. Weitere Materialien sind in Veröffentlichungen verfügbar. So gibt es in der Region Stuttgart eine Handreichung, die das Vorgehen bei der Zusammenarbeit mit Eltern beim Thema Berufsorientierung anschaulich erläutert: Landeshauptstadt Stuttgart, Jugendamt (Hrsg.). »Zusammenarbeit mit Eltern in der Berufsorientierung«. 2011. www.stuttgart.de/img/mdb/item/403919/67998.pdf.

Familien mit Migrationshintergrund

Beim Übergang von der Schule zum Beruf müssen Jugendliche ihre sprachlichen Kompetenzen gegenüber Berufsberatern, Ausbildungsbetrieben, berufsbildenden Schulen oder Arbeitgebern nachweisen. Aufgrund der steigenden Zahl von Schülerinnen und Schülern nicht deutscher Muttersprache, vor allem in städtischen Ballungszentren, bedarf es eines zunehmenden Förderangebots im Fach Deutsch in Bezug auf das Text- und Sprachverstehen sowie die Text- und Sprachproduktion. Denn auch für andere Fächer sind Verstehen und Wiedergeben wichtige Voraussetzungen. Eine weitere förderliche Maßnahme kann bilingualer Unterricht sein, der die Zweisprachigkeit der Schülerinnen und Schüler unterstützt. Auch berufsorientierende Maßnahmen können – neben ihrem eigentlichen Zweck – zur Förderung der sprachlichen Kompetenzen genutzt werden (z. B. bei der Maßnahme »Bewerbungstraining«, siehe Kapitel 4.2.3).

Zahlreiche Initiativen unterstützen Kinder und Jugendliche mit Migrationshintergrund beim Erwerb der deutschen Sprache. Das Verfahren »Europäisches Sprachenportfolio« (ESP) erfüllt im Bereich des Sprachenlernens zwei Aufgaben: Es ist Lernbegleiter und Informationsinstrument. Eine Reihe von Arbeitsblättern und Formularen unterstützt das Sprachenlernen und hilft bei der Erstellung einer guten Dokumentation der individuellen sprachlichen und interkulturellen Lern- und Kommunikationserfahrungen (www.sprachenportfolio.de/PDF/GrundportfolioOnline.pdf). Sind Kinder und Jugendliche mehrsprachig aufgewachsen, können sie dies als besondere Kompetenzen in die Schul- und Arbeitswelt einbringen.

Wichtig ist die Einbeziehung der Eltern in die Förderung ihrer Kinder. Beispielsweise ist es sinnvoll, Elternbriefe oder Einladungen zu Elternabenden mehrsprachig zu verfassen. Dazu gibt es bereits zahlreiche Vorlagen bei Schulämtern oder beispielsweise in Nordrhein-Westfalen bei den kommunalen Integrationszentren NRW (www.kommunale-integrationszentren-nrw.de). Da Eltern mit Migrationshintergrund das duale Ausbildungssystem in Deutschland oft nicht bekannt ist, ist es wichtig, sie darüber zu informieren. Informationen für diese Eltern finden sich in verschiedenen Sprachen z. B. unter www.ausbildung-hh.de/ausbildung/das_duale_ausbildungssystem.html.

Ziel ist eine dauerhafte und regelmäßige Kommunikation zwischen Lehrkräften und Eltern mit Migrationshintergrund. Ein Beispiel ist das Bildungs- und Lernprogramm »Rucksack« in Essen. Es zielt auf die Erweiterung der erzieherischen Kompetenzen der Eltern und auf die Sprachförderung von Vorschulkindern. Dabei wird nicht nur die deutsche Sprache, sondern auch die Muttersprache der Schülerinnen und Schüler gefördert (www.rucksack-griffbereit.1raa.de).

Bei der »BQM Beratung Qualifizierung Migration« in Hamburg gibt es Informationen, Tipps und Arbeitshilfen zur Berufsorientierung von Schülerinnen und Schülern mit Migrationshintergrund. Neben der Arbeit mit den Jugendlichen ist auch die Elternarbeit ein wichtiges Thema. Projektträger ist die KWB Koordinierungsstelle Weiterbildung und Beschäftigung e.V. (www.bqm-hamburg.de).

Weitere Möglichkeiten zur Unterstützung von Eltern und ein »Handbuch für die interkulturelle Elternarbeit« zum Herunterladen finden sich unter folgendem Link: www.bqm-hamburg.de/media/public/db/media/8/2014/01/332/zweite_auflage_mit_titelblatt.pdf.

2.3 Kommunikation

Möglichkeiten der Kommunikation mit der Presse:

Regelmäßige Berichte in der lokalen Presse können eine positive Darstellung der Schule nach außen unterstützen. Auf diese Weise werden Eltern, Unternehmensvertreter und auch andere Personengruppen und Institutionen in der Region über die schulische Arbeit – etwa im Bereich Berufsorientierung – informiert. Solche Berichte können zudem Türen für neue Kooperationen öffnen.

Es gibt viele Möglichkeiten für die Schule, die lokale Presse über ihre Arbeit zu informieren. So können Pressevertreter zu schulischen Veranstaltungen, wie dem Tag der offenen Tür, oder zu Aktivitäten, die im Rahmen der Berufsorientierung stattfinden, eingeladen werden. Außerdem können der Presse bestehende Informationsmaterialien wie die Internet-Homepage der Schule, Informationsbroschüren und Jahresberichte zur Verfügung gestellt werden.

Bestandsaufnahme zur Kooperation mit den Partnern der Schule

Soll die Zusammenarbeit mit den Partnern der Schule beurteilt und ggf. verbessert werden, ist es sinnvoll, in einem ersten Schritt den gegenwärtigen Stand der Kooperationen zu ermitteln. Folgende Leitfragen können dazu genutzt werden:

- Mit welchen externen Personen, Unternehmen und Behörden stehen wir in Kontakt?
- Wie können sich diese Personen, Unternehmen und Behörden einbringen und wie profitiert die Schule von der Zusammenarbeit?
- Inwieweit ist es für die Zielerreichung unseres Berufsorientierungskonzepts sinnvoll, mit diesen vorhandenen Institutionen zusammenzuarbeiten?
- Welche Kommunikationswege bestehen an unserer Schule bereits, um jeweilige Partner zu informieren bzw. um von diesen informiert zu werden? Welche Kommunikationskanäle brauchen wir zusätzlich?
- Existiert in der Schule eine Datenbank mit den Ansprechpartnern und Kontaktdaten der Kooperationspartner und wie ist diese organisiert?
- Wer kann bei der Suche nach Kooperationspartnern helfen (Landesarbeitsgemeinschaften *SCHULE*WIRTSCHAFT, Verbände und Kammern der Wirtschaft, Gewerkschaften, Agentur für Arbeit etc.)?
- Wie können die Partner von einer Kooperation mit unserer Schule profitieren?

In Deutschland gibt es eine ganze Reihe von Programmen zur Kooperation von Schulen mit unterschiedlichen Partnern. In der folgenden Aufzählung werden einige wichtige genannt:

- Modellprogramm JUGEND STÄRKEN im Quartier. www.jugend-staerken.de
- Kinder zum Olymp! Schulen kooperieren mit Kultur www.kinderzumolymp.de
- AKZENT Elternarbeit: Neue Wege der Kooperation von Schulen und Eltern. www.km.bayern.de/lehrer/meldung/949.html

2.4 Projektmanagement

Planung
- Durchführung einer Statusanalyse
- Kommunikation
- Bildung einer Koordinationsgruppe
- Projektmanagement

Umsetzung
- Kompetenzfeststellung und individuelle Förderung
- Dimension 1 Unterrichtliche Aktivitäten
- Dimension 2 Außerunterrichtliche Aktivitäten
- Orientierung an den Dimensionen des Qualitätsrahmens
- Dimension 3 Kooperation Schule – Wirtschaft
- Dimension 4 Kooperation Schule – weitere Partner
- Entwicklung eines Qualitätsleitbilds
- Erstellung einer Prozessdokumentation
- Evaluation und Verbesserung

Maßnahmen zur Berufsorientierung werden zum großen Teil neben dem schulischen Alltag erarbeitet und durchgeführt. Das heißt, es müssen zusätzliche Zeiträume und Personen gefunden werden, die sich an den Maßnahmen beteiligen. Da dies angesichts der knappen Ressourcen an Schulen nicht einfach zu bewerkstelligen ist, ist ein systematisches Projektmanagement unabdingbar. Auch die Ressourcen der Koordinationsgruppe Berufsorientierung sind in der Regel knapp und müssen daher gezielt eingesetzt werden.

Um in diesem Sinne »Projekte« durchführen zu können, werden spezielle Projektmanagementmethoden benötigt. Mit ihrer Hilfe können Aktivitäten sinnvoll und realistisch geplant und umgesetzt werden. Aktivitäten werden nicht nur angeschoben, sondern auch zu Ende geführt. Zudem werden nur diejenigen Aktivitäten angegangen, die auch Aussicht auf Erfolg haben.

Mithilfe von Projektmanagement …

- können komplexe Aufgaben in überschaubare Teilbereiche mit klaren Zuständigkeiten gegliedert werden,
- können Entwicklungsvorhaben so geplant werden, dass sie Aussicht auf Erfolg haben,
- kann die Zusammenarbeit der Beteiligten effizient und motivierend gestaltet werden,
- kann die Zielerreichung kontinuierlich überprüft werden,
- kann Nachhaltigkeit sichergestellt werden.

2.4 Projektmanagement

Projekte scheitern selten an fehlendem theoretischem Fachwissen, sondern meist an fehlendem Know-how hinsichtlich der Planung und Durchführung. Dazu gehören sowohl ein (aufgabenbezogenes) Projektmanagement als auch eine (personenbezogene) Kommunikation. Oft scheitert eine Maßnahme an Widerständen aus dem schulischen Umfeld – meistens nicht, weil sie nicht gut ist, sondern weil sie nicht ausreichend kommuniziert wurde.

Die folgende Beschreibung der vier Phasen des Projektmanagements gilt sowohl für die Arbeit der Koordinationsgruppe Berufsorientierung als auch für die Arbeit weiterer Arbeitsgruppen und Einzelpersonen, die entsprechende Maßnahmen planen und umsetzen. Besonders wichtig bei der Umsetzung sind die Projektdefinition und die Projektplanung. Sehr oft werden Dinge zu schnell angegangen, ohne zuvor mögliche Störfaktoren oder alternative Wege zu analysieren. Jeder Arbeitsschritt zur Definition und Planung eines Vorhabens zahlt sich bei dessen Realisierung aus. Abbildung 7 zeigt die Phasen des Projektmanagements.

Abbildung 7: Phasen des Projektmanagements

Definition → Planung → Realisierung → Abschluss

Definition:
Eine genaue Projektdefinition seitens der Arbeitsgruppe zeigt den Sinn und die Komplexität des Projekts auf und stellt sicher, dass von Anfang an in die richtige Richtung gearbeitet wird.

In dieser Phase werden das Ziel des Projekts und die Rahmenbedingungen geklärt. In einem Projektentwurf werden Informationen dazu gesammelt und schriftlich festgelegt, beispielsweise folgende Punkte:
- Was? (Ziel und Inhalt)
- Warum? (Ausgangssituation, Projektanstoß)
- Wer? (Beteiligte Personen)
- Womit? (Benötigte bzw. zur Verfügung stehende Ressourcen)
- Wie? (Art und Weise, Methoden)
- Bis wann? (Zeitraum, Dauer und Ende des Projekts)

Der Projektentwurf stellt die Grundlage für die weitere Arbeit dar.

Das Material »Projektentwurf« bietet eine Vorlage zur Projektdefinition. Zudem wird mit dem Material »Projektentwurf (Beispiel)« beispielhaft dargestellt, wie ein solcher Entwurf ausgefüllt werden kann.

2 Planung der Berufsorientierung an Schulen

Projektentwurf
Beschreibung: Vorlage für eine tabellarische Darstellung eines Projektentwurfs
Kapitel 2.4 Projektmanagement

Projektentwurf (Beispiel)
Beschreibung: Beispielhafter Projektentwurf zum Thema Gründung einer Schülerfirma
Kapitel 2.4 Projektmanagement

Planung:

Die Planungsphase ist entscheidend für den Projekterfolg. Aus den gesetzten Zielen (in der Projektdefinition) werden konkrete Meilensteine und Maßnahmen abgeleitet und dabei besonders inhaltliche Schwerpunkte gesetzt. Alle anfallenden Aufgaben werden gesammelt, in Teilaufgaben gegliedert und in einen Zeitplan integriert. Verantwortlichkeiten werden festgelegt. Dafür kann die Methode der Meilenstein- und Maßnahmenplanung verwendet werden (siehe Materialien »Meilensteinplan« und »Maßnahmenplan«).

Zur Grobplanung eines Projekts wird zunächst ein Meilensteinplan erstellt. Dieser enthält größere Arbeitsziele bzw. Meilensteine, die in ein grobes zeitliches Raster eingebettet werden.

Meilensteinplan
Beschreibung: Vorlage für eine tabellarische Grobplanung eines Projekts
Kapitel 2.4 Projektmanagement

Tabelle 1 stellt einen beispielhaften Meilensteinplan zur Gründung einer Schülerfirma dar.

Meilensteinplan (Beispiel)
Beschreibung: Beispielhafter Meilensteinplan zum Thema Gründung einer Schülerfirma
Kapitel 2.4 Projektmanagement

Zu jedem Arbeitsziel bzw. Meilenstein wird schließlich ein Maßnahmenplan erstellt. Darin werden die einzelnen Schritte bzw. Maßnahmen festgelegt, die für die Bearbeitung des Meilensteins anstehen. Verantwortliche Personen sowie Zeitfenster werden dabei festgelegt. Dadurch wird für alle Beteiligten transparent, was von wem (bis) wann zu tun ist. Zudem entsteht durch die schriftliche Fixierung der geplanten Schritte eine größere Verbindlichkeit.

2.4 Projektmanagement

Maßnahmenplan
Beschreibung: Vorlage für eine tabellarische Detailplanung eines Projekts
Kapitel 2.4 Projektmanagement

Tabelle 2 zeigt einen beispielhaften Maßnahmenplan zur Gründung einer Schülerfirma. Hier werden die Einzelmaßnahmen zu dem Meilenstein »Ideenwettbewerb zur Festlegung der inhaltlichen Firmentätigkeit« beschrieben.

Tabelle 1: Beispiel für einen Meilensteinplan

Meilensteinplan (Beispiel) Gründung einer Schülerfirma					
Arbeitsziel	**Zeitraum**				
Information über die Idee in der Lehrerkonferenz und Aufruf zur Mitarbeit	Mai				
Auswahl der mitarbeitenden Lehrkräfte	Mai				
Auftaktsitzung mit allen beteiligten Lehrkräften, der Schulleitung und externen Experten (Unternehmensvertreter etc.) → Aufgabenverteilung		Juni/Juli			
Ideenwettbewerb zur Festlegung der inhaltlichen Firmentätigkeit				Sept./Okt.	
Klärung wichtiger Rahmenbedingungen (rechtliche Grundlagen etc.)				Okt.	
Auswahl der mitarbeitenden Schülerinnen und Schüler					Nov.
Beginn der Firmentätigkeit (inner- und außerhalb des Unterrichts)					Nov.

Tabelle 2: Beispiel für einen Maßnahmenplan

Maßnahmenplan (Beispiel) Ideenwettbewerb zur Festlegung der inhaltlichen Firmentätigkeit				
Einzelmaßnahme	**Verantwortliche Person/-en**	**Zeitfenster**	**Erledigt**	**Bemerkungen**
Erarbeitung des methodischen Vorgehens für den Ideenwettbewerb	Frau Schneider (Mitglied Arbeitsgruppe »Projekt Schülerfirma«)	2.10.2015		
Information aller 8. und 9. Klassen über den Ideenwettbewerb (im Unterricht)	Klassenlehrer der Klassen	8.10.2015		
Eigenständige Erarbeitung von Geschäftsideen der Schülerinnen und Schüler im Unterricht (2 Stunden)	Klassenlehrer der Klassen	14.10.2015		
Abgabe der Ideen bei den Klassenlehrern und Weitergabe an Frau Schneider	Klassenlehrer der Klassen	16.10.2015		
Sichtung und Bewertung aller Ideen und Auswahl der drei besten Vorschläge	Frau Schneider; Herr Müller (Mitglieder Arbeitsgruppe »Projekt Schülerfirma«)	21.10.2015		
Vorstellen der ausgewählten Ideen und Abstimmung der Schülerinnen und Schüler für einen der drei Vorschläge (mit allen beteiligten Klassen)	Frau Schneider; Herr Müller (Mitglieder Arbeitsgruppe »Projekt Schülerfirma«)	22.10.2015		

2 Planung der Berufsorientierung an Schulen

bsp

Maßnahmenplan (Beispiel)
Beschreibung: Beispielhafter Maßnahmenplan zum Meilenstein »Ideenwettbewerb zur Festlegung der inhaltlichen Firmentätigkeit«
Kapitel 2.4 Projektmanagement

Meilenstein- und Maßnahmenpläne können für alle Arten von Projekten oder größeren Aufgaben, die an der Schule anstehen, verwendet werden. Sie strukturieren das Vorhaben und erleichtern die Planung und Umsetzung durch schriftliches Festhalten aller notwendigen Arbeitsschritte inkl. verantwortlicher Personen und Zeitrahmen.

Realisierung:

In der Realisierungsphase werden zuvor geplante Meilensteine und Maßnahmen in die Tat umgesetzt. Die Umsetzung wird von der Koordinationsgruppe organisiert und gesteuert. Dazu finden regelmäßige Teamsitzungen statt. Zur Projektrealisierung werden die Meilenstein- und Maßnahmenpläne herangezogen und ständig aktualisiert. Besonders bei komplexen Projekten mit vielen Beteiligten muss immer wieder umgesteuert werden. Die Gründe dafür sind vielfältig, zum Beispiel Krankheit oder Verzögerungen bei der Beschaffung von Informationen. Wichtig ist, schnell auf die veränderte Situation zu reagieren und die weitere Planung entsprechend anzupassen. Ansonsten besteht die Gefahr, das anvisierte Projektziel zu verfehlen.

Abschluss:

Nach Abschluss des Projekts sollte dieses evaluiert werden. Das kann in Form einer Sitzung mithilfe von Kurzevaluationsmethoden (z. B. Blitzlicht) mit den Beteiligten oder im Rahmen einer umfassenderen internen Evaluation bzw. Selbstevaluation (z. B. mithilfe von Fragebögen) geschehen. Die Fragen lauten: Inwieweit sind die Ziele des Projekts erreicht worden? Wie kann die Effizienz das nächste Mal erhöht werden?

Es wird ein Projektbericht verfasst, in dem die Arbeitsschritte, die Ergebnisse und die Mitarbeiterinnen und Mitarbeiter des Projekts dokumentiert werden. Dadurch wird dauerhaft festgehalten, wie vorgegangen wurde, welche Schritte erfolgreich waren und welche Schritte Schwierigkeiten bereitet haben. Aufgrund des Berichts können die beteiligten Personen auch nach Ende des Projekts angesprochen werden. Als Vorlage kann das Material »Projektbericht« und zur Veranschaulichung das Material »Projektbericht (Beispiel)« herangezogen werden.

2.4 Projektmanagement

Projektbericht
Beschreibung: Vorlage für eine tabellarische Darstellung eines Projektberichts
Kapitel 2.4 Projektmanagement

Projektbericht (Beispiel)
Beschreibung: Beispielhafter Projektbericht zum Thema Gründung der Schülerfirma Holz in Form
Kapitel 2.4 Projektmanagement

Weiterführende Literatur und Links:

Brown, Mark. *Erfolgreiches Projektmanagement in 7 Tagen. Effiziente Planung, Kosten kontrollieren, Qualität gewährleisten.* Landsberg am Lech 2000.

Gessler, Michael, und Jürgen Uhlig-Schoenian. *Projektmanagement macht Schule (PMS): Selbstorganisiertes Lernen und Arbeiten mit Plan – Ein handlungsorientierter Leitfaden für den Unterricht in der Sekundarstufe II.* Norderstedt 2010.

Literatur und Links zu Kapitel 2

Sämtliche hier genannten Literatur- und Linkangaben sind auch im Material »Literatur und Links« (siehe Kapitel 1.4) zu finden.

Arbeitgeber Köln und DGB Köln. »Integration ausländischer Kinder und Jugendlicher: Eltern gezielt in den Berufswahlprozess einbeziehen«. www.koeln-bonn.dgb.de/themen/++co++51193954-27a5-11df-7d92-001ec9b03e44 (Zugriff am 31.3.2015).

Arbeitsstelle Kulturelle Bildung in Schule und Jugendarbeit NRW. »Kinder zum Olymp! Schulen kooperieren mit Kultur«. www.kinderzumolymp.de (Zugriff am 31.3.2015).

Bayerisches Staatsministerium für Unterricht und Kultus. »AKZENT Elternarbeit: Neue Wege der Kooperation von Schulen und Eltern«. www.km.bayern.de/eltern/meldung/949.html (Zugriff am 31.3.2015).

Becker, Jürgen. »»Rucksack« – Interkulturelle Sprachförderung und Elternbildung im Elementarbereich«. www.eundc.de/pdf/50016.pdf (Zugriff am 31.3.2015).

Bertelsmann Stiftung (Hrsg.). *Leitfaden lokales Übergangsmanagement.* Gütersloh 2008.

Bundesagentur für Arbeit. »planet-beruf.de: Mein Start in die Ausbildung«. www.planet-beruf.de (Zugriff am 31.3.2015).

Bundesministerium für Familie, Senioren, Frauen und Jugend (BMFSFJ). »Modellprogramm JUGEND STÄRKEN im Quartier«. www.jugend-staerken.de (Zugriff am 31.3.2015).

Bund-Länder-Kommission für Bildungsplanung und Forschungsförderung (BLK). »Förderung von Kindern und Jugendlichen mit Migrationshintergrund«. Heft 107. www.bmbf.de/pub/studie_foerderung_migration.pdf (Zugriff am 31.3.2015).

Butz, Bert. *Berufsorientierung an Schulen mit Ganztagsangebot.* Ahrensburg 2006. www.ganztag-blk.de/cms/upload/pdf/brandenburg/Butz_Berufsorientierung.pdf (Zugriff am 31.3.2015).

Endler, Susanna. *Projektmanagement in der Schule. Projekte erfolgreich planen und gestalten.* Lichtenau 2011.

Europäisches Portfolio der Sprachen. www.sprachenportfolio.de/PDF/Grundportfolio-Online.pdf (Zugriff am 31.3.2015).

Herbst, Dieter. *Interne Kommunikation.* Berlin 1999.

Initiative Neue Soziale Marktwirtschaft GmbH (INSM) (Hrsg.). *Bildung, Beruf, Integration. Jugendliche Migranten in Deutschland.* Berlin 2011. www.insm.de/insm/Publikationen/Print/Bildung/Broschuere-Integration.html (Zugriff am 31.3.2015).

KWB Koordinierungsstelle Weiterbildung und Beschäftigung e.V. (Hrsg.). »Handbuch für die interkulturelle Elternarbeit«. www.bqm-hamburg.de/media/public/db/media/8/2014/01/332/zweite_auflage_mit_titelblatt.pdf (Zugriff am 31.3.2015).

Landeshauptstadt Stuttgart, Jugendamt (Hrsg.). »Zusammenarbeit mit Eltern in der Berufsorientierung«. 2011. www.stuttgart.de/img/mdb/item/403919/67998.pdf (Zugriff am 31.3.2015).

Netzwerk Interkulturelle Elternprojekte des ESF. »Handlungsempfehlungen für eine nachhaltige interkulturelle Elternkooperation«. www.basisundwoge.de/fileadmin/user_upload/pdf/Interkulturelle_Elternkooperation_Handlungsempfehlungen_Stand_28_2_2011.1.pdf (Zugriff am 31.3.2015).

Netzwerk *SCHULE*WIRTSCHAFT. www.schulewirtschaft.de (Zugriff am 31.3.2015).

NORDMETALL – Verband der Metall- und Elektroindustrie e.V. »JOBLAB – Coaching zur Berufsfindung«. www.wir-bilden-den-norden.de/projekte/joblab-coaching-zur-berufsfindung/ (Zugriff am 31.3.2015).

Regenthal, Gerhard, und Jan Schütte (Hrsg.). *Öffentlichkeitsarbeit macht Schule – Ein praxisorientiertes Handbuch zur Umsetzung von PR an Schulen.* Köln 2009.

Regionale Arbeitsstellen zur Förderung von Kindern und Jugendlichen aus Zuwandererfamilien – RAA. »Rucksack und Griff bereit: Förderprogramme für die frühkindliche Bildung von Kindern mit Zuwanderungsgeschichte«. www.kommunale-integrationszentren-nrw.de und www.rucksack-griffbereit.1raa.de (Zugriff am 31.3.2015).

Stadt Herne – Der Oberbürgermeister, Regionale Arbeitsstelle zur Förderung von Kindern und Jugendlichen aus Zuwandererfamilien – RAA (Hrsg.). »Willkommen in den Mutter-Kind-Gruppen und in den Rucksack-Gruppen«. 2012. www.herne.de/kommunen/herne/ttw.nsf/c73f132453c8d322c12569ed00477b55/e3c309448997bf29c12572f100333bcf/$FILE/fb30_flyer_rucksack.pdf (Zugriff am 31.3.2015).

Studienkreis Schule/Wirtschaft Nordrhein-Westfalen (Hrsg.). *Das Betriebspraktikum für Schüler und Lehrer. Sonderreihe des Studienkreises Schule/Wirtschaft Nordrhein-Westfalen.* Heft 24. 2001.

3 Umsetzung der Berufsorientierung an Schulen

Nachdem die in Kapitel 2 beschriebenen strukturellen Voraussetzungen für eine effiziente und nachhaltige Berufsorientierung an der Schule geschaffen worden sind, kann eine auf Qualitätsmanagement aufbauende Berufsorientierung systematisch umgesetzt werden. Die Umsetzung baut auf der Planung auf und ist eng mit ihr verzahnt.

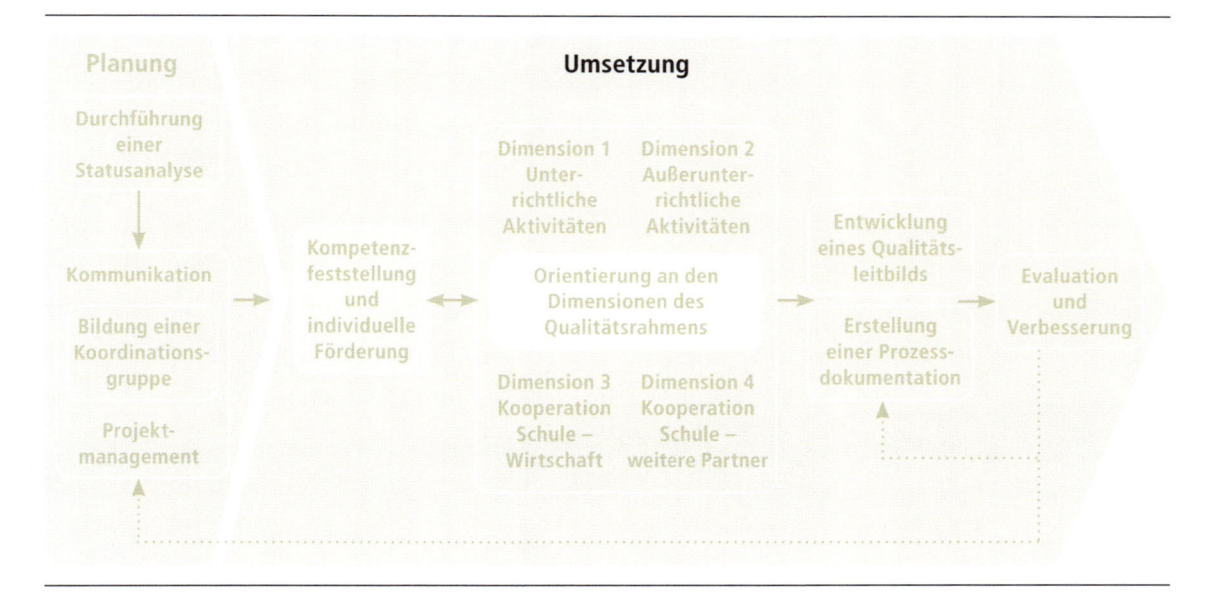

Planung
- Durchführung einer Statusanalyse
- Kommunikation
- Bildung einer Koordinationsgruppe
- Projektmanagement

Umsetzung
- Kompetenzfeststellung und individuelle Förderung
- Orientierung an den Dimensionen des Qualitätsrahmens
  - Dimension 1 Unterrichtliche Aktivitäten
  - Dimension 2 Außerunterrichtliche Aktivitäten
  - Dimension 3 Kooperation Schule – Wirtschaft
  - Dimension 4 Kooperation Schule – weitere Partner
- Entwicklung eines Qualitätsleitbilds
- Erstellung einer Prozessdokumentation
- Evaluation und Verbesserung

Als Grundlage des Berufsorientierungsprozesses verankert die Schule eine Systematik zur Durchführung von Kompetenzfeststellungen sowie individueller Förderung der Schülerinnen und Schüler. Diese bildet den Ausgangspunkt, um die Berufsorientierung gezielt für die einzelnen Jugendlichen zu gestalten.

Für die Schule ist es sinnvoll, die Berufsorientierung als eigenen Qualitätsbereich zu betrachten und für diesen individuelle Qualitätsziele mit dazugehörigen Indikatoren und Standards – also ein eigenes Qualitätskonzept – zu definieren. Dieses wird in einem Qualitätsleitbild verankert.

Dabei sind zum einen die Vorgaben in den Bildungsplänen der Bundesländer zu berücksichtigen, zum anderen kann sich die Schule an den im Folgenden beschriebenen Qualitätsrahmen Berufsorientierung halten. Dieser umfasst die verschiedenen Dimensionen, die für die Berufsorientierung wesentlich sind, sowie eine Sammlung möglicher Maßnahmen, die zur Förderung der Berufsorientierung durchgeführt werden können.

Aufbauend auf dem schulspezifischen Qualitätskonzept, beschreibt die Schule alle wichtigen Prozesse zur Berufsorientierung in einer Prozessdokumentation. Dadurch werden Transparenz, Verbindlichkeit und letztlich Nachhaltigkeit geschaffen.

Darüber hinaus erstellt die Schule ein Konzept zur Evaluation und Verbesserung, mit dem die Einhaltung der festgelegten Standards überprüft werden kann. Auf Grundlage der Evaluationsergebnisse werden dann ggf. Maßnahmen zur Optimierung von Strukturen und Abläufen eingeleitet. Dies gilt sowohl für die Planung als auch für die Umsetzung von Berufsorientierung.

3.1 Kompetenzfeststellung und individuelle Förderung

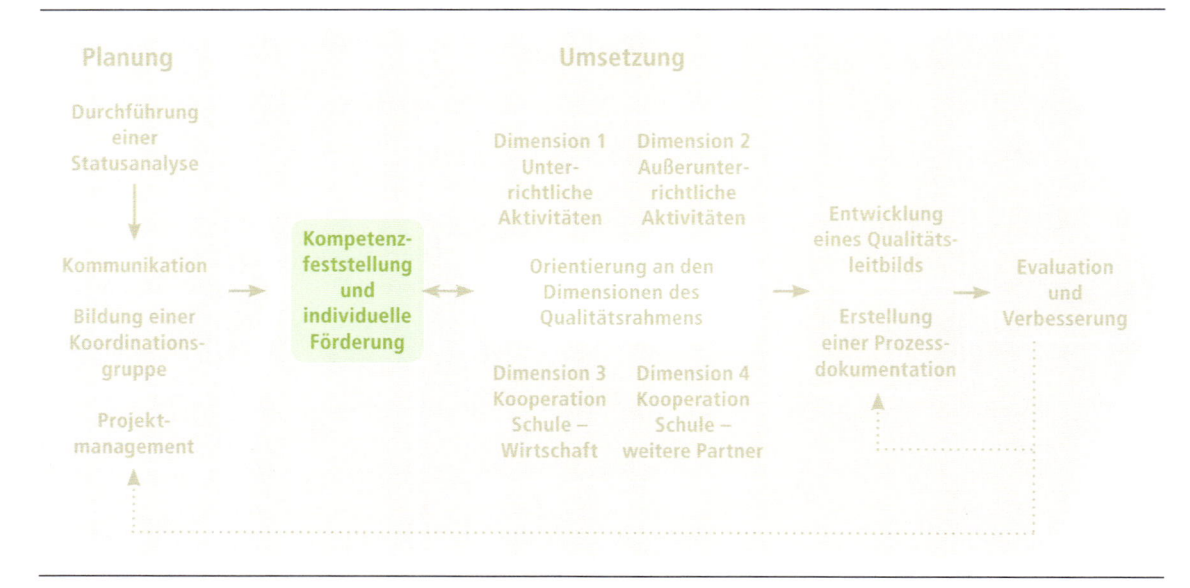

Planung
- Durchführung einer Statusanalyse
- Kommunikation
- Bildung einer Koordinationsgruppe
- Projektmanagement

→ **Kompetenzfeststellung und individuelle Förderung** ↔

Umsetzung
- Dimension 1 Unterrichtliche Aktivitäten
- Dimension 2 Außerunterrichtliche Aktivitäten
- Orientierung an den Dimensionen des Qualitätsrahmens
- Dimension 3 Kooperation Schule – Wirtschaft
- Dimension 4 Kooperation Schule – weitere Partner

→ Entwicklung eines Qualitätsleitbilds
Erstellung einer Prozessdokumentation
→ Evaluation und Verbesserung

In diesem Kapitel werden wichtige Grundlagen für den Berufsorientierungsprozess – die Kompetenzfeststellung der Schülerinnen und Schüler und die daran anschließende individuelle Förderung – behandelt. Zunächst werden wichtige Prinzipien und Kriterien von Kompetenzfeststellungsverfahren vorgestellt und deren Ablauf und Durchführung erläutert. Anschließend werden der Umgang mit den Ergebnissen der Kompetenzfeststellung in einem Rückmelde- und Fördergespräch mit der Schülerin bzw. dem

3.1 Kompetenzfeststellung und individuelle Förderung

Schüler und die darauf folgende individuelle Förderung dargestellt. Da das Thema Inklusion – im schulischen wie im beruflichen Kontext – eine immer größere Rolle spielt, werden zum Abschluss des Kapitels unter der Überschrift »Umgang mit Heterogenität« besondere Empfehlungen für eine erfolgreiche Gestaltung des Lebens- bzw. Berufsweges für alle Schülerinnen und Schüler gegeben.

Verfahren zur Kompetenzfeststellung:

Für Schulen bilden Kompetenzfeststellungsverfahren eine sehr gute Grundlage zur individuellen Förderung ihrer Schülerinnen und Schüler. Bezogen auf die Berufsorientierung geben die Ergebnisse der Kompetenzfeststellung wichtige Hinweise auf besondere Stärken und Interessen sowie auf Entwicklungspotenziale der Schülerinnen und Schüler. Dies kann dazu dienen, im Berufsorientierungsprozess gezielt für die einzelnen Jugendlichen Maßnahmen auszuwählen und zu vereinbaren.

Kompetenzfeststellungsverfahren können an der Schule von Lehrkräften oder von außerschulischen Anbietern durchgeführt werden. Beispielsweise bieten Bildungsträger die Durchführung derartiger Verfahren an. Bei der Auswahl eines Kompetenzfeststellungsverfahrens für die Schule sollten vor allem folgende Punkte geklärt werden:

- Welche Kompetenzen können mit dem Verfahren erfasst werden?
- Haben die Kompetenzen auch einen beruflichen Bezug?
- Welche Methoden kommen im angebotenen Verfahren zum Einsatz (Beobachtungsaufgaben, Tests, Fragebögen)?
- Gibt es neben der Fremdbeurteilung auch eine Selbsteinschätzung?
- Erfüllt das Verfahren klar definierte Qualitätsstandards?
- Ermöglicht das Verfahren einen direkten Anschluss an die individuelle Förderung?
- Lassen sich die Module des Verfahrens flexibel handhaben und anpassen, sodass eine Durchführung für jede Schülerin bzw. jeden Schüler entsprechend ihrer/seiner individuellen Voraussetzungen möglich ist?
- Sind die Personen, die das Verfahren durchführen, dafür geschult?
- Welche Kosten entstehen für die Durchführung?

Bei der Auswahl ist darauf zu achten, dass die Verfahren methodisch qualitativ hochwertig sind und bestimmten Gütekriterien genügen. Dabei geht es um folgende allgemeine Kriterien:

- Objektivität: Ein Verfahren ist dann objektiv, wenn seine Durchführung und Auswertung sowie die Interpretation der Ergebnisse nicht subjektiv von der untersuchenden Person beeinflusst werden.
- Reliabilität: Ein Verfahren ist dann reliabel, wenn es Kompetenzen möglichst messgenau erfassen kann.
- Validität: Ein Verfahren ist dann valide, wenn mit ihm genau diejenigen Kompetenzen erfasst werden können, die zu erfassen beabsichtigt sind.

Weitere ausgewählte Gütekriterien, die von Beobachtungsverfahren zu erfüllen sind:
- Simulationsprinzip: Standardisierte Beobachtungsaufgaben sollen der Realität möglichst nahekommen.
- Beobachtungsvielfalt: Die Schülerinnen und Schüler werden in mehreren Situationen und zu mehreren Zeitpunkten beobachtet.
- Beobachtervielfalt: Jede Schülerin und jeder Schüler wird zu jedem Merkmal von (mindestens) zwei Beobachtern beobachtet und beurteilt.
- Verhaltensorientierung: Es wird nur konkretes und beobachtbares Verhalten der Schülerinnen und Schüler erhoben.
- Beobachterschulung: Die Beobachter müssen sorgfältig geschult werden, um eine methodisch korrekte Beobachtung durchzuführen.
- Trennung von Beobachtung und Beurteilung: Die Beobachtung der Schülerinnen und Schüler und die Beurteilung ihres Verhaltens werden inhaltlich und zeitlich getrennt.

Das Bundesministerium für Bildung und Forschung hat zur Durchführung von »Potenzialanalysen« in Programmen zur Berufsorientierung Qualitätsstandards entwickelt. Diese können unter folgendem Link aufgerufen werden: www.bibb.de/dokumente/pdf/qualitaetsstandards_berufsorientierung.pdf.

Ohne vorherige Schulungen können Lehrkräfte Kompetenzfeststellungsverfahren mit hohen Qualitätsstandards – etwa die korrekte Beobachtung von überfachlichen Kompetenzen in Anforderungssituationen – nicht adäquat durchführen. In entsprechenden Schulungen werden die Anwender befähigt, die Kompetenzen der Schülerinnen und Schüler korrekt zu erfassen und eine Förderung einzuleiten, um auf diese Weise eine individuelle Berufsorientierung zu ermöglichen.

Im Folgenden ist die Durchführung eines Kompetenzfeststellungsverfahrens durch Lehrkräfte in kurzer Form dargestellt. Genaue Ablaufpläne finden sich bei der Beschreibung der entsprechenden Verfahren.

Ablauf einer Kompetenzfeststellung:

Die Lehrkräfte wählen die durchzuführenden Elemente (Beobachtungsaufgaben, Tests und Fragebögen) aus und stellen – ggf. mithilfe einer Software – den Ablauf des Verfahrens zusammen. Günstig ist es, wenn das Kompetenzfeststellungsverfahren die Aufgaben, Instrumente und Materialien zur Durchführung online bereitstellt. Bei der Auswahl der Elemente sollte darauf geachtet werden, dass allen Schülerinnen und Schülern die Durchführung möglich ist. Je nach individuellem Bedarf müssen ggf. Elemente modifiziert, ersetzt oder ausgelassen werden. Auch die für die Instruktionen oder die Durchführung benötigte Dauer kann im Einzelnen sehr unterschiedlich sein. Dies ist bei der Planung und Organisation im Voraus zu berücksichtigen.

Durchführung der Beobachtungssituationen:

Eine Beobachtungssituation kann beispielsweise eine 30-minütige Gruppendiskussion zu einem aktuellen Thema sein, bei der die Kompetenzen Kommunikationsfähigkeit und Konfliktfähigkeit beobachtet werden können. Die Schülerinnen und Schüler werden bei der Bearbeitung der Aufgaben von mindestens zwei Lehrkräften beobachtet. Nach der Arbeitsanleitung durch die Lehrkraft arbeiten sie während der Beobachtungssituation möglichst selbstständig.

Nach den Beobachtungssituationen beurteilt jede Lehrkraft die Kompetenzen der Schülerinnen und Schüler zunächst für sich, bevor sie sich mit der zweiten beobachtenden Lehrkraft über die Beurteilungen austauscht. Schließlich gelangen die beiden Lehrkräfte zu einer gemeinsamen Beurteilung.

Durchführung von Tests und Fragebögen:

Tests und Fragebögen können im Klassenverbund bzw. an PC-Arbeitsplätzen eingesetzt werden. Hierbei ist nur eine Lehrkraft zur Anleitung und Durchführung notwendig. Gegebenenfalls müssen weitere Personen hinzugezogen werden, wenn Schülerinnen und Schüler mit besonderem Förderbedarf für die Durchführung am Computer individuelle Unterstützung benötigen. Auch bei den Tests muss im Vorhinein sichergestellt werden, dass alle diese bearbeiten können. So ist beispielsweise bei einer Schülerin mit Sehbehinderung dafür zu sorgen, dass diese durch entsprechende Hilfsmittel, wie etwa eine Bildschirmlupe, die Möglichkeit hat, ohne Einschränkungen teilzunehmen. Für Schülerinnen und Schüler mit Lernbehinderungen sind ggf. Alternativen zu textbasierten Fragebögen und Tests notwendig.

Selbsteinschätzung:

Nach Bearbeitung von Aufgaben, Tests und Fragebögen schätzen sich die Schülerinnen und Schüler bezüglich ihrer Kompetenzen selbst ein. Um zu gewährleisten, dass sie die Kompetenzen und die Methode der Selbsteinschätzung beherrschen, müssen sie zuvor von einer Lehrkraft geschult werden. Auch hierbei ist der individuell variierende Zeitaufwand für erweiterte Instruktionen und Hilfestellungen bereits bei der Organisation zu beachten.

Beispiele für erprobte Kompetenzfeststellungsverfahren sind die Kompetenzanalyse Profil AC und DIA-TRAIN. Diese finden in Deutschland im schulischen Bereich bzw. bei Bildungsträgern weitverbreitete Anwendung. Mit der Kompetenzanalyse Profil AC lassen sich überfachliche Kompetenzen, fachliche, kognitive und schulische Basiskompetenzen, berufsfeldbezogene Kompetenzen sowie Berufsinteressen erfassen und fördern. DIA-TRAIN bietet Jugendlichen vielfältige Möglichkeiten, eigene Kompetenzen zu zeigen, selbst zu entdecken, zu erleben und zu trainieren.

Beispiele für Kompetenzfeststellungsverfahren: Kompetenzanalyse Profil AC und DIA-TRAIN

Beispiele für Kompetenzfeststellungsverfahren sind das Verfahren Kompetenzanalyse Profil AC des Christlichen Jugenddorfwerks Deutschlands e.V. und der MTO Psychologische Forschung und Beratung GmbH sowie das Verfahren DIA-TRAIN der INBAS GmbH.

Kompetenzanalyse Profil AC

Das Verfahren Kompetenzanalyse Profil AC wird in Baden-Württemberg und in Niedersachsen in mehreren allgemeinbildenden Schularten (Hauptschulen, Werkrealschulen, Realschulen, kooperativen Gesamtschulen, Sonderschulen) sowie in mehreren beruflichen Schularten flächendeckend eingesetzt.

Zudem arbeiten zahlreiche Bildungsträger mit dem Verfahren, unter anderem im Rahmen des Berufsorientierungsprogramms (BOP) des Bundesministeriums für Bildung und Forschung (BMBF). Das Verfahren erfährt eine sehr gute Bewertung in einer Stellungnahme der OECD. Diese empfiehlt in ihrer Studie zur Berufsbildung 2010: »Die in allen Hauptschulen Baden-Württembergs durchgeführten Kompetenzanalysen könnten auf ganz Deutschland ausgeweitet werden« (Hoeckel, Kathrin, und Robert Schwartz. »Lernen für die Arbeitswelt. OECD-Studien zur Berufsbildung – Deutschland«. 2010. www.oecd.org/dataoecd/46/6/45924455.pdf).

Beschreibung:
Die Kompetenzanalyse Profil AC ist ein Verfahren zur Ermittlung und Förderung der überfachlichen und berufsrelevanten Kompetenzen von Jugendlichen ab der 7. Klasse. Es wird direkt an Schulen oder bei Bildungsträgern eingesetzt.

Es wurde in seiner Basisversion in einem dreijährigen Bildungsprojekt bis 2011 in Kooperation mit dem Ministerium für Kultus, Jugend und Sport Baden-Württemberg mit über 50.000 Jugendlichen an 1.700 Schulen entwickelt und evaluiert. Das Verfahren basiert auf einer internetbasierten Software, die die Planung, Durchführung, Auswertung und individuelle Profildarstellung unterstützt. Mit dem Verfahren können folgende Kompetenzen über Beobachtungsaufgaben, Tests und Fragebögen erfasst werden: Sozialkompetenzen, Methodenkompetenzen, personale Kompetenzen, fachliche Basiskompetenzen, kognitive Basiskompetenzen, schulische Basiskompetenzen sowie berufsfeldbezogene Kompetenzen.

Ablauf:
Im Verfahrensverlauf führen die Schülerinnen und Schüler unterschiedliche Aufgaben, Tests und Befragungen durch. Sie werden bei den Aufgaben (z. B. bei Problemlöse- oder Diskussionsaufgaben) von Lehrkräften oder von anderen Personen (z. B. von sozialpädagogischen Fachkräften) beobachtet und beurteilt. Zusätzlich schätzen sie ihre Kompetenzen selbst ein. Ergebnis sind ein individuelles Kompetenzprofil mit den Fremdbeurteilungen und Selbsteinschätzungen aller erfassten Kompetenzen sowie qualitative Erläuterungen. Zum Verfahren gehört ein individuelles Rückmeldegespräch, in dem mit jeder Schülerin und jedem Schüler Förder- bzw. Berufsorientie-

rungsmaßnahmen vereinbart werden. Zu allen Verfahrensschritten liegen standardisierte Instrumente (z. B. Beobachtungs-, Beurteilungs- und Förderbögen) vor. Das Gesamtverfahren benötigt je nach gewähltem Ablauf bis zu drei Tage und ist von geschultem Personal durchzuführen.

Weiterentwicklung:
Je nach fokussierter Zielsetzung (z. B. zur Berufsorientierung, zur individuellen Förderung überfachlicher Kompetenzen, zur Berufsvorbereitung) und je nach Zielgruppe (z. B. Schulart, Alter der Jugendlichen) werden unterschiedliche Versionen des Verfahrens eingesetzt. Im Rahmen von Entwicklungsprojekten für Bundesländer oder für einzelne Institutionen (z. B. Bildungsträger, Unternehmen) kann das Verfahren zielgruppengerecht zusammengestellt oder adaptiert werden. Abhängig von der Version sind Hinweise zur Durchführung bei Schülerinnen und Schülern mit Behinderungen enthalten.

Weitere Informationen zum Verfahren unter: www.profil-ac.de

DIA-TRAIN

Das Verfahren DIA-TRAIN ist eine Diagnose- und Trainingseinheit für benachteiligte Jugendliche im Übergang Schule – Beruf und verbindet Kompetenzfeststellung mit Kompetenzentwicklung. Es bietet Jugendlichen die Möglichkeit, eigene Kompetenzen, Potenziale und Ressourcen zu entdecken (DIAgnose) und auszubauen (TRAINing). Die pädagogischen Fachkräfte erlangen in sehr kurzer Zeit Anhaltspunkte für die individuelle Förderung. DIA-TRAIN versteht sich somit nicht als Testverfahren, sondern als »pädagogisches Handwerkszeug«, das in einer Kompetenzfeststellung modular eingesetzt werden kann.

Beschreibung:
DIA-TRAIN wurde in seiner Erstversion in den Jahren 1999–2001 von einer Projektgruppe unter Leitung der INBAS GmbH im Auftrag des Landes Nordrhein-Westfalen entwickelt und in den Jahren 2002–2003 erprobt und evaluiert.

Darüber hinaus wurde das Verfahren mehrfach in einem erweiterten pädagogischen Kontext und in der Arbeit mit unterschiedlichen Zielgruppen erprobt. Dazu gehören Schülerinnen und Schüler allgemeinbildender Schulen, insbesondere potenzielle Frühabgänger, Teilnehmende an »Schulmüdenprojekten«, an berufsvorbereitenden Maßnahmen sowie arbeitslose Jugendliche.

Ablauf:
In der Basisvariante umfasst DIA-TRAIN ein zehntägiges Programm, bestehend aus sieben Verfahren:
- ein dreitägiges Sozialtraining
- ein narratives Interview
- ein Kreativitätstraining
- ein zweitägiges Assessment-Center

3 Umsetzung der Berufsorientierung an Schulen

- ein Lerntraining
- erlebnispädagogische Übungen
- eine Zukunftswerkstatt

Während der Übungen werden die Verhaltensweisen der Teilnehmenden von Fachkräften im Hinblick auf vorab festgelegte Merkmale beobachtet und anschließend bewertet. Im Ergebnis von DIA-TRAIN erhält jeder Teilnehmende ein individuelles Kompetenzprofil mit Ausprägungsstufen und qualitativen Aussagen. Der umfangreiche Förderbericht enthält darüber hinaus individuelle Förderempfehlungen, die in einem konstruktiven Rückmeldegespräch mit den Teilnehmenden besprochen werden. Das Gesamtverfahren ist von geschultem Personal durchzuführen.

Weiterentwicklung des Instruments:
Neben der Basisversion wurden in den Folgejahren weitere Varianten entwickelt und erprobt: ein dreitägiges DIA-TRAIN-Assessment-Center (2004), ein Orientation Project »Individual competencies« (2008) sowie eine dreitägige DIA-TRAIN-Potenzialanalyse (2011) für den Einsatz im Rahmen des Berufsorientierungsprogramms des BMBF.

Weitere Informationen zum Verfahren unter: www.weiterbildung.inbas.com/dia-train/index.html

Weitere verbreitete Kompetenzfeststellungsverfahren:
EXPLORIX. www.explorix.de
geva Eignungstest Berufswahl. www.geva-institut.de/eignungstest-berufswahl-schule.html
HAMET 2. www.hamet.de/hamet-2-Einfuehrung.3468.0.html
JOBGUIDE-pro. www.jobguide-pro.de
MELBA. www.melba.de/melba/melba.html
tasteMINT. www.tastemint.de

Weiterführende Literatur und Links zu Kompetenzfeststellungsverfahren:
Arbeitsgemeinschaft »in eigener Sache«. »›in eigener Sache‹ – Fit in die berufliche Zukunft«. www.in-eigener-sache.de (Zugriff am 31.3.2015).
Bundesagentur für Arbeit. »BERUFE-Universum. Welche Berufe passen zu dir?«. www.planet-beruf.de/BERUFE-Universum.119.0.html (Zugriff am 31.3.2015).
Good Practice Center (GPC) des Bundesinstituts für Berufsbildung (BIBB). »Aufbau und Entwicklung der Kompetenzanalyse«. www.laenderaktiv.de/laenderdb/MATuploads/01NK0230_P_Aufbau%20und%20Entwicklung%20der%20Kompetenzanalyse.pdf (Zugriff am 31.3.2015).
Ministerium für Arbeit, Gesundheit und Soziales NRW. »Kompetenzcheck Ausbildung NRW«. www.gib.nrw.de/service/downloads/handbuch_kompetenzcheck.pdf (Zugriff am 31.3.2015).

3.1 Kompetenzfeststellung und individuelle Förderung

Individuelle Förderung:

Die Ergebnisse der Kompetenzfeststellung dienen als Grundlage für ein persönliches Rückmelde- und Fördergespräch zwischen Lehrkraft (oder anderem Anwender) und Schülerin oder Schüler. In diesem Gespräch werden die Beurteilungen der Lehrkraft und die Selbsteinschätzungen der Schülerinnen und Schüler gemeinsam besprochen. Es handelt sich in der Regel um ein Vieraugengespräch. Die Schülerinnen und Schüler erhalten ein ausführliches Feedback zu ihrem individuellen Kompetenzprofil und können darüber hinaus – durch die anschauliche Gegenüberstellung von Fremd- und Selbsteinschätzung – ihre Ergebnisse reflektieren. Nach Möglichkeit sollten die Eltern in den Prozess der Kompetenzfeststellung und insbesondere der individuellen Förderung eingebunden werden. Jedoch ist davon abzuraten, die Eltern am Rückmelde- und Fördergespräch teilnehmen zu lassen, da dies einen offenen Austausch erschweren würde.

Ein wichtiges Prinzip des Rückmeldegesprächs ist die Wertschätzung der Schülerin bzw. des Schülers. Eine von der Fremdbeurteilung der Lehrkraft abweichende Selbsteinschätzung wird thematisiert und erörtert, aber keinesfalls als falsch dargestellt. Verhalten und Kompetenzausprägungen werden immer auf die konkrete Beobachtungssituation bezogen. Es geht in der Rückmeldung darum, dass die Schülerinnen und Schüler zu »Experten« für ihre Entwicklung gemacht werden und gemeinsam mit der Lehrkraft eigene Ideen und Vorschläge zur Förderung entwickeln. Zudem muss deutlich werden, welche Unterstützung sie im Unterricht bzw. in anderen Berufsorientierungsangeboten der Schule erhalten.

Ein wesentliches Element des Gesprächs ist, dass die Lehrkraft gemeinsam mit der Schülerin bzw. dem Schüler individuelle Fördermaßnahmen bespricht und vereinbart. Diese Vereinbarungen werden realistisch und eindeutig formuliert und schriftlich festgehalten. Eine Überforderung durch Erwartungen, die die Schülerin oder der Schüler nicht erfüllen kann, sollte vermieden werden. Wenn jemand aufgrund einer geistigen Behinderung beispielsweise größere Schwierigkeiten bei der Selbsteinschätzung hat, muss sensibel mit diesem Thema umgegangen werden. Dies gilt für alle Phasen des Rückmeldegesprächs ebenso wie für die anschließenden Fördermaßnahmen.

Während des Fördergesprächs stellen Lehrkraft und Schülerin bzw. Schüler folgende Überlegungen an:

- Welche Kompetenzen sollen gefördert werden? (Stärkenoptimierung und Förderbedarf)
- Was soll durch die Förderung erreicht werden? (Förderziele)
- Wie sollen die Förderziele erreicht werden? (Fördermaßnahmen)
- Wer ist für die Umsetzung der Fördermaßnahmen verantwortlich? (Zuständigkeit)
- Welche zusätzlichen personellen Ressourcen außerhalb der Schule sollen hinzugezogen werden, um die Fördermaßnahmen umzusetzen? (Einbindung der Eltern und anderer schulischer Partner, z. B. Coaches, Lernbegleiter)
- Wann sollen die einzelnen Fördermaßnahmen umgesetzt und bis wann die einzelnen Förderziele erreicht werden? (Zeitplan)

3 Umsetzung der Berufsorientierung an Schulen

- Wann treffen sich Lehrkraft und Schülerin bzw. Schüler das nächste Mal, um zu besprechen, ob die Förderung funktioniert? (Erfolgskontrolle)

Die Lehrkräfte können für das Fördergespräch als Hilfestellung folgende Materialien verwenden:
- Checkliste »Strukturierung von Fördergesprächen«
- Fördervereinbarung

Checkliste »Strukturierung von Fördergesprächen«
Beschreibung: Beispielhafter Ablauf eines Fördergesprächs
Kapitel 3.1 Kompetenzfeststellung und individuelle Förderung

Fördervereinbarung
Beschreibung: Vorlage zur Vereinbarung von Fördermaßnahmen
Kapitel 3.1 Kompetenzfeststellung und individuelle Förderung

Für die Realisierung der Fördermaßnahmen sind beide verantwortlich, Lehrkraft und Schülerin bzw. Schüler. Die Lehrkraft schafft die Rahmenbedingungen, die Schülerin bzw. der Schüler nimmt aktiv an den Maßnahmen teil.

In Abbildung 8 ist ein schematischer Ablauf von Kompetenzfeststellung und individueller Förderung beispielhaft dargestellt. Anschließende Fördergespräche sollten mindestens einmal pro Schuljahr, idealerweise einmal pro Schulhalbjahr, sowie bei Bedarf stattfinden. Eine Kompetenzfeststellung ist in dieser Frequenz nicht notwendig, auch wegen der knappen zeitlichen und personalen Ressourcen an Schulen. Ein Gespräch sollte in Verbindung mit wichtigen Elementen der Berufsorientierung terminiert werden, beispielsweise direkt nach einem Betriebspraktikum. Auf den Erfahrungen aufbauend können dann weiterführende Schritte vereinbart werden.

Die individuelle Förderung bzw. die individuelle Berufsorientierung ist als ganzheitliche Aufgabe zu verstehen und mit Maßnahmen innerhalb wie außerhalb des Unterrichts zu realisieren. Dies beinhaltet, dass die Schülerinnen und Schüler in ihrem gesamten schulischen Alltag an der Erreichung ihrer Ziele, die im Fördergespräch vereinbart wurden, arbeiten können. Günstig für die individuelle Förderung im Fachunterricht sind vor allem offene Arbeitsformen, wie kooperatives Lernen oder Projektarbeit.

Beispielsweise können durch die Mitarbeit in einer Schülerfirma viele fachliche, überfachliche und berufsrelevante Kompetenzen der Jugendlichen entwickelt und gefördert werden. Die in Kapitel 4 beschriebenen Maßnahmen (z. B. die Erkundung von Elternarbeitsplätzen oder die Teilnahme an einem Betriebspraktikum) bilden ein breites Spektrum von Möglichkeiten ab, wie die jungen Menschen in ihrer Berufsorientierung individuell unterstützt werden können.

3.1 Kompetenzfeststellung und individuelle Förderung

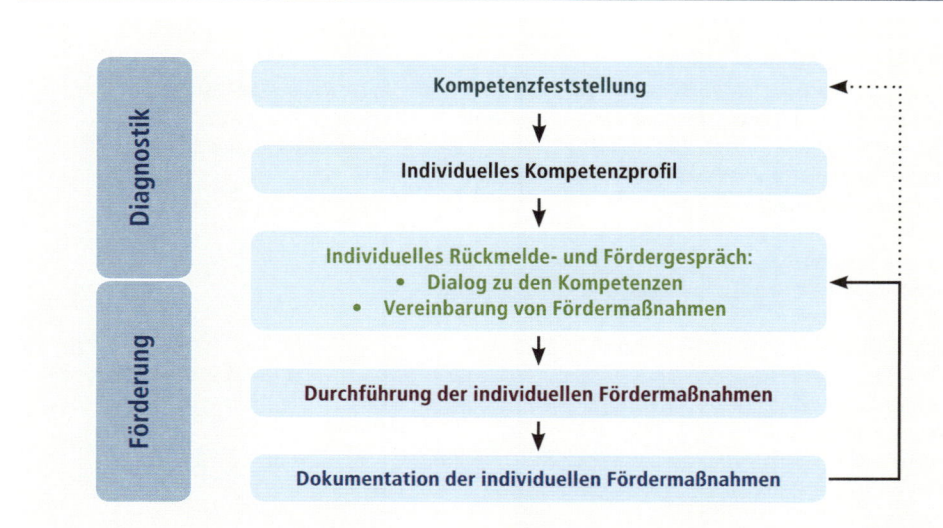

Abbildung 8: Ablaufkonzeption Kompetenzfeststellung und individuelle Förderung

```
Diagnostik:
  Kompetenzfeststellung
    ↓
  Individuelles Kompetenzprofil
    ↓
  Individuelles Rückmelde- und Fördergespräch:
    • Dialog zu den Kompetenzen
    • Vereinbarung von Fördermaßnahmen
    ↓
Förderung:
  Durchführung der individuellen Fördermaßnahmen
    ↓
  Dokumentation der individuellen Fördermaßnahmen
```

Zur Teilnahme an Fördermaßnahmen gehört als wesentliches Element die Dokumentation: Die Schülerinnen und Schüler dokumentieren alle Maßnahmen, an denen sie teilgenommen haben, und beschreiben ihre Erfahrungen. Sie beziehen sich dabei auf den individuellen Förderplan, der gemeinsam mit der Lehrkraft entwickelt wurde. Sie schreiben regelmäßig auf, was erreicht bzw. nicht erreicht wurde. Auf diese Weise entsteht eine Verlaufsdokumentation für die Vereinbarungen, für die konkreten Fördermaßnahmen und für die persönliche Entwicklung. Diese Dokumentation gehört der Schülerin bzw. dem Schüler und ist Information für sie bzw. ihn, für die Lehrkraft und ggf. für die Eltern. Hierbei ist darauf zu achten, dass jeder Schülerin und jedem Schüler ein passendes Dokumentationssystem bereitzustellen ist, mit dem sie und er gut arbeiten kann und das weder über- noch unterfordert.

Tabelle 3 zeigt den beispielhaften Verlauf eines individuellen Förderzyklus.

3 Umsetzung der Berufsorientierung an Schulen

bsp

Tabelle 3: Ablauf der individuellen Förderung (Beispiel)

1. Individuelles Rückmelde- und Fördergespräch
1.1 Dialog zu den Kompetenzen: Dialog zwischen Lehrkraft und Schülerin bzw. Schüler zu den Ergebnissen der Kompetenzfeststellung. Fremdbeurteilung und Selbsteinschätzung werden besprochen: Schüler Axel P. hat unter anderem Stärken innerhalb der Kompetenz »Planungsfähigkeit« und Schwächen innerhalb der Kompetenz »Kommunikationsfähigkeit« gezeigt.   **1.2 Fördervereinbarung:**   Folgendes wird zu einzelnen Fördermaßnahmen besprochen: • Was wird gefördert?   Planungsfähigkeit, Kommunikationsfähigkeit   • Wie wird gefördert?   Fördermaßnahme: Teilnahme an der geplanten Schülerfirma   Axel P. nimmt an der im folgenden Monat startenden Schülerfirma teil. Dabei soll er eine Position im »Vorstand« einnehmen. Er soll sich vorher inhaltlich und kompetenzbezogen vorbereiten.   • Wer ist verantwortlich?   Realisierung der Schülerfirma: Klassenlehrer und mehrere Schülerinnen und Schüler der Klasse   Aktive Teilnahme an der Organisation und am Management der laufenden Firma: Axel P.
2. Durchführung der individuellen Fördermaßnahme
Die Schülerfirma ist unter Mitwirkung von Axel P. zunächst für ein Schulhalbjahr aktiv.
3. Dokumentation der individuellen Fördermaßnahme
Axel P. beschreibt seine Erfahrungen mit der Teilnahme an der Schülerfirma. Er reflektiert dabei konkret sein Verhalten in Bezug auf die fokussierten Kompetenzen »Planungsfähigkeit« und »Kommunikationsfähigkeit«.
4. Schleife (ggf. nach mehreren Fördermaßnahmen)
Erneutes individuelles Rückmelde- und Fördergespräch (nach einigen Monaten)   Dialog zwischen der Lehrkraft und der Schülerin bzw. dem Schüler zu den fokussierten Kompetenzen und den Fördermaßnahmen   • Inwieweit waren die Fördermaßnahmen erfolgreich?   Axel P. und die Lehrkraft besprechen die Fortschritte bei »Planungsfähigkeit« und »Kommunikationsfähigkeit«. Die Schülerin bzw. der Schüler verwendet dazu die Dokumentation der letzten Monate (vgl. auch Kap. 4.2.2 Berufswahlportfolio).
Optional wird nach einiger Zeit (z. B. nach mehreren Fördermaßnahmen) wiederum ein Förderzyklus durchlaufen, inklusive einer aktuellen Kompetenzfeststellung.

Umgang mit Heterogenität

Die Schülerschaft der meisten Schulen ist durch einen zunehmenden Grad an Heterogenität gekennzeichnet. Das wirkt sich auch auf die Berufsorientierung aus, die Individualisierung und Binnendifferenzierung leisten muss. Diese Heterogenität kann z. B. darin bestehen, dass eine Schule durch eine soziale, ethnische und kulturelle Vielfalt ihrer Schülerschaft geprägt ist oder dass Schülerinnen und Schüler mit und ohne Behinderungen gemeinsam eine Schule besuchen. Im Hinblick auf eine individuelle Unterstützung der Kinder und Jugendlichen ist es besonders wichtig, die unterschiedlichen Voraussetzungen und Bedürfnisse aller Schülerinnen und Schüler zu berücksichtigen. An diesem Punkt setzt Inklusion an (vgl. Kapitel 1.3 Infokasten »Inklusion in der Bildung«), indem sie die gleichberechtigte gesellschaftliche Teilhabe aller Menschen unabhängig von ihrem soziokulturellen Hintergrund, von Hautfarbe, Sprache, Religion, Geschlechtszugehörigkeit, Alter o. Ä. fordert.

Im schulischen Kontext bedeutet das, dass jede Schülerin und jeder Schüler, unabhängig von den individuellen Fähigkeiten und Begabungen sowie vom ethnischen oder sozialen Hintergrund, die Möglichkeit haben soll, sich vollständig und gleichberechtigt an allen schulischen Prozessen zu beteiligen. Ebenso ist zieldifferentes Arbeiten (im Gegensatz zum »zielgleichen« Arbeiten, bei dem innerhalb einer Schulform alle den gleichen Abschluss verfolgen) ebenso ein Aspekt, wie etwa die Durchlässigkeit des Schulsystems, damit die Schülerinnen und Schüler entsprechend ihren individuellen Möglichkeiten und Entwicklungen zwischen Schulformen und Klassenstufen wechseln können.

Diesem breiten Inklusionsverständnis entsprechend werden alle Schülerinnen und Schüler mit potenziellen Benachteiligungen in den Blick genommen. Dabei geht es jedoch nicht darum, Menschen mit bestimmten Merkmalen per se Benachteiligungen zuzuschreiben. Die Nennung verschiedener Merkmale dient der besseren Identifikation von möglichen Hürden, die es für eine umfassende und erfolgreiche gesellschaftliche Teilhabe zu überwinden gilt. Eine Benachteiligung entsteht meist erst durch gesellschaftliche Bedingungen und Umweltbedingungen. So kann beispielsweise ein Migrationshintergrund ein Benachteiligungsmerkmal sein, wenn Schülerinnen und Schüler bei der Praktikumssuche aufgrund von Vorurteilen diskriminiert werden oder bei der Berufswahl durch sprachliche Barrieren eingeschränkt sind.

Ein Schüler mit Lese-Rechtschreib-Schwäche erfährt ggf. Benachteiligung, weil er aufgrund zu komplizierter Formulierungen Informationsmaterialien zur Berufsorientierung nicht verstehen kann. Gleiches gilt für eine Schülerin, die aufgrund einer Gehbehinderung keine Möglichkeit hat, den gewünschten Praktikumsplatz in Unternehmen ohne Rampen oder Aufzüge zu erreichen.

Hinweise darauf, welche Voraussetzungen im Hinblick auf die Berufsorientierung an der Schule gegeben sein bzw. geschaffen werden sollten, um jeder Schülerin und jedem Schüler die gleichen Chancen auf einen erfolgreichen Bildungsweg zu bieten, finden sich in den folgenden Abschnitten.

Inklusion an Schulen:
Ziel einer inklusiven Pädagogik ist es, allen Schülerinnen und Schülern zu ermöglichen, sich mit ihren eigenen Fähigkeiten, Interessen und Begabungen in die Gemeinschaft einbringen und sich individuell gefördert bestmöglich entwickeln und entfalten zu können. Bedingung hierfür ist, dass die Schule den individuell unterschiedlichen Stärken, Bedürfnissen und Voraussetzungen der Einzelnen gerecht werden kann. Auch im Hinblick auf Berufsorientierung ist es notwendig, die unterschiedlichen Ausgangspositionen und Bedürfnisse der Schülerinnen und Schüler in den Blick zu nehmen. Für Schülerinnen und Schüler mit besonderem Förderbedarf oder für Schülerinnen und

Schüler mit Migrationshintergrund, die Nachteile erfahren und gesellschaftlichen Barrieren gegenüberstehen, liegen bereits vielfältige Konzepte und Maßnahmen vor, die hilfreich zur Planung erfolgreicher Bildungswege sind.

Faktoren, die entscheidend für eine gelingende inklusive Schulbildung und Berufsorientierung sind, um alle Schülerinnen und Schüler bestmöglich auf ihren Lebensweg vorzubereiten, werden nachfolgend erläutert.

Haltung als Voraussetzung:
Eine Grundvoraussetzung für das Gelingen von Inklusion an der Schule ist eine offene Haltung aller Beteiligten. Sie zeichnet sich durch die Anerkennung und die Wertschätzung der Unterschiedlichkeit der Schülerinnen und Schüler aus. Indem alle miteinander leben und voneinander lernen, kann Heterogenität eine Chance und eine Bereicherung für alle darstellen.

Damit eine solche Haltung sich entwickeln bzw. fortbestehen kann, ist eine enge Zusammenarbeit aller Beteiligten notwendig, denn sie trägt zu einem besseren Verständnis für die Anliegen und Wünsche anderer bei. Daran sind auf schulischer Seite die Schulleitung, die Lehrkräfte und die Schülerinnen und Schüler beteiligt; außerschulisch spielen die Eltern, die Berufsberatung der Agenturen für Arbeit und Einrichtungen wie Bildungsträger, Vereine und Betriebe, die in Kooperation mit der Schule stehen, eine wichtige Rolle. Für Schulpersonal besteht beispielsweise die Möglichkeit, Fortbildungen zu dem Thema Inklusion zu besuchen und sich dadurch mit dem Thema konstruktiv auseinanderzusetzen.

Personelle Ressourcen:
Neben einer entsprechenden Haltung aller Beteiligten gegenüber Heterogenität sind für eine gute Schulbildung und Berufsorientierung adäquate Ressourcen personeller, materieller und räumlicher Art notwendig. Auf der personellen Seite ist es wichtig, dass es in der Schule, zum Beispiel auch bei der Durchführung von Berufsorientierungsmaßnahmen, genügend qualifiziertes Personal gibt, damit individuelle Betreuung und Förderung möglich sind. Je nach Notwendigkeit bedarf es der Unterstützung von Fachpersonal wie Sonderpädagogen, Sozialarbeitern oder Integrationshelfern, die in Zusammenarbeit mit den Lehrkräften die Schülerinnen und Schüler betreuen und begleiten. Die Lehrkräfte benötigen Kenntnisse und Sensibilität im Umgang mit ethnisch, kulturell und sozial vielfältigen Gruppen.

Je nach Bedarf müssen Fachkenntnisse für besondere Förderschwerpunkte bzw. Behinderungen oder interkulturelle Kompetenzen erworben werden. Dies ist nicht nur für Lehrkräfte, sondern auch für Schulleitungen und andere am Berufsorientierungsprozess beteiligte Personen sinnvoll. Entsprechend sollten Fort- und Weiterbildungen zum Umgang mit Heterogenität und zu Möglichkeiten der individuellen Förderung angeboten werden. Gegenseitige Unterstützung und Austausch der Lehrkräfte untereinander, etwa während eines Teamteachings, bei dem der Unterricht in heterogenen Gruppen gemeinsam vorbereitet bzw. durchgeführt wird, können sich positiv auf die

Unterrichtsqualität auswirken. So kann einer Überforderung der Lehrkräfte durch mangelndes Wissen oder Unsicherheiten hinsichtlich heterogener Lerngruppen vorgebeugt werden.

Auch im Schulalltag können wertvolle Erfahrungen gesammelt werden, wenn beispielsweise Lehrkräfte nicht deutscher Herkunft an der Schule beschäftigt sind. Neben dem Erfahrungsaustausch untereinander können Lehrkräfte mit Migrationshintergrund – sofern durch bestimmte Merkmale wie Hautfarbe, Muttersprache oder Bildungsweg Ähnlichkeiten wahrgenommen werden – auch für Schülerinnen und Schüler eine wertvolle Unterstützung sein. Diese identifizieren sich möglicherweise leichter mit einer Lehrkraft, die ebenfalls eine andere ethnische Herkunft hat und eventuell ähnliche Erfahrungen gemacht hat. Findet diese Identifikation statt, kann sich bei Schülerinnen und Schülern wie auch bei ihren Eltern mehr Vertrauen entwickeln, wodurch Unsicherheiten gegenüber Schule und Unterricht abgebaut werden können. Zur Förderung des Lehrberufs bei Schülerinnen und Schülern mit Migrationshintergrund wurden Initiativen wie »Mehr Migranten werden Lehrer« oder das Hamburger Netzwerk »Lehrkräfte mit Migrationsgeschichte« ins Leben gerufen.

Räumliche und materielle Ausstattung der Schule:
Die Möglichkeit einer vollständigen Teilhabe aller Schülerinnen und Schüler durch individuell angepasstes Lernen und Fördern setzt neben den personellen Ressourcen auch eine ausreichende materielle und räumliche Ausstattung der Schule voraus, die sich durch eine generelle Barrierefreiheit auszeichnet. Hierzu gehören beispielsweise für Kinder und Jugendliche, die einen Rollstuhl benötigen, Aufzüge, Rampen, elektrische Türen und behindertengerechte Toiletten, für Seh- oder Hörbehinderte unter anderem optische Signale, die Beachtung der Lichtverhältnisse und behindertengerechte Wegeführung.

Der Barrierefreiheit sind auch Ausweich- und Ruheräume zuzurechnen, die von denjenigen genutzt werden können, die zeitweise Einzelbetreuung, spezielle Förderung oder Ruhezeiten benötigen. Auch Arbeitsmaterialien, die jeder Schülerin und jedem Schüler in der jeweils benötigten Form zur Verfügung gestellt werden können, sowie behindertengerecht ausgestattete Computerarbeitsplätze gehören zu einer barrierefreien Schule.

Für die Teilhabe körperlich behinderter Schülerinnen und Schüler am Sportunterricht sind ebenfalls Vorüberlegungen zu treffen und die damit verbundene Anschaffung zusätzlicher Geräte und Materialien zu klären. Benötigen Kinder und Jugendliche Unterstützung, sollten sich die Schulen auch darüber informieren, welche technischen Möglichkeiten es gibt. So stellt die Stiftung Barrierefrei kommunizieren! auf ihrer Website Computertechnologien vor, die bei diversen Beeinträchtigungen hinsichtlich bestimmter Kompetenzen (z. B. Lesen) unterstützend herangezogen werden können, und verweist auf Anbieter (www.barrierefrei-kommunizieren.de/datenbank).

Inwieweit spezielle Technologien notwendig und hilfreich sind, muss jede Schule für sich prüfen. Weiterhin ist zu bedenken, dass auch für das Betreuungs- und Begleitpersonal die entsprechenden Arbeitsplätze sowie die benötigten Materialien vorhanden sein bzw. angeschafft werden sollten.

Berufsorientierung – Identitätsentwicklung und Selbstvertrauen:
Neben dem Unterricht sollte auch die Berufsorientierung an der Schule so gestaltet sein, dass alle Schülerinnen und Schüler erfolgreich daran teilnehmen können. Zu den Zielen der Berufsorientierung gehören für alle gleichermaßen die Stärkung der Persönlichkeit, die Übernahme von Verantwortung und bestmöglicher Selbstständigkeit sowie das Erreichen einer realistischen Selbsteinschätzung. Diese Ziele sind für manche einfacher, für andere weniger einfach zu erreichen. So kann für Schülerinnen und Schüler, die in zwei oder mehr Kulturen aufgewachsen sind, die Entwicklung der eigenen Identität, die entscheidend für die Entwicklung jedes Menschen ist, ein sensibles Thema sein. Daher gilt es, diese zu fördern, um die Jugendlichen auf ihren Lebensweg vorzubereiten und ihnen die notwendige Orientierung zu geben.

Insbesondere praktische Erfahrungen, die für die Berufsorientierung unerlässlich sind, bieten schulschwachen und schulmüden Jugendlichen die Chance, abseits der Schulbank das eigene Können zu erforschen und positive berufliche Erfahrungen zu machen. Wenn Schülerinnen und Schüler Bestätigung erfahren und Erfolge erleben, kann das für die Wahl eines geeigneten Berufs notwendige Selbstvertrauen gesteigert werden. Daher sollten verschiedene Berufsorientierungsmaßnahmen wie Betriebserkundungen und Praktika in Betrieben unterschiedlicher Bereiche stattfinden, damit die Jugendlichen die Möglichkeit bekommen, ihre eigenen Fähigkeiten zu erproben und eine möglichst große Bandbreite an Berufen kennenzulernen. Um die eigenen Begabungen und Stärken erkennen und bestmöglich zeigen zu können, sind bestehende Unsicherheiten und Ängste abzubauen. Hilfreich können dabei persönliche Ansprechpartner in den Betrieben sein, die Vertrauen schaffen und als Vorbild dienen können.

Sprachkenntnisse und interkulturelle Kompetenzen:
Im Berufsorientierungsprozess ist es wichtig, individuelle Interessen zu berücksichtigen und die jeweiligen Stärken und Begabungen der Schülerinnen und Schüler zu fördern. Das Potenzial interkultureller Kompetenz ist vielen Jugendlichen, die mit mehreren Kulturen aufgewachsen sind, bereits mitgegeben. Hierzu gehört auch eine Zwei- oder Mehrsprachigkeit, die als wertvolle Ressource im Berufsorientierungsprozess hervorgehoben und berücksichtigt werden sollte. Interkulturelle Kompetenzen sind in einer pluralistischen und vielfältigen Gesellschaft auch für den Arbeitsmarkt von Bedeutung. Sie werden in verschiedenen Berufen und Positionen benötigt und können daher bei Bewerbungen vorteilhaft sein.

Diese Kompetenzen können im schulischen Rahmen durch den Austausch zwischen Schülerinnen und Schülern, Lehrkräften und Eltern in gemeinsamen Projekten, interkulturellen Aktionstagen und Ähnlichem gezeigt und gefördert werden. Umgekehrt ist es wichtig, Schülerinnen und Schüler mit geringen Sprachkenntnissen zu fördern. Angebote zur Förderung der deutschen sowie der Herkunftssprache können unter anderem durch mehrsprachigen Unterricht realisiert werden. Hier können zweisprachige Texte gelesen werden oder es kann ein Austausch über die verschiedenen Muttersprachen stattfinden.

Neben denjenigen, die aufgrund einer anderen Muttersprache möglicherweise Probleme mit der deutschen Sprache haben, kann die Förderung der Sprache auch für Schülerinnen und Schüler mit geistiger oder Lernbehinderung wichtig sein. Diese Förderung kann innerhalb wie auch außerhalb der Schule stattfinden.

Anforderungen an Planung und Organisation im betrieblichen Umfeld:
Unerlässlich für die Berufsorientierung der Schülerinnen und Schüler sind praktische Erfahrungen. Sie bieten einerseits die Möglichkeit, sich jenseits von Schulnoten im Unternehmen zu präsentieren, und können andererseits dazu beitragen, mögliche Vorurteile seitens der Arbeitgeber in Bezug auf bestimmte Gruppen von Jugendlichen abzubauen.

Praktika sollten nach individuellem Bedarf zeitlich angepasst und Betriebsbegehungen und -besichtigungen in verschiedenen Berufsbereichen angeboten werden. Im betrieblichen Umfeld spielt die Haltung der Betriebe eine wichtige Rolle. Diese sollte sich durch Offenheit und Wertschätzung gegenüber allen Menschen auszeichnen. Darüber hinaus sollte es falls nötig eine entsprechende Barrierefreiheit geben, um allen interessierten Schülerinnen und Schülern Einblick in mögliche Berufsfelder geben zu können. Damit die Jugendlichen ihre Potenziale optimal entfalten können, ist es entscheidend, dass die Voraussetzungen für ein geeignetes Ausbildungs- und Lernumfeld gegeben sind.

Um dies gewährleisten zu können, muss im Vorfeld abgeklärt werden, inwieweit die Betriebe sich an individuelle Bedürfnisse von Schülerinnen und Schülern anpassen können. Besonders hervorzuheben ist nicht nur die Vorabinformation der Schülerinnen und Schüler über den Betrieb vonseiten der Lehrkräfte, sondern auch die Information des Betriebes durch die Lehrkraft im Hinblick darauf, welche Voraussetzungen die Schülerinnen und Schüler mitbringen, sodass auch die Betriebe die Möglichkeit haben, sich auf die Schülerin oder den Schüler einzustellen. Da viele Behinderungen nicht sichtbar sind und von den Betroffenen auch nicht verbalisiert werden, ist für das Gelingen von Praktika die frühzeitige Anamnese von Einschränkungs- oder Ausschlusskriterien unerlässlich.

Zudem sind, ebenso wie im Schulalltag, auch in den Betrieben Vorbilder für die Schülerinnen und Schüler von großer Bedeutung. Empfehlenswert kann es daher sein, dass Jugendliche mit geistiger oder körperlicher Behinderung Betriebe auswählen, in denen Menschen mit geistiger oder körperlicher Behinderung zu den Beschäftigten gehören. Hierbei ist es nicht entscheidend, dass die gleichen Behinderungen vorliegen, sondern vielmehr kann angenommen werden, dass diese Betriebe aufgrund der Beschäftigung von Menschen mit unterschiedlichen individuellen Voraussetzungen aufgeschlossen gegenüber der Zusammenarbeit mit jungen Menschen mit besonderem Förderbedarf sind. Dennoch sollten Praktikums- und Ausbildungsplätze vor allem den Interessen und Fähigkeiten der Schülerinnen und Schüler entsprechend ausgewählt werden, soweit sie mit einer vorhandenen Beeinträchtigung vereinbar sind.

Lernen sich die Jugendlichen und die Betriebe frühzeitig kennen, kann Missverständnissen und falschen Erwartungen vonseiten der Schülerinnen und Schüler, der Eltern und der Betriebe vorgebeugt werden. Besonders für Schulschwächere können persönliche Kontakte und ein persönliches Kennenlernen in den Betrieben vorteilhaft sein, da sie so die Möglichkeit haben, unabhängig von Zeugnissen oder Lebensläufen das eigene Können in der Praxis zu zeigen.

Langfristige Kooperationen der Schulen mit außerschulischen Partnern sind eine wertvolle Ressource. Besonders bei der Berufsorientierung von Schülerinnen und Schülern mit besonderem Förderbedarf erleichtert die Vernetzung mit Partnern, wie etwa Ausbildungsbetrieben, überbetrieblichen Bildungseinrichtungen, Bildungswerken, Sozialhilfeträgern oder Vereinen, den Austausch von Erfahrungen und bietet Unterstützung bei der Suche nach Praktikumsstellen.

Informationen über Barrierefreiheit und ähnliche Voraussetzungen der Betriebe sollten dokumentiert werden, sodass ein Pool an geeigneten Arbeits- und Praktikumsplätzen für Schülerinnen und Schüler mit unterschiedlichen Voraussetzungen entsteht, auf den alle Beteiligten zugreifen können. Dies hat darüber hinaus den Vorteil, dass bei einem Wechsel der Zuständigkeiten kein Wissen verloren gehen kann. In diesem Zusammenhang dienen auch regelmäßig aktualisierte Prozessbeschreibungen zu Maßnahmen und Vorgehensweisen in der Berufsorientierung der Effektivität und Arbeitserleichterung.

Einbeziehung der Eltern und anderer Bezugspersonen:

Die Einbeziehung der Eltern bzw. weiterer Bezugspersonen in den schulischen Berufswahlprozess ist für alle Schülerinnen und Schüler zentral. Sie können den Jugendlichen in der Entwicklung unterstützen und sind eine wichtige Begleitung während der Schulzeit und im Übergang zum Beruf. Neben der frühzeitigen Information der Eltern über das Berufsorientierungskonzept der Schule und über konkrete Maßnahmen besteht auch die Möglichkeit, sie direkt zu beteiligen, zum Beispiel indem Arbeitsplätze der Eltern besichtigt werden oder Eltern sich an der Durchführung von Maßnahmen zur Berufsorientierung beteiligen. Hierbei ist ein sensibler Umgang mit dem Thema bei Schülerinnen und Schülern wichtig, deren Eltern nicht berufstätig sind.

Hinweise darauf, welche Maßnahmen getroffen werden können, um vor allem Eltern miteinzubeziehen, die Hemmungen haben, sich in die Schulbildung und Berufsorientierung ihrer Kinder einzubringen, werden im Folgenden gegeben. Halten sich Eltern aus dem Bildungs- und Berufsorientierungsprozess ihrer Kinder heraus, kann das verschiedene Gründe haben. Ein Grund kann sein, dass Eltern ein kulturell anders geprägtes Verständnis von Schule und Ausbildung haben und daher Hemmungen haben könnten, sich mit unbekannten Bildungs- und Ausbildungsbedingungen (z. B. der dualen Ausbildung) und einer fremden Sprache auseinanderzusetzen. Dadurch haben sie es schwerer, sich am Berufswahlprozess ihrer Kinder zu beteiligen.

Nicht nur Eltern mit Migrationshintergrund, sondern auch solche, die sich bisher nur wenig mit dem deutschen Bildungssystem beschäftigt haben oder selbst einen anderen Bildungsweg gegangen sind, könnten hier Schwierigkeiten haben, sich mit der Schulbildung ihres Kindes näher auseinanderzusetzen und es angemessen zu unterstützen. Da die Begleitung durch die Eltern entscheidend ist, sollte ihnen der Zugang zur Schule erleichtert werden. Hinweise zur Einbindung von Eltern mit Migrationshintergrund finden sich auch in Kapitel 2.3 im Kasten »Familien mit Migrationshintergrund«.

So kann das Gefühl, willkommen zu sein, durch bestimmte Vorgehensweisen vermittelt werden, indem etwa für Eltern, deren Muttersprache nicht Deutsch ist, mehrsprachige Türschilder angebracht werden oder Informationsmaterial in verschiedenen Sprachen versendet wird (wie Elternbriefe, Einladungen zu Elternabenden oder Klassenausflügen). Ebenfalls sollte beachtet werden, dass bei schulischem Schriftmaterial für Eltern und Schülerschaft eine einfache Sprache verwendet wird und Fachausdrücke erläutert werden. Dies ist nicht nur hilfreich für Eltern mit nicht deutscher Herkunftssprache, sondern erleichtert das Verständnis für alle Eltern.

Angebote wie Elterntreffs, Informationsabende zur Berufsorientierung oder die Bereitstellung von Sprachmittlern bei Elternabenden tragen dazu bei, dass sich Mütter und Väter mit einem anderen kulturellen oder sprachlichen Hintergrund verstanden fühlen. Thematisch wichtig sind im Rahmen dieser und ähnlicher Angebote Informationen über das deutsche Bildungs- und Ausbildungssystem. Weitere Hinweise zur Einbeziehung der Eltern in die Berufsorientierung liefert beispielsweise der Leitfaden zur Elternarbeit »Eltern erwünscht!?«, der von der Bundesagentur für Arbeit und der Bundesarbeitsgemeinschaft SCHULEWIRTSCHAFT herausgegeben wurde.

Externe Unterstützung für Schülerinnen und Schüler:

Wenn Schülerinnen und Schüler besonderen Förderbedarf haben oder keine bzw. nur wenig Unterstützung von den Eltern oder anderen Bezugspersonen erhalten, kann ihnen eine Berufseinstiegsbegleitung zur Seite gestellt werden. Ansprechpartnerin ist hierfür die Bundesagentur für Arbeit. Die Agenturen vor Ort planen die einzelnen Maßnahmen und setzen sie um; das Bundesministerium für Bildung und Forschung ist im Rahmen der Initiative Bildungsketten ebenfalls beteiligt.

Die Berufseinstiegsbegleiter unterstützen die Schülerinnen und Schüler bei der Suche nach einer passenden Ausbildung mit dem Ziel der erfolgreichen Eingliederung in die Berufswelt. Die Jugendlichen profitieren von dieser Begleitung auch hinsichtlich ihrer persönlichen Entwicklung, da die konstante Bindung an eine Bezugsperson der Persönlichkeitsentwicklung dient, aus der ein erhöhtes Selbstbewusstsein und eine bessere Selbsteinschätzung resultieren können. Diese Fähigkeiten können den jungen Menschen die Wahl eines passenden Berufes erleichtern.

3 Umsetzung der Berufsorientierung an Schulen

Anpassung von Maßnahmen der Berufsorientierung:

Für die von einer Schule angebotenen Berufsorientierungsmaßnahmen gilt generell, dass sie geeignet sein müssen, Stärken, Interessen und Entwicklungspotenziale der Schülerinnen und Schüler zu identifizieren, sodass jede und jeder eine individuelle Förderung und persönliche Berufsorientierung erhalten kann. Daher ist trotz genauer Planung und Organisation von inner- und außerunterrichtlichen Maßnahmen eine gewisse Flexibilität beizubehalten, damit die Maßnahmen ggf. noch während des Prozesses an die unterschiedlichen Bedürfnisse der Schülerinnen und Schüler angepasst werden können.

Zu bedenken ist beispielsweise der zeitliche Aspekt: Die Durchführung von Kompetenzfeststellungsverfahren und Berufsorientierungsmaßnahmen kann bei Schülerinnen und Schülern mit heterogenen Voraussetzungen zeitlich stark schwanken oder es kann sein, dass nicht alle Maßnahmen für alle geeignet sind oder sich auf die gleiche Weise durchführen lassen. Daher sind Maßnahmen und Aufgaben frühzeitig auf ihre Passung für die Schülerinnen und Schüler hin zu prüfen. Gegebenenfalls sind Modifikationen vorzunehmen oder es muss auf (Teil-)Aufgaben oder sogar auf ganze Maßnahmen verzichtet werden. Ausführlichere Hinweise und Umsetzungsbeispiele zu konkreten Berufsorientierungsmaßnahmen für Schülerinnen und Schüler mit Unterstützungsbedarf sind in folgendem Übersichtsmaterial dargestellt.

> **Maßnahmen zur Berufsorientierung: spezifische Hinweise für Schülerinnen und Schüler mit Unterstützungsbedarf**
> **Beschreibung:** Hinweise zu Maßnahmen bei einer heterogenen Schülerschaft
> Kapitel 3.1 Kompetenzfeststellung und individuelle Förderung

Verweise auf ausgewählte Informationen:

Es gibt zahlreiche Unterstützungsmaßnahmen und Informationen zur Berufsorientierung im Übergang Schule–Beruf. Einige wichtige finden sich im Folgenden für Schülerinnen und Schüler mit Unterstützungsbedarf, wie etwa mit körperlichen oder geistigen Behinderungen, oder für Schülerinnen und Schüler mit Migrationshintergrund.

- »Berufseinstiegsbegleitung – die Möglichmacher. Eine Info für Eltern, Lehrerinnen und Lehrer« von der Servicestelle Bildungsketten beim Bundesinstitut für Berufsbildung für das Bundesministerium für Bildung und Forschung: www.bmbf.de/pub/berufseinstiegsbegleitung_die_Moeglichmacher.pdf (Zugriff am 17.12.2014).
- Bundesagentur für Arbeit:
  Berufsinformationszentrum
  www.arbeitsagentur.de/web/content/DE/BuergerinnenUndBuerger/Arbeitund Beruf/Berufswahl/Berufsinformationszentren/index.htm (Zugriff am 17.12.2014).
  für Menschen mit Behinderungen
  www.arbeitsagentur.de/web/content/DE/BuergerinnenUndBuerger/Menschenmit Behinderung/index.htm (Zugriff am 17.12.2014).

3.1 Kompetenzfeststellung und individuelle Förderung

Förderung der Teilhabe am Arbeitsleben für Arbeitnehmerinnen und Arbeitnehmer www.arbeitsagentur.de/web/wcm/idc/groups/public/documents/webdatei/mdaw/mdk1/~edisp/l6019022dstbai378491.pdf (Zugriff am 17.12.2014).

- Bundesamt für Migration und Flüchtlinge – Übergang Schule/Ausbildung: www.bamf.de/DE/Willkommen/ArbeitBeruf/BesondereAngebote/Uebergang/uebergang-node.html (Zugriff am 17.12.2014).
- Die Industrie- und Handelskammern und die Handwerkskammern unterstützen und informieren beim Übergang von Schule zu Beruf: www.dihk.de oder www.handwerkskammer.de
- Jugendmigrationsdienste (JMD): www.jmd-portal.de
- Kompetenzzentrum für Integration in Nordrhein-Westfalen: www.kfi.nrw.de
- Koordinierungsstelle Ausbildung und Migration: Ausbildung jetzt! des Bundesministeriums für Bildung und Forschung: www.jobstarter.de/de/kausa-21.php
- Koordinierungsstelle Weiterbildung »BQM Beratung Qualifizierung Migration« in Hamburg: www.bqm-hamburg.de
- Die Lebenshilfe liefert Unterstützung und Informationen auch in den Bereichen Schule und Beruf für Menschen mit Behinderungen: www.lebenshilfe.de

Programme, Projekte und Initiativen zum Thema Inklusion

Im Folgenden sind beispielhaft Programme, Projekte und Initiativen in alphabetischer Reihenfolge aufgeführt.

1. »Abschluss und Anschluss – Bildungsketten bis zum Ausbildungsabschluss« ist eine gemeinsame Initiative des Bundesministeriums für Bildung und Forschung und der Bundesländer, des Bundesministeriums für Arbeit und Soziales sowie der Bundesagentur für Arbeit. www.bildungsketten.de/de/235.php (Zugriff am 31.3.2015).
2. »Berlin braucht dich!« ist ein sogenanntes Matchingtool, bei dem Schulen und Betriebe in Berlin gemeinsam Berufsorientierungsangebote für Jugendliche mit Migrationshintergrund entwickeln. www.bbd-tool.de/index.php?id=34 (Zugriff am 31.3.2015).
3. Die »Aktion 1000 – Perspektive 2020« ist ein Projekt des Kommunalverbandes für Jugend und Soziales Baden-Württemberg, das Jugendliche mit Behinderungen beim Übergang von der Schule in den Arbeitsmarkt unterstützt. www.kvjs.de/behinderung-und-beruf/aktion-1000-perspektive-2020.html (Zugriff am 31.3.2015).
4. »Chance Ausbildung – jeder wird gebraucht!« ist eine Initiative der Bertelsmann Stiftung in Kooperation mit zwölf Ministerien aus den Bundesländern Baden-Württemberg, Berlin, Bremen, Hamburg, Mecklenburg-Vorpommern, Nordrhein-Westfalen, Sachsen und Schleswig-Holstein und der Bundesagentur für Arbeit. Die Initiative veröffentlichte ein Positionspapier, das die Ausgangspunkte, Ziele und Herausforderungen für eine verstärkte Inklusion in der Berufsausbildung skizziert. Davon ausgehend wurde auch ein Umsetzungspapier erstellt, das die Implementierung von Inklusion in der beruflichen Bildung anhand von Beispielen illustriert. www.chance-ausbildung.de (Zugriff am 31.3.2015).

3 Umsetzung der Berufsorientierung an Schulen

5 »Gemeinsam leben – gemeinsam lernen« ist eine Informations- und Dokumentationsseite der bundesweiten Koordination von Landesverbänden, die sich mit Inklusion befassen. www.gemeinsamleben-gemeinsamlernen.de (Zugriff am 31.3.2015).

6 Das Schülerarbeitsheft »In einfachen Schritten zu deinem Beruf« wird von der Bundesagentur für Arbeit in Nürnberg herausgegeben. www.planet-beruf.de/fileadmin/assets/PDF/Hefte/In_einfachen_Schritten_zu_deinem_Beruf_13_14.pdf (Zugriff am 31.3.2015).

7 Die Publikation »Inklusion: Schule für alle gestalten« der Aktion Mensch e.V. richtet sich an Lehrkräfte und liefert Informationen und Materialien, um mit dem Aufbau inklusiver Strukturen zu beginnen. http://publikationen.aktion-mensch.de/unterricht/AktionMensch_Inklusion_Praxisheft.pdf (Zugriff am 31.3.2015).

8 Der »Index für Inklusion« ist ein Material zur Selbstevaluation von Schulen: Boban, Ines, und Andreas Hinz (Hrsg.). Index für Inklusion. Lernen und Teilhabe in der Schule der Vielfalt entwickeln. Universität Halle (Saale) 2003. www.eenet.org.uk/resources/docs/Index%20German.pdf (Zugriff am 31.3.2015).

9 Die »Initiative Inklusion« ist eine Maßnahme zur Förderung der Teilhabe schwerbehinderter Menschen am Arbeitsleben auf dem allgemeinen Arbeitsmarkt des Bundesministeriums für Arbeit und Soziales in Kooperation mit den Arbeits- und Sozialministerien der Bundesländer. www.bmas.de/SharedDocs/Downloads/DE/PDF-Publikationen/a743-flyer-initiative-inklusion.pdf;jsessionid=E6A37ABDA21%20F1E38DB3529BC2D458ED9?__blob=publicationFile (Zugriff am 31.3.2015).

10 Die »Inklusionslandkarte« der Beauftragten der Bundesregierung für die Belange behinderter Menschen führt beispielhaft gute Inklusionsprojekte in ganz Deutschland auf. www.behindertenbeauftragte.de/SharedDocs/Publikationen/FlyerInklusion.pdf?__blob=publicationFile (Zugriff am 31.3.2015).

11 Das bundesweite Integrationsprogramm des Bundesamtes für Migration und Flüchtlinge im Auftrag des Bundesministeriums des Innern, soll die Vielfalt der existierenden Integrationsangebote erfassen, strukturieren und konkrete Vorschläge für die Weiterentwicklung formulieren. www.bamf.de/DE/DasBAMF/Aufgaben/Integrationsprogramm/integrationsprogramm.html (Zugriff am 31.3.2015).

12 Mit dem »Jacob Muth-Preis« werden inklusive Schulen unter dem Motto »Gemeinsam lernen – mit und ohne Behinderung« ausgezeichnet. Träger sind die Beauftragte der Bundesregierung für die Belange behinderter Menschen, die Bertelsmann Stiftung und die Deutsche UNESCO-Kommission e.V. www.jakobmuthpreis.de (Zugriff am 31.3.2015).

13 »Kultur macht stark« ist ein Programm des Bundesministeriums für Bildung und Forschung, das außerschulische Angebote der kulturellen Bildung für bildungsbenachteiligte Kinder und Jugendliche fördert. www.buendnisse-fuer-bildung.de (Zugriff am 31.3.2015).

14 »Mixopolis« ist ein interkulturelles Onlineportal der Stiftung Jugend und Bildung in Wiesbaden für Jugendliche mit Migrationshintergrund. www.mixopolis.de (Zugriff am 31.3.2015).

> 15 Das Portal »REHADAT-Bildung« ist ein Projekt des Instituts der deutschen Wirtschaft Köln e.V., das Jugendlichen mit Behinderung Hinweise zur Berufswahl gibt. Es wird vom Bundesministerium für Arbeit und Soziales gefördert. www.rehadat-bildung.de/de/berufe-und-co/Behinderung-und-Beruf/index.html (Zugriff am 31.3.2015).
> 16 »100 zusätzliche Ausbildungsplätze« ist eine Aktion des Ministeriums für Arbeit, Integration und Soziales NRW zur Vermittlung von jungen Menschen mit Behinderung in Ausbildungen. www.arbeit.nrw.de/ausbildung/ausbildung_foerdern/ausbildung_mit_behinderung/index.php (Zugriff am 31.3.2015).

3.2 Qualitätsrahmen Berufsorientierung

Der Qualitätsrahmen Berufsorientierung hat eine unterstützende Funktion innerhalb des Qualitätsmanagementsystems zur Berufsorientierung. Er bietet der Schule – neben den Vorgaben im jeweiligen Schulgesetz – eine Basis, an der sie sich orientieren kann, um eine qualitativ hochwertige, systematische Berufsorientierung zu etablieren bzw. ihre bestehende Berufsorientierung zu erweitern, zu strukturieren und zu verbessern. In dem hier beschriebenen Qualitätsrahmen werden vier Dimensionen unterschieden, in denen Berufsorientierung gefördert werden soll:
1. Unterrichtliche Aktivitäten
2. Außerunterrichtliche Aktivitäten
3. Kooperation Schule – Wirtschaft
4. Kooperation Schule – weitere Partner

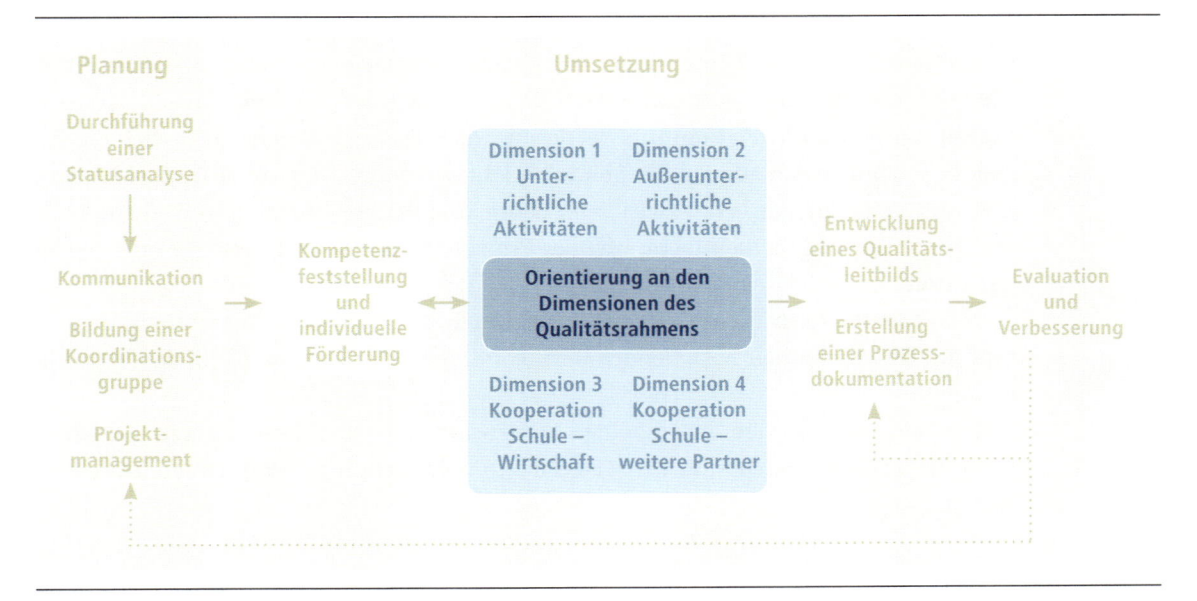

Planung
- Durchführung einer Statusanalyse
- Kommunikation
- Bildung einer Koordinationsgruppe
- Projektmanagement

→ Kompetenzfeststellung und individuelle Förderung ↔

Umsetzung
Orientierung an den Dimensionen des Qualitätsrahmens
- Dimension 1 Unterrichtliche Aktivitäten
- Dimension 2 Außerunterrichtliche Aktivitäten
- Dimension 3 Kooperation Schule – Wirtschaft
- Dimension 4 Kooperation Schule – weitere Partner

→ Entwicklung eines Qualitätsleitbilds
Erstellung einer Prozessdokumentation

→ Evaluation und Verbesserung

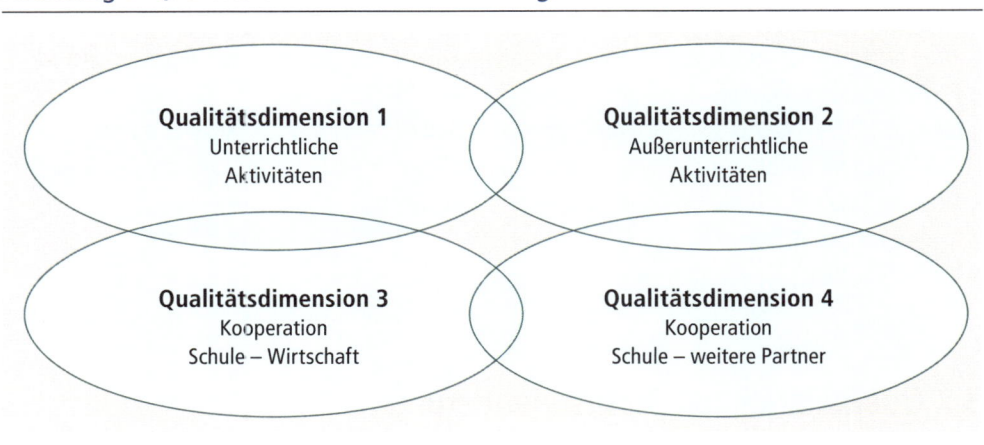

3 Umsetzung der Berufsorientierung an Schulen

Abbildung 9: Qualitätsrahmen Berufsorientierung

Qualitätsdimension 1
Unterrichtliche Aktivitäten

Qualitätsdimension 2
Außerunterrichtliche Aktivitäten

Qualitätsdimension 3
Kooperation Schule – Wirtschaft

Qualitätsdimension 4
Kooperation Schule – weitere Partner

Im vorliegenden Leitfaden werden mögliche Maßnahmen dargestellt, die die Berufsorientierung in der jeweiligen Dimension stärken sollen. Die Einordnung der Maßnahmen in die genannten Dimensionen dient der Strukturierung, Systematisierung und Übersichtlichkeit dieses vielfältigen Themenbereichs.

Selbstverständlich überlappen sich die einzelnen Qualitätsdimensionen und viele Maßnahmen könnten mehreren Dimensionen zugeschrieben werden. Beispielsweise kann die Maßnahme »Bewerbungstraining« sowohl innerhalb des Unterrichts stattfinden (z. B. kann im Deutschunterricht geübt werden, Lebensläufe und Bewerbungsanschreiben zu formulieren) als auch außerhalb des Unterrichts (z. B. können mit Rollenspielen im Rahmen eines Projekttages Bewerbungsgespräche simuliert werden).

Zudem ist es für eine erfolgreiche Berufsorientierung entscheidend, dass Maßnahmen unterschiedlicher Dimensionen miteinander verzahnt werden. So können etwa Themen, die im Unterricht theoretisch behandelt wurden, in einem nachfolgenden Praktikum praktisch erfahren und vertieft werden. Dadurch beschäftigen sich die Jugendlichen auf verschiedenen Ebenen mit wichtigen Inhalten und haben die Möglichkeit, Zusammenhänge – etwa zwischen Theorie und Praxis – besser zu verstehen. Auch die Durchführung themenübergreifender Projekte an der Schule verstärkt eine solche Verzahnung.

Jede Schule kann die einzelnen Maßnahmen entsprechend ihren Möglichkeiten und der Beschaffenheit bestehender Berufsorientierungsaktivitäten individuell strukturieren.

Im Folgenden werden die einzelnen Dimensionen genauer beschrieben. Die jeweiligen Maßnahmen dazu sind im Material »Qualitätsrahmen Berufsorientierung« zu finden.

3.2 Qualitätsrahmen Berufsorientierung

Qualitätsrahmen Berufsorientierung
Beschreibung: Qualitätsdimensionen zur Berufsorientierung mit Vorschlägen für mögliche Maßnahmen
Kapitel 3.2 Qualitätsrahmen Berufsorientierung

Qualitätsdimension 1 – »Unterrichtliche Aktivitäten«:

Mit dem Ziel der Berufsorientierung werden im Unterricht ökonomische und arbeitsweltbezogene Themen bearbeitet. Die Schülerinnen und Schüler erwerben Wissen über das Marktgeschehen und ökonomische Mechanismen. Sie erhalten Informationen über die Vielfalt möglicher Berufe und den Arbeitsalltag von Berufstätigen. Auch im Fachunterricht, wie etwa in Mathematik oder Deutsch, können für die Arbeitswelt relevante Themen behandelt werden.

Im Unterricht geht es gleichermaßen um die Förderung von Fachkompetenzen und von Schlüsselkompetenzen. Beispielsweise kann mithilfe kooperativer Lernformen die Teamfähigkeit der Jugendlichen gefördert werden. Durch selbstständiges Erarbeiten von Unterrichtsinhalten erwerben die Schülerinnen und Schüler Kompetenzen wie selbstorganisiertes Lernen und Informationsbeschaffung. Auch die Vor- und Nachbereitung von Betriebserkundungen, Praktika etc. sind wichtige Bestandteile des Unterrichts.

Ein bedeutendes Ziel von Unterricht ist die Vernetzung von Inhalten. Daher ist es sinnvoll, die einzelnen Fächer in themenorientierten, fächerübergreifenden Projekten miteinander zu verbinden.

Maßnahmen zu dieser Qualitätsdimension mit Erläuterungen sind im Kapitel 4.1 zu finden.

Eine beispielhafte Auflistung, was einzelne Fächer bzw. Fächerverbünde zur Berufsorientierung beitragen können, ist im Material »Fachspezifische Maßnahmen und Inhalte zur Berufsorientierung« enthalten. Die Auflistung erhebt keinerlei Anspruch auf Vollständigkeit. Sie dient als Ideenpool für die individuelle Umsetzung an der Schule. Die spezifische Aufteilung auf die jeweils definierten Fächer und Fächerverbünde ist in den einzelnen Bundesländern unterschiedlich vorzunehmen.

Fachspezifische Maßnahmen und Inhalte zur Berufsorientierung
Beschreibung: Beispielhafte Auflistung von Maßnahmen und Inhalten zur Berufsorientierung einzelner Schulfächer/Fächerverbünde
Kapitel 3.2 Qualitätsrahmen Berufsorientierung

3 Umsetzung der Berufsorientierung an Schulen

Qualitätsdimension 2 – »Außerunterrichtliche Aktivitäten«:

Außerhalb des Unterrichts fördern verschiedene Projekte und Maßnahmen die Berufsorientierung der Jugendlichen. Im geschützten Rahmen der Schule und unter Begleitung von Lehrkräften erwerben die Schülerinnen und Schüler weiteres berufsbezogenes und überfachliches Wissen, wenden dieses praktisch an und sammeln praxisbezogene Erfahrungen.

Beispiele für solche Maßnahmen sind Schülerfirmen, AGs zu wirtschaftlichen Themen oder Projekttage. Gerade hier überschneiden sich unterrichtliche und außerunterrichtliche Aktivitäten häufig. So findet etwa die Arbeit einer Schülerfirma an der einen Schule verstärkt im Unterricht und an der anderen verstärkt außerhalb des Unterrichts statt.

Maßnahmen zu dieser Qualitätsdimension mit Erläuterungen sind im Kapitel 4.2 zu finden.

Beispielhaft ist im Folgenden beschrieben, wie die App »Actionbound« zur Unterstützung in der Berufsorientierung eingesetzt werden kann:

Actionbound – Berufsorientierung als Schnitzeljagd

Definition:
Actionbound ist eine für Schulen kostenlos nutzbare Software für mobile Endgeräte (»App«), um Schnitzeljagden und Rallyes zu organisieren und zu strukturieren sowie multimedial zu unterstützen. Actionbound kann eingesetzt werden, um etwa eine Berufsorientierungsrallye zu veranstalten. Spielerinnen und Spieler haben die Möglichkeit, auf bestehende Schnitzeljagden (»Bounds«) zurückzugreifen oder eigene zu entwerfen.

Ziele:
- Schülerinnen und Schüler lernen spielerisch, wo und wie sie Informationen zur beruflichen Orientierung sammeln können (Beispiel: »Bringt eine Informationsbroschüre aus der Handwerkskammer mit!«).
- Schülerinnen und Schüler treten in Kontakt mit relevanten Betrieben, Einrichtungen und Personen vor Ort (Beispiel: »Findet heraus, welche Maschine ein Schreiner am häufigsten einsetzt, und ladet ein Foto von euch mit der Maschine hoch!«).

Beteiligte:
- Schülerinnen und Schüler
- Lehrkräfte
- möglicherweise externe Personen

Vorbereitung:
- Über die Actionbound-Hauptseite wird ein neuer Bound erstellt. Diese Aufgabe kann von der Lehrkraft übernommen werden. Zur Steigerung des Lerneffekts können aber auch Gruppen von Schülerinnen und Schülern mit unterschiedlichen Berufsinteressen oder -wünschen Bounds füreinander entwerfen.
- Pro Gruppe steht jeweils ein Smartphone oder ein Tablet-PC mit vorinstallierter Actionbound-App zur Verfügung. Die App ist für Geräte mit Android- oder iOS-Betriebssystem verfügbar. Um den vollen Funktionsumfang der App nutzen zu können, sollten die Geräte außerdem über einen mobilen Internetzugang und eine GPS-Funktion verfügen.

Weiterführende Literatur und Links:

Bundeszentrale für politische Bildung (Hrsg.). »Raus hier! Mobiles Lernen mit Actionbound – ein Erfahrungsbericht aus der Jugendbildungsarbeit«. www.pb21.de/2013/08/mobiles-lernen-mit-actionbound (Zugriff am 31.3.2015).

Simon Zwick und Jonathan Rauprich GbR. »Actionbound«. www.actionbound.com (Zugriff am 25.11.2014).

Qualitätsdimension 3 – »Kooperation Schule – Wirtschaft«:

Unternehmen stellen – als stellvertretende Beispiele der späteren Ausbildungs- und Arbeitsplätze der Schülerinnen und Schüler – äußerst wichtige Kooperationspartner dar.

Die Zusammenarbeit mit Unternehmen ermöglicht den Jugendlichen einen unmittelbaren Zugang zu praktischem Wissen über Berufe, Arbeitsaufgaben und den Arbeitsalltag. Zum einen sammeln die Schülerinnen und Schüler beispielsweise bei Praktika aktiv eigene Erfahrungen, zum anderen profitieren sie von Informationen, Materialien etc., die von Unternehmensvertretern bei Betriebsbesichtigungen oder bei Veranstaltungen in der Schule zur Verfügung gestellt werden. Dabei haben die Jugendlichen gleichzeitig die Chance, eigene Interessen, Neigungen und Fähigkeiten zu entdecken. Sie lernen, die Übereinstimmung ihrer Fähigkeiten mit den Anforderungen verschiedener Berufe und die Übereinstimmung ihrer Interessen mit den inhaltlichen Aspekten der Berufe realistisch einzuschätzen.

Maßnahmen zu dieser Qualitätsdimension mit Erläuterungen sind im Kapitel 4.3 zu finden.

Qualitätsdimension 4 – »Kooperation Schule – weitere Partner«:

Neben den Unternehmen gibt es eine Reihe weiterer möglicher Kooperationspartner, die in unterschiedlicher Form die Förderung der schulischen Berufsorientierung unterstützen können. Dazu gehören unter anderem öffentliche regionale Institutionen wie die Agenturen für Arbeit, Berufsschulen und Hochschulen. Beispielsweise erlernen die Schülerinnen und Schüler in ortsansässigen Vereinen, kirchlichen Gruppen und anderen kommunalen Einrichtungen soziales Handeln und den Umgang mit Verantwortung. Im Rahmen von Studientagen an Hochschulen, Informationsveranstaltungen der Agentur für Arbeit etc. lernen die Jugendlichen verschiedene Zukunftsperspektiven kennen.

Auch die Eltern sollten – soweit möglich – in die Berufsorientierung eingebunden werden, indem sie ihr berufsbezogenes Wissen und ihre Erfahrung zur Verfügung stellen. Sie sind außerdem Ansprechpersonen für die Klassenlehrer, wenn es um die individuelle berufliche Orientierung der einzelnen Schülerinnen und Schüler geht.

Maßnahmen zu dieser Qualitätsdimension mit Erläuterungen sind im Kapitel 4.4 zu finden.

3.3 Qualitätsleitbild Berufsorientierung

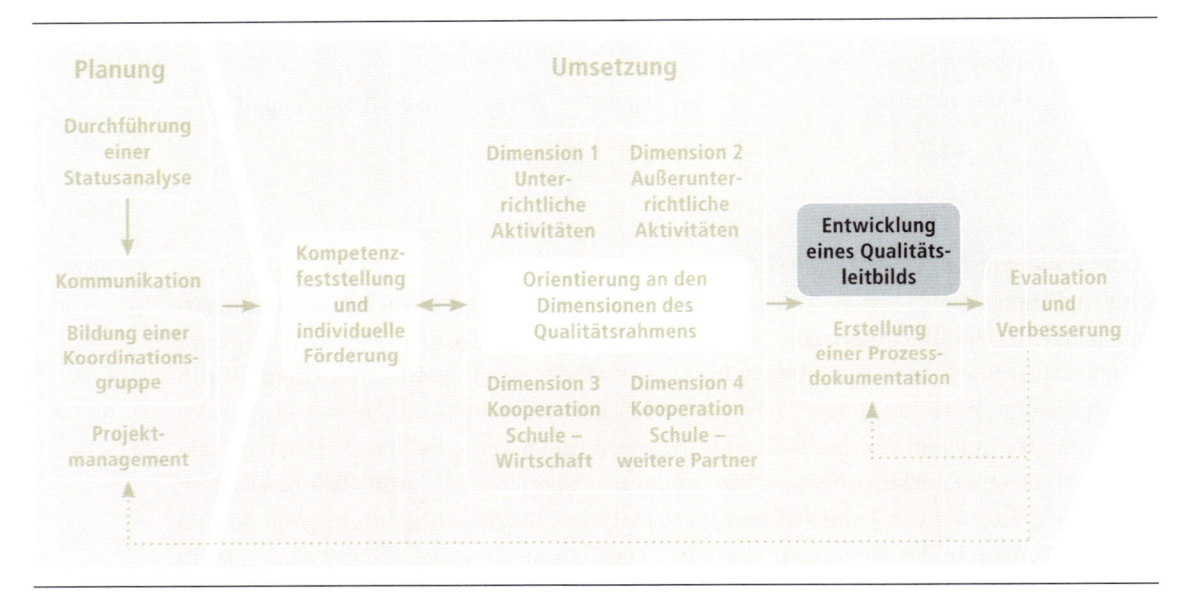

Das Qualitätsleitbild Berufsorientierung ist eine Sammlung von Vereinbarungen innerhalb der Schule über ihren Qualitätsanspruch und den dazugehörigen Handlungsrahmen in Bezug auf die Berufsorientierung. In diesem Qualitätsleitbild legt die Schule ihre individuellen Ziele und Werte fest; es wird dokumentiert und allen Beteiligten zugänglich gemacht, zum Beispiel in einem Ordner oder im Intranet der Schule. Ausschnitte aus dem Qualitätsleitbild können auch externen Personen oder Gruppen zugänglich gemacht werden, um den Qualitätsanspruch der Schule an die Berufsorientierung nach außen zu kommunizieren.

Um eine systematische, auf Qualitätsmanagement basierende Berufsorientierung durchführen zu können, muss als Bezugsgröße die inhaltliche schulspezifische Berufsorientierungsstruktur der Schule festgelegt werden: Dabei ist die jeweilige landesspezifische Konzeption in den Bildungsplänen mitzuberücksichtigen. Sie bildet den Rahmen für die Erstellung des schuleigenen Qualitätsleitbildes zur Berufsorientierung. Dane-

3.3 Qualitätsleitbild Berufsorientierung

ben kann der in Kapitel 3.2 dargestellte Qualitätsrahmen Berufsorientierung als Orientierungshilfe herangezogen werden.

Bei der Entwicklung des Qualitätsleitbildes fängt keine Schule bei null an, sondern baut auf ihre bereits bestehenden Aktivitäten zur Berufsorientierung auf. Jede Schule hat auf der einen Seite ein allgemeines Leitbild oder zumindest eine Philosophie des Umgangs miteinander, deren Elemente in das Qualitätsleitbild einfließen können.

Auf der anderen Seite gibt es an der Schule zumeist bereits zahlreiche Aktivitäten zur Berufsorientierung. Nun gilt es, diese in eine Gesamtsystematik zu fassen. Dadurch wird auch sichtbar, welche Maßnahmen zu welchem Zweck umgesetzt werden, wie die Maßnahmen ineinandergreifen und wo es noch Bedarf für weitere Maßnahmen gibt. Die Systematik und die Methode zur Erstellung eines schulischen Qualitätsleitbildes stammen aus dem Verfahren »Qualitätszentrierte Schulentwicklung QZS« (siehe Kapitel 1.4).

Im Überblick sieht das Vorgehen folgendermaßen aus:
- Zunächst werden zum Qualitätsbereich »Berufsorientierung« ein oder mehrere Qualitätsleitsätze erarbeitet.
- Darauf aufbauend, werden die eher abstrakten Qualitätsleitsätze in spezifische Qualitätskriterien übersetzt.
- Zur weiteren Konkretisierung werden für jedes Qualitätskriterium beobachtbare und messbare Qualitätsindikatoren bestimmt.
- In direktem Bezug auf die Qualitätsindikatoren werden abschließend Qualitätsstandards festgelegt.

In Abbildung 10 ist das Qualitätsleitbild Berufsorientierung mit Qualitätsleitsätzen, -kriterien, -indikatoren und -standards schematisch dargestellt. Abbildung 11 stellt die hierarchischen Elemente des Qualitätsleitbildes zum Qualitätsbereich Berufsorientierung an einem Beispiel dar.

Es bietet sich an, das Qualitätsleitbild Berufsorientierung von Beginn an Schritt für Schritt zu erarbeiten und schriftlich festzuhalten. Im ersten Schritt werden Qualitätsleitsätze der Schule festgelegt. Die Leitsätze sind eher allgemein gehalten und beschreiben die übergeordneten Leitideen, Visionen und Ziele der Schule in Bezug auf die Berufsorientierung. Dabei kann die Schule individuelle Schwerpunkte setzen.

Darauf aufbauend wird jeder Qualitätsleitsatz durch mehrere spezifische Qualitätskriterien beschrieben. Diese sollen den Leitsatz konkretisieren und alle seine Facetten abdecken. Sie liefern Ansatzpunkte für die Umsetzung des Leitsatzes an der Schule.

Gute Qualitätskriterien
- sind klar und verständlich formuliert,
- geben eine Entwicklungsperspektive vor und
- enthalten realistische, erreichbare Ziele.

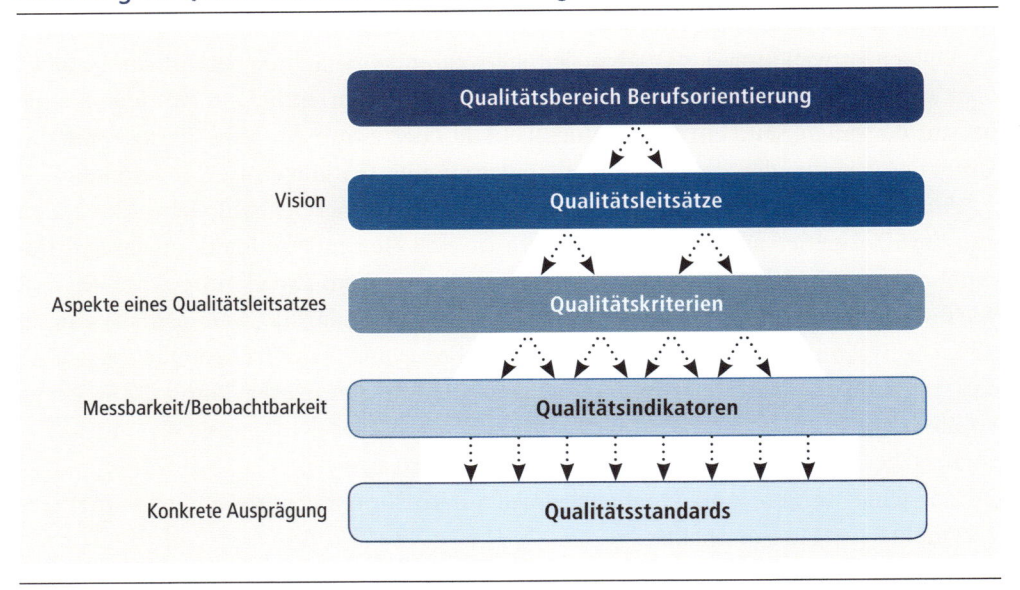

3 Umsetzung der Berufsorientierung an Schulen

Abbildung 10: Qualitätsleitbild Berufsorientierung

	Qualitätsbereich Berufsorientierung
Vision	Qualitätsleitsätze
Aspekte eines Qualitätsleitsatzes	Qualitätskriterien
Messbarkeit/Beobachtbarkeit	Qualitätsindikatoren
Konkrete Ausprägung	Qualitätsstandards

Im Anschluss werden für jedes Qualitätskriterium beobachtbare bzw. messbare Qualitätsindikatoren bestimmt, um diese zu konkretisieren. Diese sind die Referenzpunkte für die Umsetzung und für die spätere Evaluierung und Optimierung der Abläufe an der Schule. Sie beschreiben, woran man erkennen kann, wie die einzelnen Kriterien realisiert werden sollen. Daher soll jedem Kriterium mindestens ein Indikator – meist aber mehrere – zugewiesen werden. Bei der Ausarbeitung von Indikatoren ist es wichtig, dass sie verständlich formuliert und beobachtbar sind und den inhaltlichen Umfang der Kriterien möglichst vollständig abdecken. Für die Erarbeitung der schulspezifischen Indikatoren können die an der Schule bereits regelmäßig angewendeten Maßnahmen als Indikatoren integriert werden (siehe Abbildung 11).

Aus den Indikatoren werden abschließend Qualitätsstandards abgeleitet und festgelegt, die beschreiben, in welcher Ausprägung die Qualitätsindikatoren erfüllt werden sollen. Sie definieren also konkrete, detaillierte Anforderungen, die die Schule erfüllen will. Die Qualitätsstandards geben damit allen Beteiligten einen Handlungsrahmen für ihre Arbeit im Bereich der Berufsorientierung.

Ob und inwieweit diese schuleigenen Standards erreicht werden, kann die Schule zu einem gegebenen Zeitpunkt mithilfe einer Evaluation überprüfen. Zur Erstellung der Standards werden den einzelnen Indikatoren quantitative oder qualitative Messgrößen zugeordnet. Quantitative Messgrößen lassen sich in Zahlen ausdrücken, wie »einmal im Schuljahr«, »zweimal pro Monat«, »mindestens 95 Prozent der Schülerinnen und Schüler«. Qualitative Messgrößen stellen dagegen Aussagen dar, die sich nicht unmittelbar in Zahlen ausdrücken lassen, wie etwa »die Zufriedenheit der Schülerinnen und Schüler mit der Betriebserkundung ist hoch«.

3.3 Qualitätsleitbild Berufsorientierung

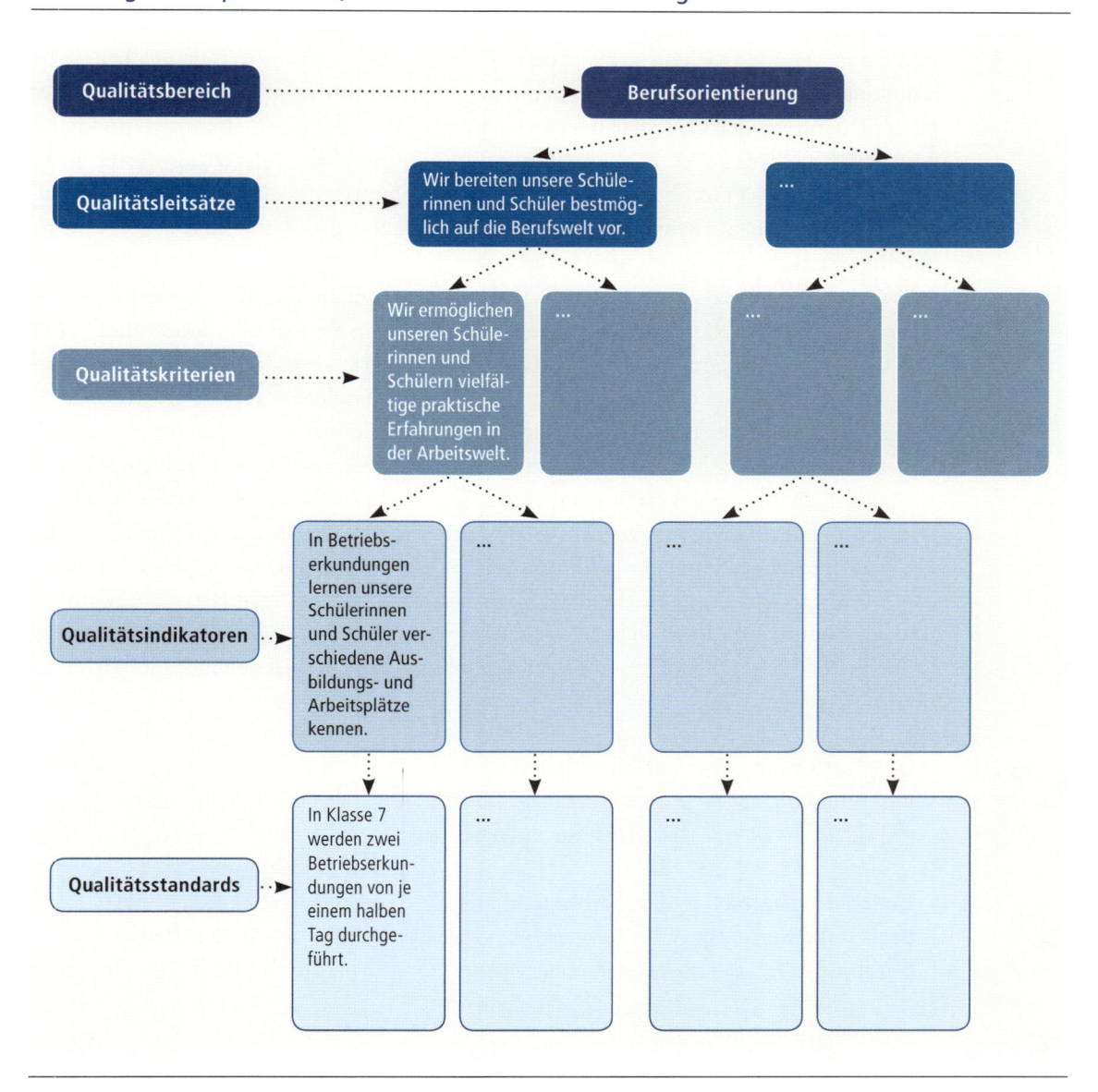

Abbildung 11: Beispielhaftes Qualitätsleitbild Berufsorientierung

Qualitätsbereich	Berufsorientierung
Qualitätsleitsätze	Wir bereiten unsere Schülerinnen und Schüler bestmöglich auf die Berufswelt vor. …
Qualitätskriterien	Wir ermöglichen unseren Schülerinnen und Schülern vielfältige praktische Erfahrungen in der Arbeitswelt. … … …
Qualitätsindikatoren	In Betriebserkundungen lernen unsere Schülerinnen und Schüler verschiedene Ausbildungs- und Arbeitsplätze kennen. … … …
Qualitätsstandards	In Klasse 7 werden zwei Betriebserkundungen von je einem halben Tag durchgeführt. … … …

Arbeit am Qualitätsleitbild:

Das Qualitätsleitbild sollte nicht als Aufgabe verstanden werden, die möglichst schnell und umfassend bearbeitet werden muss. Vielmehr sollen einzelne Teile des Leitbildes dann angegangen werden, wenn ohnehin an der Vorbereitung auf die Umsetzung oder an der Überarbeitung einer Berufsorientierungsmaßnahme gearbeitet wird. Das Qualitätsleitbild stellt dann eine Methode zur Einordnung und Zielsetzung dieser Maßnahme dar. In die Erarbeitung des Leitbildes sollten immer diejenigen Lehrkräfte involviert werden, die auch an der praktischen Umsetzung der jeweiligen Maßnahme beteiligt sind.

Wenn beispielsweise eine Schule beschließt, als neue Berufsorientierungsmaßnahme eine Kooperation mit der Polizei aufzubauen, ist es sinnvoll, diese während der Entstehung der Kooperation im Qualitätsleitbild zu verankern. Dabei wird unter anderem dokumentiert, welche Ziele verfolgt und welche Standards erfüllt werden sollen.

Es ist nicht immer nur sinnvoll, das Qualitätsleitbild von oben nach unten zu bearbeiten, also von den allgemeinen Zielen bis hin zu den einzelnen Standards (top-down). Es kann auch von unten nach oben gearbeitet werden, indem bestehende Standards übergeordneten Zielen zugewiesen werden (bottom-up). Damit werden Einzelaktivitäten systematisch miteinander verknüpft und in ein Gesamtkonzept eingebettet. Durch das Zusammenspiel der einzelnen Maßnahmen erhöht dieses Vorgehen die Effektivität und die Chance auf die Erreichung der Ziele.

Folgende Materialien können für die Erstellung des Qualitätsleitbildes zu Hilfe genommen werden:

Qualitätsleitsätze und Qualitätskriterien
Beschreibung: Vorlage zur Formulierung von Qualitätsleitsätzen und Qualitätskriterien
Kapitel 3.3 Qualitätsleitbild Berufsorientierung

Qualitätsindikatoren und Qualitätsstandards
Beschreibung: Vorlage zur Formulierung von Qualitätsindikatoren und Qualitätsstandards
Kapitel 3.3 Qualitätsleitbild Berufsorientierung

Qualitätsleitbild (Beispiel)
Beschreibung: Beispielhafter Auszug aus einem Qualitätsleitbild
Kapitel 3.3 Qualitätsleitbild Berufsorientierung

Qualitätsleitbild zur Berufsorientierung (Beispiel einer Schule)
Beschreibung: Beispielhafter Auszug aus einem Qualitätsleitbild zur Berufsorientierung einer Schule
Kapitel 3.3 Qualitätsleitbild Berufsorientierung

3.3 Qualitätsleitbild Berufsorientierung

Berufsorientierungscurriculum:

Ausgehend vom Qualitätsleitbild, in dem alle Maßnahmen der Schule zur Berufsorientierung festgehalten werden, ist es wichtig, diese Maßnahmen in einen zeitlichen Ablauf zu bringen, indem sie den jeweiligen Klassenstufen zugeordnet werden. Dafür wird ein Berufsorientierungscurriculum erstellt, in dem genau festgelegt wird, in welchen Klassenstufen welche Maßnahmen in welcher Häufigkeit und Dauer durchzuführen sind.

Die Maßnahmen sollten in logischem Zusammenhang stehen und aufeinander aufbauen, damit die Schülerinnen und Schüler ihre Kompetenzen im Hinblick auf Berufsorientierung im Laufe der Schulzeit kontinuierlich und systematisch erweitern können. Dazu ist es sinnvoll, Ziele (Kenntnisse und Kompetenzen) zu definieren, die in den jeweiligen Klassenstufen erreicht werden sollen.

Das Berufsorientierungscurriculum sollte nicht linear, sondern spiralförmig aufgebaut sein, das heißt, dass einzelne Themen und Inhalte im Laufe der Schuljahre mehrmals – jeweils auf höherem Niveau – wiederkehren. Neben der Erkundung der Arbeitswelt sollten dabei die Erfahrungen der Schülerinnen und Schüler aus ihrem Familien- und Freizeitbereich miteinbezogen werden.

Ein Beispiel für mögliche Phasen der Berufsorientierung mit jeweils möglichen Maßnahmen und Zielen ist im Material »Stufen der Berufsorientierung« dargestellt. Dieses kann als Basis für ein schulindividuelles, detailliertes Berufsorientierungscurriculum verwendet werden.

> **Stufen der Berufsorientierung**
> **Beschreibung:** Beispielhafte Darstellung verschiedener Stufen der Berufsorientierung mit möglichen Maßnahmen und Zielen
> Kapitel 3.3 Qualitätsleitbild Berufsorientierung

Eine detaillierte Planung für die einzelnen Klassenstufen muss jede Schule für sich erstellen; das dargestellte Beispiel dient lediglich der Orientierung, wie Maßnahmen zur Berufsorientierung über Klassenstufen hinweg aufgebaut sein können. Natürlich ist es sinnvoll, dass die Schule dabei ihre Netzwerke nutzt und beispielsweise gemeinsam mit anderen Schulen in der Region eine Jahresplanung entwirft, die dann von jeder Schule individuell angepasst werden kann.

Zur Veranschaulichung sind in der Materialsammlung drei Berufsorientierungscurricula von Schulen unterschiedlicher Schularten enthalten.

> **Stufen der Berufsorientierung (Beispiel einer Hauptschule)**
> **Beschreibung:** Beispielhafte Darstellung eines Berufsorientierungscurriculums einer Hauptschule
> Kapitel 3.3 Qualitätsleitbild Berufsorientierung

3 Umsetzung der Berufsorientierung an Schulen

bsp **Stufen der Berufsorientierung (Beispiel einer Realschule)**
Beschreibung: Beispielhafte Darstellung eines Berufsorientierungscurriculums einer Realschule
🔽 Kapitel 3.3 Qualitätsleitbild Berufsorientierung

bsp **Stufen der Berufsorientierung (Beispiel eines Gymnasiums)**
Beschreibung: Beispielhafte Darstellung eines Berufsorientierungscurriculums eines Gymnasiums
🔽 Kapitel 3.3 Qualitätsleitbild Berufsorientierung

3.4 Prozessdokumentation

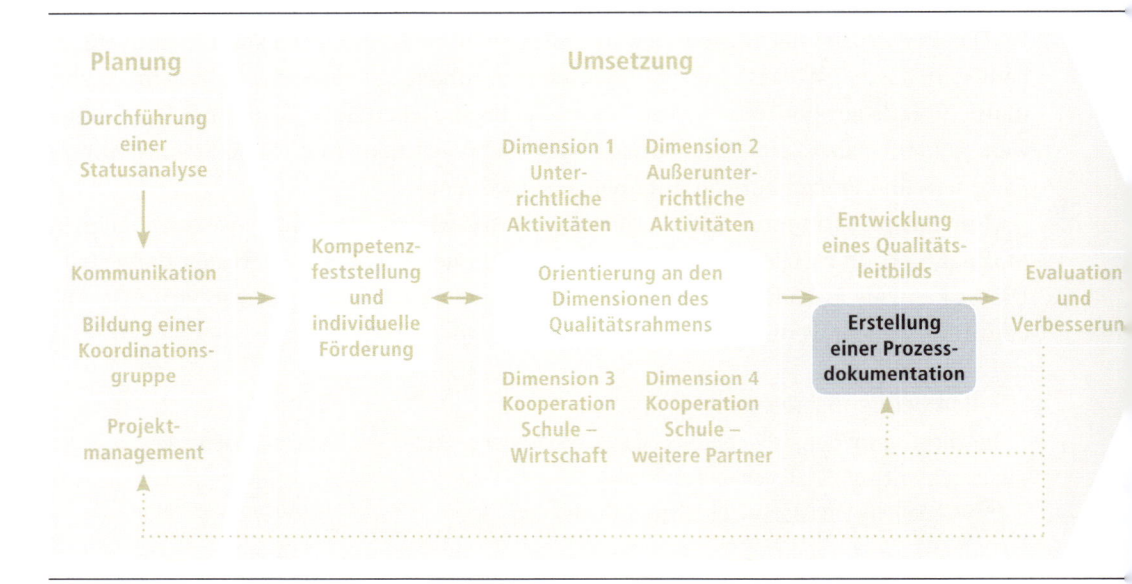

Planung
- Durchführung einer Statusanalyse
- Kommunikation
- Bildung einer Koordinationsgruppe
- Projektmanagement

Kompetenzfeststellung und individuelle Förderung

Umsetzung
- Dimension 1 Unterrichtliche Aktivitäten
- Dimension 2 Außerunterrichtliche Aktivitäten
- Orientierung an den Dimensionen des Qualitätsrahmens
- Dimension 3 Kooperation Schule – Wirtschaft
- Dimension 4 Kooperation Schule – weitere Partner

Entwicklung eines Qualitätsleitbilds

Erstellung einer Prozessdokumentation

Evaluation und Verbesserung

An Schulen laufen tagtäglich zahlreiche Prozesse ab, die sich regelmäßig in gleicher oder ähnlicher Form wiederholen. Auch im Rahmen der Berufsorientierung gibt es immer wiederkehrende Prozesse, die einheitlich oder ähnlich ablaufen sollten. Das können beispielsweise die verschiedenen Maßnahmen zur Berufsorientierung sein oder auch andere übergeordnete Prozesse zur Koordination oder Kommunikation.

Um eine Einheitlichkeit und eine hohe Qualität der Prozesse zu erzielen, ist es wichtig, Abläufe in sogenannten Prozessbeschreibungen schriftlich festzulegen und in einer Prozessdokumentation zu sammeln. Prozessbeschreibungen stehen in engem Bezug zum Qualitätsleitbild der Schule und erläutern das vereinbarte Vorgehen.

Nutzen von Prozessbeschreibungen:
- Vereinheitlichung und Transparenz der Abläufe
- Offenlegung der Prozesse für die Evaluation und deren Optimierung
- Grundlage zur Einarbeitung neuer Kolleginnen und Kollegen

3.4 Prozessdokumentation

- Möglichkeit zum Nachschlagen für die Schulleitung, das gesamte Kollegium und andere Beteiligte
- Arbeitsersparnis

Prozessbeschreibungen markieren den Handlungsrahmen für wichtige Aktivitäten an der Schule und legen Verantwortlichkeiten fest. In diesen Beschreibungen werden Abläufe stichwortartig dargestellt und verbindlich geregelt. Sie bieten der Schulleitung, Lehrkräften, nicht lehrendem Personal, Schülerinnen und Schülern, Eltern und externen Partnern eine Orientierung.

Tabelle 4: Beispiel für eine Prozessbeschreibung

Prozessbeschreibung (Beispiel)
Bewerbungstraining: Verhalten im Bewerbungsgespräch

Prozessdefinition

Regelung für die Planung und den Ablauf eines Bewerbungstrainings zum Thema Verhalten im Bewerbungsgespräch.

Geltungsbereich

Die Prozessbeschreibung wendet sich an durchführende Lehrkräfte (Klassenlehrer der Klasse 9).

Ablauf/Regelungen

- Das Bewerbungstraining wird immer im ersten Schulhalbjahr der Klasse 9 durchgeführt.
- Das Training findet in der Firma Schneider Metallbau GmbH in der Hauptstraße 16 statt.
- Ansprechpartner ist Herr Meier (Personalabteilung), Tel.: 03461/22222.
  Der Termin inkl. Menü muss mindestens 3 Wochen vorher telefonisch vereinbart werden.
- Nachdem der Termin mit den Schülerinnen und Schülern und Herrn Meier vereinbart wurde, werden die Jugendlichen im Unterricht auf das Thema Bewerbungsgespräch vorbereitet (siehe Arbeitsmaterial »Wie verhalte ich mich im Bewerbungsgespräch richtig?«).
- Am Tag des Trainings finden sich die Lehrkraft und die Schülerinnen und Schüler in der Firma bei Herrn Meier ein (2. Stock, Zimmer 213). Die Lehrkraft nimmt die Videokamera der Schule mit zum Training. Zunächst erklärt Herr Meier den Jugendlichen, wie Bewerbungsgespräche bei der Schneider Metallbau GmbH ablaufen, und nennt die wichtigsten Verhaltensregeln, die zu beachten sind. In Rollenspielen werden anschließend mehrere Gespräche mit verschiedenen Schülerinnen und Schülern durchgeführt, anhand derer Herr Meier deutlich macht, welches Verhalten angemessen bzw. unangemessen ist. Die Lehrkraft nimmt die Gespräche mit der Videokamera auf. Die Lehrkraft oder eine ausgewählte Schülerin bzw. ein Schüler führt Protokoll.
- Direkt im Anschluss oder zeitnah nach dem Training sollte sich die Lehrkraft bei Herrn Meier nochmals bedanken.
- Spätestens eine Woche danach wird das Training im Unterricht nachbereitet und reflektiert. Dazu werden die Videoaufnahmen, das Protokoll und die persönlichen Eindrücke der Schülerinnen und Schüler herangezogen. Die aufgezeichneten Gespräche werden gemeinsam angeschaut und besprochen, die wichtigsten Verhaltensregeln für Bewerbungsgespräche werden schriftlich zusammengefasst.

Verantwortlichkeit

Der Klassenlehrer ist verantwortlich für die Planung und Nachbereitung des Trainings. Während der Durchführung ist er verantwortlich für die Schülerinnen und Schüler.
Herr Meier ist verantwortlich für die inhaltliche Gestaltung des Trainings.

Anlagen

Arbeitsmaterial »Wie verhalte ich mich im Bewerbungsgespräch richtig?«

3 Umsetzung der Berufsorientierung an Schulen

Wie auch bei der Erarbeitung des Qualitätsleitbildes sollte eine Schule nicht möglichst schnell alle Aktivitäten zur Berufsorientierung formulieren und »abheften«. Die Beschreibung der Abläufe ist vielmehr ein kontinuierlicher Prozess, der ein oder mehrere Jahre in Anspruch nimmt und prinzipiell nie wirklich abgeschlossen ist. Die Schule ist ein Ort, an dem immer wieder Veränderungen stattfinden. Daher müssen Abläufe und Regelungen von Zeit zu Zeit angepasst werden und es kommen immer wieder neue hinzu.

Tabelle 4 zeigt eine beispielhafte Prozessbeschreibung zum Thema Bewerbungstraining: Verhalten im Bewerbungsgespräch. An diesem Beispiel soll deutlich gemacht werden, welchen Nutzen die Lehrkräfte von der Beschreibung eines bereits gut funktionierenden Ablaufes haben.

Für die Erstellung von Prozessbeschreibungen kann das Material »Prozessbeschreibung« verwendet werden. Das oben gezeigte Beispiel zum Bewerbungstraining ist im Material »Prozessbeschreibung (Beispiel)« zu finden.

Prozessbeschreibung
Beschreibung: Material zur einheitlichen Festlegung wichtiger Prozesse
Kapitel 3.4 Prozessdokumentation

Prozessbeschreibung (Beispiel)
Beschreibung: Beispielhafte Prozessbeschreibung zum Thema Bewerbungstraining: Verhalten im Bewerbungsgespräch
Kapitel 3.4 Prozessdokumentation

Dokumentation der Prozesse:

Es empfiehlt sich, das Qualitätsleitbild und die Prozessbeschreibungen zur Berufsorientierung in einem Dokumentationsordner (als tatsächlicher Ordner oder als Ordnerstruktur im Intranet der Schule) abzulegen, sodass alles an einem Ort gesammelt und systematisch abgelegt wird. Der Ordner sollte von einer Person verwaltet werden, zum Beispiel von einem Mitglied der Koordinationsgruppe. Diese Person ist nicht dafür zuständig, die einzelnen Prozesse zu dokumentieren; jedoch ist sie verantwortlich für die Organisation der Dokumentation und die Verwaltung des Dokumentationsordners.

Neben dem Qualitätsleitbild und den Prozessbeschreibungen sollten hier auch alle weiteren wichtigen Inhalte und Materialien zur Berufsorientierung dokumentiert werden, etwa das Curriculum zur Berufsorientierung, Jahresplanungen für die unterschiedlichen Klassenstufen, Aufgaben und Zuständigkeiten der Koordinationsgruppe, Kooperationspartner der Schule, Evaluationen und Evaluationsergebnisse.

Eine Vorlage für einen entsprechenden Dokumentationsordner der Schule stellt das Material »Berufsorientierungs-Dokumentationsordner (BoDo)« dar.

Berufsorientierungs-Dokumentationsordner (BoDo)
Beschreibung: Vorlage für einen Berufsorientierungs-Dokumentationsordner (BoDo) mit möglichen Überschriften und Hinweisen zur Erstellung
Kapitel 3.4 Prozessdokumentation

3.5 Evaluation und Verbesserung

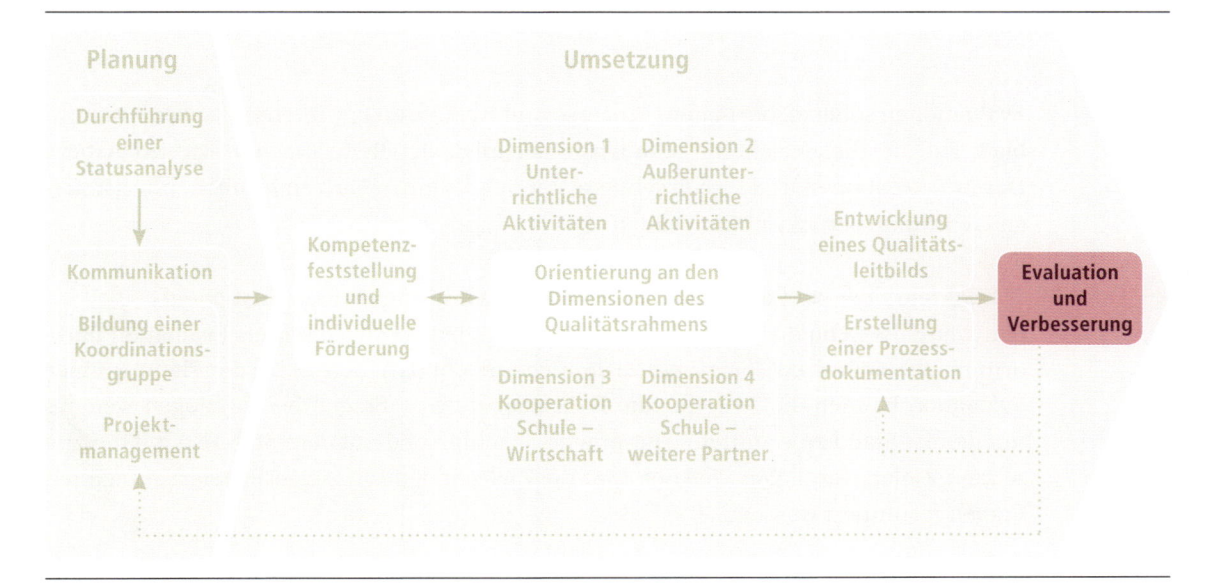

Mithilfe der Evaluation werden sowohl die Planung und Umsetzung der Berufsorientierung als Ganzes als auch die einzelnen Maßnahmen überprüft. Die Ergebnisse sind Ausgangspunkte von qualitätssichernden und qualitätsverbessernden Aktivitäten. Bevor an der Schule eine Evaluation durchgeführt wird, sollten konkrete Bewertungsmaßstäbe erarbeitet werden. Dafür dienen das Qualitätsleitbild und die Prozessdokumentation.

Bei einer Evaluation wird zum einen überprüft, inwieweit die Planung und Koordination der Berufsorientierung durch die Koordinationsgruppe effektiv und effizient organisiert wird. Dazu gehören in erster Linie das Projektmanagement sowie die interne und externe Kommunikation. Zum anderen wird überprüft, inwieweit die im Qualitätsleitbild festgelegten Ziele und die in den Prozessbeschreibungen verankerten Abläufe umgesetzt wurden. Es findet also jeweils ein Soll-Ist-Vergleich statt. Dabei werden Personen nach ihren Erfahrungen und Meinungen befragt, es werden Abläufe beobachtet oder Dokumente gesichtet (z. B. Statistiken der Schule).

3 Umsetzung der Berufsorientierung an Schulen

> **Mögliche Leitfragen für Evaluationen**
> - Inwieweit sind wir mit der Kommunikation zwischen den Beteiligten der Berufsorientierung zufrieden?
> - Welche Probleme treten bei der Umsetzung von Maßnahmen zur Berufsorientierung auf?
> - Inwieweit werden unsere Aktivitäten zur Berufsorientierung wie geplant umgesetzt?
> - Inwieweit werden unsere Visionen und Standards zur Berufsorientierung erfüllt?
> - Wo besteht Verbesserungsbedarf und was kann konkret geändert werden?
> - Was haben die Maßnahmen bewirkt, die aus der letzten Evaluation abgeleitet wurden?

Evaluationen sollen dabei helfen, Prozesse und Abläufe zu optimieren – sowohl im Hinblick auf die Zielerreichung als auch hinsichtlich der Reflexion der eigenen Arbeit. Damit Evaluationen und ihre Ergebnisse der Schule einen Nutzen bringen, müssen folgende Punkte berücksichtigt werden:

1. Konkrete Ziele sind die Voraussetzung für gewinnbringende Evaluationen!
Nur wenn die Schule klar formulierte Ziele (Soll) hat, kann sie mittels Evaluation überprüfen, ob und inwieweit sie diese Ziele auch erreicht (Ist). Bereits bei der Planung einer Evaluation können die Ziele für die Formulierung von Fragen herangezogen werden, um den Ist-Stand zu ermitteln. Dieser wird anschließend mit dem Soll, also mit den gesetzten Zielen, verglichen. Je konkreter die Ziele sind, desto zielgerichteter können die Fragen formuliert werden.

2. Ohne die Ableitung von Maßnahmen bleiben Evaluationen wirkungslos!
Werden im Rahmen einer Evaluation größere Diskrepanzen zwischen den Zielen und der Realität festgestellt, so müssen in einem nächsten Schritt Maßnahmen abgeleitet werden, um die Diskrepanz zu verringern. Gegebenenfalls ist es sinnvoll, die Ziele zu verändern: Möglicherweise sind sie zu hoch gesetzt. Im Normalfall jedoch muss in der täglichen Arbeit etwas verändert werden, um den gesetzten Zielen näher zu kommen.

Die Koordinationsgruppe oder eine andere vom Kollegium legitimierte Arbeitsgruppe plant und organisiert die Evaluation. Eine Checkliste für die Schrittfolge bei einer Evaluation befindet sich im Material »Checkliste Evaluation«.

Checkliste Evaluation
Beschreibung: Checkliste mit den einzelnen Schritten, die bei einer Evaluation zu durchlaufen sind
Kapitel 3.5 Evaluation und Verbesserung

3.5 Evaluation und Verbesserung

Evaluation ist immer auch ein Beteiligungsinstrument, das heißt: Mithilfe von Evaluationen können die an der Berufsorientierung beteiligten Personen einbezogen werden (z. B. Lehrkräfte, Schülerinnen und Schüler, Eltern, Kooperationspartner), indem sie direkt nach ihrer Meinung oder ihren Erfahrungen gefragt werden. Aus einer Evaluation kann beispielsweise auch die Koordinationsgruppe Rückmeldung über ihre Arbeit erhalten.

Evaluiert werden können die unterschiedlichsten Bereiche aus dem Qualitätsleitbild, beispielsweise durchgeführte Maßnahmen zur Berufsorientierung, die Zusammenarbeit mit Kooperationspartnern, die Kommunikation innerhalb des Kollegiums, die berufsorientierenden Unterrichtsinhalte u.v.m. Wichtig ist es, bei der Themenauswahl für eine Evaluation Prioritäten zu setzen. Nur so kann die Evaluation gezielt und im Umfang angemessen gestaltet werden.

Die Priorisierung der Evaluationsthemen sollte danach erfolgen,
- wo die größten Probleme erwartet werden,
- wo Veränderungen den größten Erfolg versprechen,
- wo bereits von verschiedenen Seiten Veränderungsbedarf angesprochen wurde.

Für das Evaluationsthema muss eine geeignete Evaluationsmethode ausgewählt werden. Die am häufigsten eingesetzte Methode ist die Fragebogenerhebung. Weitere nützliche Evaluationsmethoden sind unter anderem das Interview, die SWOT-Analyse, die Fotodokumentation, die Beobachtung, die Evaluationszielscheibe, die Kartenabfrage und das Mindmapping (siehe Materialien Evaluationszielscheibe und SWOT-Analyse).

Zentral für die dauerhafte Akzeptanz bzw. die Implementierung einer Evaluationskultur an der Schule ist eine stets zeitnahe Rückmeldung der Ergebnisse an alle, die an einer Evaluation teilgenommen haben. Diese Regel ist nicht zu unterschätzen. Besonders dann, wenn die nächste Evaluation ansteht, macht sich eine zuvor ausgebliebene Rückmeldung der Ergebnisse häufig an einer dann deutlich geringeren Beteiligungsquote bemerkbar. Bei der Planung einer Evaluation sind folgende Leitlinien hilfreich:

Leitlinien für eine professionelle Evaluation

- Bedeutsamkeit: Evaluieren wir bedeutsame Inhalte und Bereiche?
- Angemessenheit: Setzen wir angemessene Verfahren ein?
- Transparenz und Beteiligung: Sind die Prozesse transparent und die Betroffenen einbezogen?
- Wirksamkeit: Wie stellen wir die Wirksamkeit der Evaluation sicher?
- Bericht: Wie dokumentieren wir die Evaluation?
  (Quelle: Rolff 2001: 109 f.)

Zur Planung und Durchführung von Evaluationen können folgende drei Materialien zu unterschiedlichen Evaluationsmethoden verwendet werden:

3 Umsetzung der Berufsorientierung an Schulen

Schritte bei der Fragebogenerstellung
Beschreibung: Konkrete Handlungsanleitung zur Erstellung schuleigener Fragebögen
Kapitel 3.5 Evaluation und Verbesserung

Evaluationszielscheibe
Beschreibung: Erläuterung mit Beispiel zur Methode Evaluationszielscheibe
Kapitel 3.5 Evaluation und Verbesserung

SWOT-Analyse
Beschreibung: Erläuterung der Methode SWOT-Analyse
Kapitel 3.5 Evaluation und Verbesserung

Netzwerk Berufswahl-SIEGEL

Allgemein- und berufsbildende Schulen aus zahlreichen Regionen haben die Möglichkeit, ihre Konzepte zur Berufsorientierung sowie deren Umsetzung von einer externen Jury überprüfen zu lassen und mit anderen Schulen zu vergleichen. Das Netzwerk Berufswahl-SIEGEL – initiiert von der Bertelsmann Stiftung – ruft Schulen auf, sich im Bereich Berufsorientierung zertifizieren zu lassen. Im ersten Schritt ermitteln Schulen den Ist-Stand ihrer schulischen Angebote zur Berufswahlvorbereitung, indem sie einen Kriterienkatalog ausfüllen und sich damit für das Siegel bewerben. Dann wird die Arbeit der Schulen in Bezug auf die Berufsorientierung im Rahmen eines Schulbesuchs durch ein Juryteam (aus den Bereichen Schule, Wirtschaft und Verwaltung) bewertet und zertifiziert. Die Jury spricht dabei mit Lehrkräften und Schülerinnen und Schülern getrennt.

Ziel ist es, die Qualität des Berufsorientierungscurriculums und seiner Umsetzung durch Wettbewerb zu steigern und durch die Rezertifizierung nach jeweils drei Jahren im Sinne eines kontinuierlichen Prozesses immer wieder zu erhöhen. Das Berufswahl-SIEGEL regt dazu an, Qualitätsmanagement auch in anderen Bereichen schulischer Arbeit einzuführen.

Das Netzwerk Berufswahl-SIEGEL ermöglicht den Erfahrungsaustausch zwischen den teilnehmenden Trägern und die Erarbeitung gemeinsamer Richtlinien und Standards zur Berufsorientierung. Weitere Informationen gibt es unter www.netzwerk-berufswahl-siegel.de.

Im Rahmen des Projekts »Kommunales Bildungsmanagement in der Stadt Konstanz« wurde in Kooperation mit dem baden-württembergischen Berufswahl-SIEGEL der Landesstiftung Baden-Württemberg das »Handbuch zur Berufswahl: Wege zum Übergang Schule–Arbeitswelt« herausgegeben. Dieses Handbuch bietet eine Best-Practice-Sammlung von Maßnahmen zur Berufsorientierung verschiedener Schulen, die mit dem Berufswahl-SIEGEL ausgezeichnet wurden. Auf der Internetseite des Berufswahl-SIEGELs Baden-Württemberg kann das Handbuch bezogen werden: www.boris-bw.de/uploads/pics/handbuchzurberufswahl.pdf.

Literatur und Links zu Kapitel 3

Sämtliche hier genannten Literatur- und Linkangaben sind auch im 💾 Material »Literatur und Links« (siehe Kapitel 1.4) zu finden.

Altrichter, Herbert, Elgrid Messner und Peter Posch. *Schulen evaluieren sich selbst. Ein Leitfaden*. Seelze 2006.

BDA (Bundesvereinigung der Deutschen Arbeitgeber). *Inklusion Unternehmen. Ausbildung und Beschäftigung von Menschen mit Behinderung – ein Leitfaden*. Berlin 2014. www.arbeitgeber.de/www%5Carbeitgeber.nsf/res/Inklusion_unternehmen.pdf/$file/Inklusion_unternehmen.pdf (Zugriff am 31.3.2015).

Bertelsmann Stiftung. »Chance Ausbildung«. www.chance-ausbildung.de (Zugriff am 31.3.2015).

Bertelsmann Stiftung. »Gemeinsam lernen – mit und ohne Behinderung«. www.vielfalt-lernen.de/wp-content/uploads/2013/10/Podium_Schule_110.pdf (Zugriff am 31.3.2015).

Bildungsserver Innovationsportal. »Lehrer mit Migrationshintergrund gesucht«. www.bildungsserver.de/innovationsportal/bildungplus.html?artid=883 (Zugriff am 25.11.2014).

Bundesagentur für Arbeit und Bundesarbeitsgemeinschaft SCHULEWIRTSCHAFT (Hrsg.). *Eltern erwünscht!? Wie Zusammenarbeit in der Berufs- und Studienorientierung gelingen kann*. 2013. www.schulewirtschaft.de/www/schulewirtschaft.nsf/res/eltern%20LANG.pdf/$file/eltern%20LANG.pdf (Zugriff am 31.3.2015).

Bundesagentur für Arbeit und Netzwerk SCHULEWIRTSCHAFT (Hrsg.). *Handicap – Na und? Leitfaden zum Thema »Berufsorientierung inklusiv gestalten«*. 2015 (im Ersch.).

Bundesamt für Migration und Flüchtlinge. »Bundesweites Integrationsprogramm«. www.bamf.de/DE/DasBAMF/Aufgaben/Integrationsprogramm/integrationsprogramm-node.html (Zugriff am 31.3.2015).

Bundesarbeitsgemeinschaft SCHULEWIRTSCHAFT. »Netzwerk Berufswahl-SIEGEL«. www.netzwerk-berufswahl-siegel.de (Zugriff am 31.3.2015).

Bundesministerium für Arbeit und Soziales. »UN-Konvention über die Rechte von Menschen mit Behinderungen«. www.bmas.de/DE/Service/Publikationen/a729-un-konvention.html (Zugriff am 31.3.2015).

Bundesministerium für Bildung und Forschung (BMBF). »Qualitätsstandards zur Durchführung von Potenzialanalysen in Programmen zur Berufsorientierung des BMBF«. www.bibb.de/dokumente/pdf/qualitaetsstandards_berufsorientierung.pdf (Zugriff am 31.3.2015).

Butz, Bert. »Berufsorientierung an Schulen mit Ganztagsangebot«. 2006. www.ganztag-blk.de/cms/upload/pdf/brandenburg/Butz_Berufsorientierung.pdf (Zugriff am 31.3.2015).

CJD Jugenddorf Offenburg, MTO Psychologische Forschung und Beratung GmbH Tübingen. »PROFIL AC«. www.profil-ac.de (Zugriff am 31.3.2015).

Deutsches Jugendinstitut. »Projekt ›Informal Competencies and their Validation (ICOVET)‹«. www.dji.de/cgi-bin/projekte/output.php?projekt=389 (Zugriff am 31.3.2015).

geva-institut Gesellschaft für Verhaltensanalyse und Evaluation mbH. »geva Eignungstest Berufswahl«. www.geva-institut.de/eignungstest-berufswahl-schule.html (Zugriff am 31.3.2015).

Granato, Mona, Dieter Münk und Reinhold Weiß (Hrsg.). *Migration als Chance: ein Beitrag der beruflichen Bildung.* Bonn 2011. www.bibb.de/veroeffentlichungen/de/publication/show/id/6551 (Zugriff am 31.3.2015).

Hammer, Karsten, Jürgen Ripper, Katharina Bettac, Michaela Harbich und Thomas Schenk. *Leitfaden Selbstständige Schule. Das Praxishandbuch für eigenverantwortliche Schulentwicklung.* Tübingen 2014.

Hoeckel, Kathrin, und Robert Schwartz. »Lernen für die Arbeitswelt: OECD-Studien zur Berufsbildung – Deutschland«. 2010. www.oecd.org/dataoecd/46/6/45924455.pdf (Zugriff am 31.3.2015).

INBAS GmbH Berlin. »DIA-TRAIN«. www.weiterbildung.inbas.com/dia-train/index.html (Zugriff am 31.3.2015).

Institut für interkulturelle Kompetenz und Didaktik. »Interkulturelles Training«. www.ikud.de (Zugriff am 31.3.2015).

»JobGuide-pro... damit Du findest, was zu Dir passt!« www.jobguide-pro.de (Zugriff am 31.3.2015).

Kemper, Marita, und Andrea Nispel. »Grundsätze einer gelingenden Berufsorientierung und Übergangsgestaltung in der Migrationsgesellschaft: Erfahrungen aus der Praxis des Programms ›Lokale Initiativen zur Integration junger Migranten in Ausbildung und Beruf – LISA‹«. www.bosch-stiftung.de/content/language1/downloads/Grundsaetze_der_Berufsorientierung_in_der_Migrationsgesellschaft.pdf (Zugriff am 31.3.2015).

Kempfert, Guy, und Hans-Günter Rolff. *Qualität und Evaluation.* Weinheim 2005.

Koordinierungsstelle Weiterbildung und Beschäftigung. »Beratung – Qualifizierung – Migration«. www.bqm-hamburg.de (Zugriff am 31.3.2015).

Kullmann, Harry, Birgit Lütje-Klose und Anette Textor. »Allgemeine Didaktik, integrative Didaktik und Inklusion – Leitlinien für eine inklusive Didaktik«. *LehrerInnenbildung gestalten: Fachdidaktik inklusive.* Hrsg. Bettina Amrhein und Myrle Dziak-Mahler. Zentrum für Lehrerbildung, Universität zu Köln. Münster 2014. 89–107.

Landesinstitut für Lehrerbildung und Schulentwicklung. »Lehrkräfte mit Migrationsgeschichte«. www.li.hamburg.de/netzwerk (Zugriff am 31.3.2015).

Landesstiftung Baden-Württemberg. »BoriS – Berufswahl-SIEGEL Baden-Württemberg«. www.boris-bw.de (Zugriff am 31.3.2015).

LIFE e.V. »tasteMINT – Probieren vor dem Studieren: Ein Potenzial-Assessment-Verfahren für Schülerinnen der gymnasialen Oberstufe zur Studienfachwahl«. www.tastemint.de (Zugriff am 31.3.2015).

Miro GmbH. »MELBA«. www.melba.de/melba/melba.html (Zugriff am 31.3.2015).
Philipp, Elmar. *Gute Schule verwirklichen. Ein Arbeitsbuch mit Methoden, Übungen und Beispielen der Organisationsentwicklung.* Weinheim 1996.
Philipp, Elmar, und Hans-Günter Rolff. *Schulprogramme und Leitbilder entwickeln. Ein Arbeitsbuch.* Weinheim 2006.
Reich, Kersten. *Inklusive Didaktik: Bausteine für eine inklusive Schule.* Weinheim und Basel 2014.
Ripper, Jürgen, und Thomas Schenk. *Qualitätszentrierte Schulentwicklung. Der Leitfaden zur Einführung, Durchführung und Dokumentation von Qualitätsmanagement an der Schule.* Steinheim/Murr 2006.
Rolff, Hans-Günter. *Schulentwicklung konkret – Steuergruppen, Bestandsaufnahme, Evaluation.* Seelze 2001.
Schratz, Michael. *Qualität sichern: Schulprogramme entwickeln.* Seelze 2003.
Servicestelle Bildungsketten beim Bundesinstitut für Berufsbildung für das Bundesministerium für Bildung und Forschung (Hrsg.). *Bildungsketten.* Bielefeld 2013. www.bildungsketten.de/de/248.php (Zugriff am 31.3.2015).
Stadt Konstanz, Amt für Schulen, Bildung und Wissenschaft (Hrsg.). *Kommunales Bildungsmanagement in der Stadt Konstanz. Handbuch zur Berufswahl: Wege zum Übergang Schule–Arbeitswelt.* Konstanz 2008. www.boris-bw.de/uploads/pics/handbuch-zurberufswahl.pdf (Zugriff am 31.3.2015).
Stiftung barrierefrei kommunizieren. »Datenbank barrierefrei kommunizieren«. www.barrierefrei-kommunizieren.de/datenbank (Zugriff am 31.3.2015).
Testzentrale Göttingen. »EXPLORIX«. www.explorix.de (Zugriff am 31.3.2015).
ZEIT-Stiftung Ebelin und Gerd Bucerius. »Mehr Migranten werden Lehrer«. www.mehr-migranten-werden-lehrer.de (Zugriff am 31.3.2015).

Weiterführende Literatur und Links zu Kapitel 3

Bayerisches Staatsministerium für Unterricht und Kultus (Hrsg.). *Profilbildung inklusive Schule – Ein Leitfaden für die Praxis.* München 2012.
Boban, Ines (Hrsg.). *Gemeinsamer Unterricht im Dialog. Vorstellungen nach 25 Jahren Integrationsentwicklung.* Weinheim 2004.
Boban, Ines, und Andreas Hinz (Hrsg.). *Index für Inklusion. Lernen und Teilhabe in der Schule der Vielfalt entwickeln.* Halle (Saale) 2003. www.eenet.org.uk/resources/docs/Index%20German.pdf.
Bürli, Alois, Urs Strasser und Anne-Dore Stein (Hrsg.). *Integration und Inklusion aus internationaler Sicht.* Bad Heilbrunn 2009.
Bundesamt für Migration und Flüchtlinge. »Integrationskurs für Eltern«. www.bamf.de/DE/Willkommen/DeutschLernen/Integrationskurse/SpezielleKursarten/Elternkurse/elternkurse-node.html (Zugriff am 31.3.2015).

Demmer-Dieckmann, Irene, und Annette Textor (Hrsg.). *Integrationsforschung und Bildungspolitik im Dialog.* Bad Heilbrunn 2007.

Esser, Hartmut. *Migration, Sprache und Integration.* Berlin 2006. http://edoc.vifapol.de/opus/volltexte/2009/1560/pdf/iv06_akibilanz4a.pdf (Zugriff am 31.3.2015).

Feyerer, Ewald, und Wilfried Prammer. *Gemeinsamer Unterricht in der Sekundarstufe I.* Weinheim 2009.

Geiling, Ute, und Andreas Hinz. *Integrationspädagogik im Diskurs. Auf dem Weg zu einer inklusiven Pädagogik?* Bad Heilbrunn 2005.

Granato, Mona. »An der Bildungsmotivation liegt es nicht: Hohe Bildungsorientierung junger Frauen und Männer mit Migrationshintergrund auch am Übergang Schule–Ausbildung«. *Zukunftschancen: Ausbildungsbeteiligung und -förderung von Jugendlichen mit Migrationshintergrund.* Hrsg. Jürgen Capelle. Wiesbaden 2014. 73–90.

Höhmann, Katrin, Rainer Kopp, Heidemarie Schäfers und Marianne Demmer (Hrsg.). *Lernen über Grenzen. Auf dem Weg zu einer Lernkultur, die vom Individuum ausgeht.* Opladen 2009.

Kahnwald, Nina, Thomas Köhler und Nadine Schaarschmidt. *Mediengestützte Berufsorientierung für Jugendliche mit Migrationshintergrund: Projekte und Angebote.* Dresden 2010. www.aumil.de/downloads/AUMIL_Mediengestuetzte_Berufsorientierung_Angebote_und_Projekte.pdf (Zugriff am 31.3.2015).

Klemm, Klaus. *Inklusion in Deutschland – eine bildungsstatistische Analyse.* Gütersloh 2013. www.bertelsmann-stiftung.de/fileadmin/files/BSt/Publikationen/GrauePublikationen/GP_Inklusion_in_Deutschland.pdf (Zugriff am 31.3.2015).

Knauer, Sabine (Hrsg.). *Integration. Inklusive Konzepte für Schule und Unterricht.* Weinheim 2008.

Lütje-Klose, Birgit, und Melanie Urban. »Kooperation als wesentliche Bedingung inklusiver Schul- und Unterrichtsentwicklung. Teil 1: Grundlagen und Modelle inklusiver Schul- und Unterrichtsentwicklung«. *Vierteljahrsschrift für Heilpädagogik und ihre Nachbargebiete VHN* 83 2014. 111–123.

Medienfabrik Gütersloh GmbH. »blicksta. Zukunft blicken« www.blicksta.de (Zugriff am 31.3.2015).

Mittendrin e.V. (Hrsg.). *Eine Schule für alle: Inklusion umsetzen in der Sekundarstufe.* Mülheim 2011.

Moser, Vera (Hrsg.). *Die inklusive Schule. Standards für die Umsetzung.* Stuttgart 2012.

Opp, Günther, und Georg Theunissen (Hrsg.). *Handbuch schulische Sonderpädagogik.* Bad Heilbrunn 2009.

Österreich/Bundesministerium für Unterricht, Kunst und Kultur. *Sonderpädagogik aus inklusiver Sicht.* Wien 2009.

Preuss-Lausitz, Ulf (Hrsg.). *Schwierige Kinder – schwierige Schule.* Weinheim 2004.

Schöler, Jutta. *Alle sind verschieden. Auf dem Weg zur Inklusion in der Schule.* Weinheim und Basel 2009.

Literatur und Links zu Kapitel 3

Statistisches Bundesamt. »Personen mit Migrationshintergrund«. www.destatis.de/DE/ZahlenFakten/GesellschaftStaat/Bevoelkerung/MigrationIntegration/Migrationshintergrund/Aktuell.html (Zugriff am 31.3.2015).

Wening, Rolf, und Meltem Avci-Werning. *Inklusive Schulentwicklung*. Stuttgart 2010.

Wilhelm, Marianne. *Integration in der Sek. I und II. Wie die Umsetzung im Fachunterricht gelingt*. Weinheim 2009.

Wocken, Hans. *Das Haus der inklusiven Schule. Baustellen – Baupläne – Bausteine*. Hamburg 2010.

Zetterström, Agneta. *Individuelle Entwicklungspläne*. Mülheim 2007.

4 Maßnahmen zur Berufsorientierung

In Kapitel 1 dieses Leitfadens wurde das Qualitätsmanagementsystem zur Berufsorientierung an Schulen beschrieben. Zentral dabei ist, dass die Berufsorientierung und die dazugehörigen Maßnahmen in eine systematische Schulentwicklung bzw. in ein Qualitätsmanagement der Schule eingebettet werden. In den Kapiteln 2 und 3 wurden die wichtigsten Schritte dargestellt, um dies zu bewerkstelligen. Im folgenden Kapitel 4 werden nun Einzelmaßnahmen zur Berufs- und Studienorientierung dargestellt. Diese werden praxisnah – als Unterstützung für die eigene Durchführung – beschrieben. Viele der Maßnahmen werden durch Praxismaterialien für die Umsetzung ergänzt.

Qualitätsmanagementbasierte Berufsorientierung begründet sich nicht nur aus einer Fülle von Einzelmaßnahmen, sondern beinhaltet ein Gesamtkonzept der Berufsorientierung. Dadurch bauen die Einzelmaßnahmen aufeinander auf und bewirken Synergien. Eine Unterstützung zu ihrer Einordnung bietet der Qualitätsrahmen Berufsorientierung (siehe auch Kapitel 3.2) mit seinen vier (Qualitäts-)Dimensionen (vgl. Abbildung 9). Die folgenden Maßnahmen sind also nicht als voneinander unabhängige Einzelaktivitäten zu verstehen, sondern vielmehr als Teile eines Gesamtpakets.

Berufsorientierung an Schulen ist äußerst vielschichtig und vernetzt. Daher gibt es bei der Zuordnung der einzelnen Maßnahmen zu den Dimensionen des Qualitätsrahmens Überschneidungen. Beispielsweise kann die Maßnahme »Betriebserkundung« sowohl der Dimension »Unterrichtliche Aktivitäten« als auch der Dimension »Kooperation Schule – Wirtschaft« zugeordnet werden. Zur Strukturierung und Orientierung ist es dennoch sinnvoll und wichtig, die Maßnahmen jeweils nur einer Dimension zuzuordnen. Im Folgenden werden innerhalb jeder Dimension alle dazugehörigen Maßnahmen in alphabetischer Reihenfolge dargestellt.

4 Maßnahmen zur Berufsorientierung

4.1 Qualitätsdimension 1: »Unterrichtliche Aktivitäten«

Qualitätsdimension 1
Unterrichtliche Aktivitäten

Qualitätsdimension 2
Außerunterrichtliche Aktivitäten

Qualitätsdimension 3
Kooperation Schule – Wirtschaft

Qualitätsdimension 4
Kooperation Schule – weitere Partner

Berufsorientierung wird an Schulen auf unterschiedlichste Weise umgesetzt. Einige Maßnahmen werden innerhalb, andere außerhalb der Schule durchgeführt. Berufsorientierung wird häufig zunächst als etwas Zusätzliches zur eigentlichen schulischen Arbeit begriffen, als Maßnahmen und Aktivitäten außerhalb des Unterrichts. Jedoch ist gerade der Unterricht – das Kerngeschäft von Schulen – der richtige Ort, um Berufsorientierung zu fördern.

Zum einen erwerben die Schülerinnen und Schüler während des Unterrichts für die Berufsorientierung wichtige Schlüsselkompetenzen wie Recherchieren, Präsentieren, selbstständiges Arbeiten und Verantwortungsübernahme. Zum anderen können im Unterricht gezielt Themen zur Berufsorientierung bearbeitet werden; beispielsweise können Betriebserkundungen oder Betriebspraktika im Unterricht vor- und nachbereitet werden. Genau diese unterrichtliche Vor- und Nachbereitung ist entscheidend für den Lernerfolg der Schülerinnen und Schüler.

Jedes Unterrichtsfach kann einen Beitrag zur Berufsorientierung leisten: So kann die Kompetenz des schriftlichen Ausdrucks im Deutschunterricht sehr gut durch das Formulieren von Anschreiben und Bewerbungsunterlagen für ein Praktikum eingeübt werden; in Mathematik können beispielsweise Bilanzen und Jahresabschlüsse von Unternehmen besprochen werden. Weitere Anregungen zu berufsorientierenden Unterrichtsinhalten finden sich im Material »Fachspezifische Maßnahmen und Inhalte zur Berufsorientierung« (siehe Kapitel 3.2).

Im Folgenden werden Maßnahmen vorgestellt, die im Unterricht eingesetzt werden können, um die Berufsorientierung der Schülerinnen und Schüler zu fördern.

4.1 Qualitätsdimension 1: »Unterrichtliche Aktivitäten«

4.1.1 Einbeziehen außerschulischer Experten in den Unterricht

Auch der Unterricht bzw. die Unterrichtszeit kann dazu verwendet werden, dass die Jugendlichen unterschiedliche Berufe und Tätigkeiten kennenlernen. Neben der selbstständigen Erarbeitung über Recherche und Präsentation können auch außerschulische Experten einbezogen werden. Diese können – durch ihre eigene Erfahrung – ein sehr lebensnahes Bild des jeweiligen Berufes weitergeben. Zudem haben die Schülerinnen und Schüler die Möglichkeit, Fragen zu stellen, und können dadurch ein relativ umfassendes Bild über den Beruf erhalten.

Diese Experten können Personen aus dem Umfeld der Schülerschaft bzw. der Schule sein: die Eltern, die Nachbarn oder Freunde sowie Kooperationspartner der Schule. Insbesondere ehemalige Schülerinnen und Schüler, die nun einen Ausbildungsplatz haben, sind geeignete Referenten oder Ansprechpartnerinnen, die sich aktuell in der Berufswahlphase befinden.

Einbeziehen außerschulischer Experten in den Unterricht
Beispiel: ehemalige Schülerinnen und Schüler

Definition:
Ehemalige Schülerinnen und Schüler kommen an die Schule, um den Jugendlichen, die sich in der Berufsentscheidungsphase befinden, von ihren Tätigkeiten seit ihrem Schulabschluss zu berichten. Es sollen, wenn möglich, unterschiedliche Berufswege, wie Ausbildung, Berufstätigkeit und Studium, besprochen werden.

Ziele:
- Durch die zeitliche Nähe zur Schulzeit können sich die Referenten gut in die Lage und Perspektive der Schülerinnen und Schüler versetzen, sodass Themen, die für diese interessant sind, anschaulich besprochen werden können.
- Die Schülerinnen und Schüler werden aufgrund der informellen Atmosphäre dazu motiviert, individuelle Fragen zu stellen, und können daher persönliche Unsicherheiten im Gespräch klären.
- Da die Ehemaligen die gleiche Sprache sprechen und meist weniger belehrend wirken, können sie häufig einen direkteren Kontakt zu den Jugendlichen aufbauen. Die Schülerinnen und Schüler können sich mit diesen Expertinnen und Experten leichter identifizieren.

Beteiligte:
- Schülerinnen und Schüler der oberen Klassen
- ehemalige Schülerinnen und Schüler (der eigenen Schule)
- Lehrkraft für Rückfragen und ggf. Gesprächsleitung

4 Maßnahmen zur Berufsorientierung

Vorgehen:
Ehemalige Schülerinnen und Schüler kommen bei dieser Berufsorientierungsmaßnahme direkt an ihre alte Schule. Sie berichten, wie sie während ihrer Schulzeit bei ihren Überlegungen zur Berufswahl vorgegangen sind, welche Entscheidungen sie getroffen haben und wie sie sich mittlerweile in ihrem Berufs- bzw. Ausbildungsfeld zurechtfinden.

Da die Ehemaligen noch nicht sehr lange im Berufsleben bzw. in der Ausbildung oder im Studium stehen, können sie sich gut an ihre eigene Zeit der Berufsfindung erinnern und sind somit geeignete Ansprechpartner für die Jugendlichen. Die Schülerinnen und Schüler werden dazu ermutigt, Fragen zu stellen, und können sich von den bereits in der Ausbildung Stehenden Tipps für die Berufswahl geben lassen.

Weiterführende Literatur und Links:
Eichenschule Scheeßel. www.eichenschule.de/13.html (Zugriff am 31.3.2015).
Sowi-online e.V. Bielefeld. »Berufsorientierung – Arbeit und Leben aktiv gestalten«. www.sowi-online.de/reader/berufsorientierung/deutscher_gewerkschaftsbund_michael_sommer_ berufsorientierung_arbeit_leben_aktiv_gestalten.html (Zugriff am 31.3.2015).

> ⚠ **Einbeziehen außerschulischer Experten in den Unterricht (Beispiel): ehemalige Schülerinnen und Schüler**
> **Beschreibung:** Definition und Beschreibung der Maßnahme
> 👉 Kapitel 4.1.1 (in Qualitätsdimension 1: »Unterrichtliche Aktivitäten«)

4.1.2 Recherche und Präsentation von Informationen

Viele Unterrichtsthemen eignen sich, um von den Schülerinnen und Schülern selbstständig erarbeitet und in der Klasse präsentiert zu werden. Dabei werden vielfältige Schlüsselkompetenzen der Jugendlichen gefördert. Zum einen werden soziale Kompetenzen – wie Kommunikation und Kooperation – berührt. Zum anderen wird die Selbst- und die Methodenkompetenz der Schülerinnen und Schüler gefördert, etwa durch Recherche, Aufbereitung und Präsentation von Informationen.

Recherche und Präsentation von Informationen

Definition:
Die Schülerinnen und Schüler lernen, wichtige Informationen zu bestimmten Themen eigenständig zu recherchieren, entsprechend aufzubereiten und anschließend im Unterricht zu präsentieren.

4.1 Qualitätsdimension 1: »Unterrichtliche Aktivitäten«

Themen und Methoden:
- Mein Traumberuf: Die Schülerinnen und Schüler bereiten eine Präsentation über ihren Traumberuf vor. Dabei soll der Beruf beschrieben werden, aber auch, woher die Jugendlichen ihn kennen und warum sie den Beruf ausüben möchten. Dies soll zum Nachdenken über die eigenen Stärken und ggf. Schwächen beitragen.
- Der Beruf meiner Eltern: Die Schülerinnen und Schüler befragen anhand eines vorgegebenen oder selbst zu erstellenden Fragebogens ihre Eltern zu deren Tätigkeiten oder Berufen. Der Fragebogen wird von den Schülerinnen und Schülern ausgewertet und in der Klasse präsentiert. Bei dem Thema Arbeitsplätze der Eltern ist ein sensibler Umgang wichtig, wenn die Eltern der Schülerinnen und Schüler nicht berufstätig oder wenn die beruflichen Positionen der Eltern innerhalb der Klasse sehr heterogen sind.
- Tätigkeiten raten: Die Schülerinnen und Schüler präsentieren pantomimisch verschiedene Berufe. Zuvor wird ein Pool von Tätigkeiten bzw. Berufen zusammengestellt. Als Vorbereitung zum Spiel werden Teams gebildet, die unterschiedliche Tätigkeiten kennenlernen bzw. erarbeiten. Die Teams stellen sich dann die Berufe gegenseitig pantomimisch vor und haben diese zu erraten. Dadurch setzen sich die Jugendlichen intensiv mit verschiedenen Tätigkeiten auseinander.
- Tätigkeiten heute und gestern: Die Schülerinnen und Schüler bearbeiten im Team oder in Einzelarbeit folgende Themen: Welche Berufe gab es früher, die es heute nicht mehr gibt? Welche sind in unserer Zeit neu dazugekommen? Dabei werden sowohl traditionelle Berufe besprochen, wie Färber, Weberin, Köhler oder Bäckerin, als auch neue Berufe, wie Mechatroniker, Informatikerin oder IT-Systemelektroniker.
- Beliebte Ausbildungsberufe: Die Schülerinnen und Schüler recherchieren die beliebtesten Ausbildungsberufe bzw. Studiengänge und ggf. weitere Informationen zum Thema. Sie setzen diese in Bezug zu ihren eigenen Interessen, Kenntnissen und Fähigkeiten und stellen ihre Ergebnisse vor. Informationen dazu finden sich unter anderem hier:
    - Ausbildungsberufe:
    www.beroobi.de
    www.destatis.de/DE/ZahlenFakten/GesellschaftStaat/BildungForschungKultur/Berufliche Bildung/Tabellen/AzubiRanglisteAusbildungsvertragMaennlich.htm
    www.destatis.de/DE/ZahlenFakten/GesellschaftStaat/BildungForschungKultur/Berufliche Bildung/Tabellen/AzubiRanglisteAusbildungsvertragWeiblich.html
    www.ausbildung.de/berufe/beliebteste
    - Studiengänge:
    www.hochschulkompass.de/home.html
    www.destatis.de/DE/ZahlenFakten/GesellschaftStaat/BildungForschungKultur/Hochschulen/Hochschulen.html

4 Maßnahmen zur Berufsorientierung

> ⚠️ **Recherche und Präsentation von Informationen**
> **Beschreibung:** Themen und Methoden zur Maßnahme
> 🔵 Kapitel 4.1.2 (in Qualitätsdimension 1: »Unterrichtliche Aktivitäten«)

Weiterführende Literatur und Links:

Bundesministerium für Bildung und Forschung, Bundesministerium für Wirtschaft und Technologie (Hrsg.). Informationsoffensive »Berufliche Bildung praktisch unschlagbar«. www.praktisch-unschlagbar.de (Zugriff am 31.3.2015).

4.1.3 Schwerpunkttag Ökonomie

An einem Schwerpunkttag Ökonomie werden einmal im Schuljahr in allen Fächern bzw. Fächerverbünden ökonomische Themen behandelt. Dadurch wird das Thema Wirtschaft in die jeweils aktuellen fachspezifischen Themen eingebettet. Die Lernergebnisse werden an einem zentralen Ort der Schule – etwa in der Schulaula – aus- bzw. vorgestellt. Der Schwerpunkttag Ökonomie leistet einen wichtigen Beitrag zur ökonomischen Bildung; er kann und soll jedoch selbstverständlich nicht die wirtschaftsorientierten Fächer ersetzen. Ziel ist es, den Schülerinnen und Schülern Kenntnisse und Fähigkeiten zu vermitteln, die ihnen ermöglichen, wirtschaftliche Zusammenhänge in ihrer Lebensumwelt zu verstehen.

> **Schwerpunkttag Ökonomie**
>
> **Definition:**
> An einem ganzen Schultag werden in allen Unterrichtsfächern ökonomische Themen behandelt. Am Ende des Tages werden die Lernergebnisse in der Schule präsentiert.
>
> **Ziele:**
> - ökonomisches Wissen aus mehreren Fachgebieten erwerben; wirtschaftliche Themen aus verschiedenen Blickwinkeln betrachten
> - die Universalität und Bedeutung des Themas erkennen
> - tiefer gehende Lernfortschritte ermöglichen durch die intensive Beschäftigung mit dem Thema und durch den Austausch mit verschiedenen Personen
> - möglichst viele am Schulleben beteiligte Personen einbeziehen
> - das Thema Wirtschaft im schulischen Bewusstsein verankern
>
> **Beteiligte:**
> - alle Klassen, alle Lehrkräfte

4.1 Qualitätsdimension 1: »Unterrichtliche Aktivitäten«

Vorgehen:
Wenn am Schwerpunkttag Ökonomie die gesamte Schule am gleichen Thema arbeitet und die Arbeitsergebnisse am Ende des Tages veröffentlicht werden, hat dies ein großes Motivationspotenzial für alle Beteiligten. Damit der Schwerpunkttag ein Erfolg wird, ist es wichtig, dass die Koordinationsgruppe Berufsorientierung im Vorfeld dafür wirbt und das Kollegium von der Idee überzeugt.

Während oder nach der Themenbearbeitung sollten die Lernergebnisse festgehalten und visualisiert werden, etwa als Collagen, Wandzeitungen oder PowerPoint-Präsentationen, sodass sie am Ende des Schultages an einem zentralen Ort in der Schule ausgestellt werden können. Dazu können verschiedene Arbeitsformen genutzt werden, wie Gruppenarbeiten oder selbstständige Informationsrecherche. Die ausgestellten Lernergebnisse können alle Schülerinnen, Schüler und Lehrkräfte am Ende des Tages und in den Pausen während der nächsten Schultage betrachten.

Ist der erste Schwerpunkttag Ökonomie erfolgreich verlaufen, ist es wünschenswert, dass er zu einer festen Institution an der Schule wird. Um dies zu erreichen, lohnt es sich,
- Feedback von allen Beteiligten einzuholen und
- zeitnah einen Termin für den nächsten Schwerpunkttag im Kollegium abzusprechen und bekannt zu geben.

Zur Vorbereitung, Durchführung und Nachbereitung eines Schwerpunkttages Ökonomie kann die in der Materialsammlung enthaltene Checkliste »Schwerpunkttag Ökonomie – Lehrkräftechecliste« verwendet werden.

Beispiele für ökonomische Themen im Unterricht:
- Deutsch: Einfluss der Industrialisierung in der Literatur, Aufbau und Formulierung von Verträgen etc.
- Französisch: Industrie in Frankreich
- Mathematik: Zinsrechnung, Kosten-Nutzen-Rechnung
- Sozialkunde: Unternehmensformen; Kernkompetenzen des Unternehmertums
- Biologie: Einfluss der Fischerei auf das Ökosystem Nordsee
- Geschichte: Berufe und Tätigkeiten früher und heute; Unternehmertum gestern, heute, morgen
- Musik: Verwendung und Wirkung von Musik in der Werbung

Weiterführende Literatur und Links:
Bundesministerium für Wirtschaft und Technologie (Hrsg.). »Initiative ›Unternehmergeist in die Schulen‹«. www.unternehmergeist-macht-schule.de (Zugriff am 31.3.2015).

Initiative Neue Soziale Marktwirtschaft GmbH. »Wirtschaft und Schule – Das Lehrerportal der INSM«. www.wirtschaftundschule.de (Zugriff am 31.3.2015).

Kaiser, Franz Josef, und Hans Kaminski. Methodik des Ökonomie-Unterrichts. Grundlagen eines handlungsorientierten Lernkonzepts mit Beispielen. Bad Heilbrunn 1999.

»Schule-trifft-Wirtschaft« – Kostenloses Unterrichtsmaterial aus der Wirtschaft für die Schulen. www.schule-trifft-wirtschaft.de (Zugriff am 31.3.2015).

4 Maßnahmen zur Berufsorientierung

The Boston Consulting Group. »Business at school«. www.business-at-school.de (Zugriff am 31.3.2015).
Universität Bremen. »Ökonomische Bildung«. www.s-hb.de/oeb-de (Zugriff am 31.3.2015).
Wigy e.V., Institut für Ökonomische Bildung gGmbH (IÖB). »Wigy – Wirtschaft verstehen«. www.wigy.de (Zugriff am 31.3.2015).

Schwerpunkttag Ökonomie
Beschreibung: Definition und Beschreibung der Maßnahme
Kapitel 4.1.3 (in Qualitätsdimension 1: »Unterrichtliche Aktivitäten«)

Schwerpunkttag Ökonomie – Lehrkräftecheckliste
Beschreibung: Notwendige Schritte zur Vorbereitung, Durchführung und Nachbereitung eines Schwerpunkttages Ökonomie
Kapitel 4.1.3 (in Qualitätsdimension 1: »Unterrichtliche Aktivitäten«)

4.2 Qualitätsdimension 2: »Außerunterrichtliche Aktivitäten«

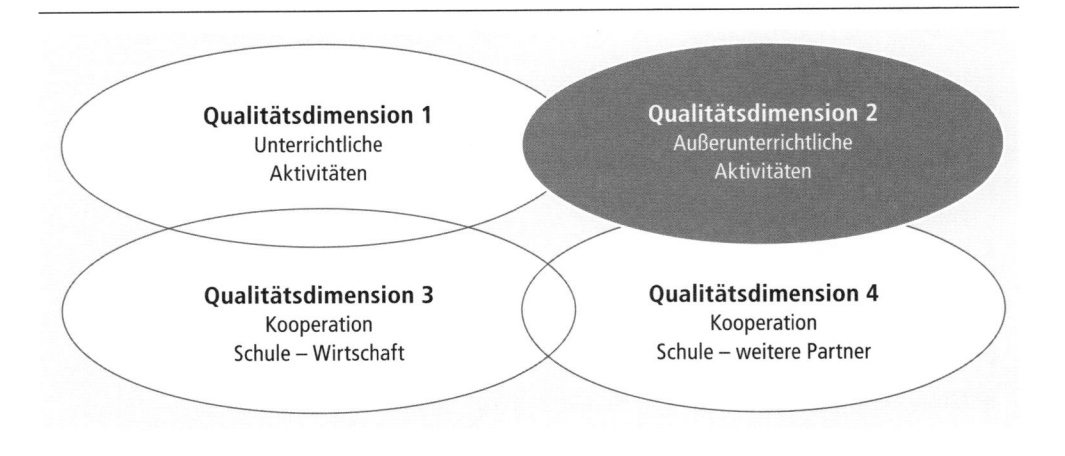

Qualitätsdimension 1
Unterrichtliche Aktivitäten

**Qualitätsdimension 2
Außerunterrichtliche Aktivitäten**

Qualitätsdimension 3
Kooperation
Schule – Wirtschaft

Qualitätsdimension 4
Kooperation
Schule – weitere Partner

Auch außerhalb des Unterrichts bieten sich den Schülerinnen und Schülern viele Möglichkeiten, um berufsrelevante Kompetenzen zu erwerben und zu üben. Außerdem kann im Unterricht erworbenes Wissen bei außerunterrichtlichen Aktivitäten praktisch angewendet werden. Stück für Stück können so – unterstützt und begleitet von Lehrkräften und anderen Experten – für das Berufsleben bedeutsame praktische Erfahrungen gesammelt werden.

Im Folgenden werden verschiedene schulische Maßnahmen und Projekte beschrieben, die die Berufsorientierung der Schülerinnen und Schüler im Rahmen der Schule, jedoch außerhalb des Unterrichts fördern.

4.2 Qualitätsdimension 2: »Außerunterrichtliche Aktivitäten«

4.2.1 Benimmtraining

Gute Umgangsformen sind eine entscheidende Grundlage für alle sozialen Situationen und Lebensbereiche, in denen man mit anderen Menschen zu tun hat. Besonders wichtig ist situationsangepasstes Verhalten natürlich auch in beruflichen Zusammenhängen. An vielen Schulen werden bereits praktische Übungen zu diesem Thema durchgeführt. So kann beispielsweise das Verhalten in Bewerbungsgesprächen ganz konkret im Rahmen von Rollenspielen mit den Schülerinnen und Schülern geübt werden.

Benimmtraining

Definition:
Im Rahmen von Benimmtrainings lernen und üben die Schülerinnen und Schüler korrektes Verhalten für Bewerbungssituationen und für das spätere Berufsleben. Solche Trainings können sowohl von den Lehrkräften als auch von externen Anbietern durchgeführt werden.

Mögliche Themen/Inhalte für Benimmtrainings:
- Auftreten, Körpersprache
- Kleidung, Frisur
- Sprache, Rhetorik
- Verhalten bei Vorstellungsgesprächen
- Verhalten in bestimmten Situationen, wie Begrüßung und Verabschiedung
- richtiges Verhalten bei Geschäftsessen
- Tabus

Beispielhafte Angebote:
- In Zusammenarbeit mit verschiedenen Institutionen wie Arbeitgeberverbänden und der Agentur für Arbeit bietet die Imago Agentur für Kommunikation in Köln neben Projekten zum Thema Berufsorientierung auch einen eintägigen Workshop mit dem Titel »Benimm ist in« für Schülerinnen und Schüler an (www.steps-to-success.info).
- Die AKADA Weiterbildung Bayer Leverkusen bietet Benimmtrainings für Schülerinnen und Schüler an (www.akada-weiterbildung.de/Benimm-Training.htm).
- Der Kreisverband der Wirtschaftsjunioren Deutschland »Wirtschaftsjunioren Göppingen« bietet Hauptschulen im Rahmen ihres Konzepts »Die Stufen zum Erfolg« Benimm- und Bewerbungstrainings an (www.stufen-zum-erfolg.de/Benimmtraining.html).

Benimmtraining
Beschreibung: Definition und Beschreibung der Maßnahme
🔵 Kapitel 4.2.1 (in Qualitätsdimension 2: »Außerunterrichtliche Aktivitäten«)

4.2.2 Berufswahlportfolio

In einem Berufswahlportfolio halten die Schülerinnen und Schüler den gesamten Prozess ihrer individuellen Berufsorientierung in einer eigenen Projektmappe fest. Sie dokumentieren alle von ihnen erworbenen Kompetenzen sowie Bescheinigungen über erbrachte Leistungen, durchgeführte Praktika, ehrenamtliches Engagement usw. Ein Teil der Mappe dient der Feststellung ihrer Stärken und Schwächen durch Selbstreflexion sowie die Bewertung durch Lehrkräfte.

Die Schülerinnen und Schüler lernen dabei unter anderem, über ihre Fortschritte nachzudenken und Dokumente systematisch zu verwalten. Sie reflektieren ihre beruflichen Ziele und Vorstellungen vor dem Hintergrund der erworbenen Erfahrungen und Kompetenzen. Dadurch können auch systematisch Alternativen entwickelt werden. Zusätzlich zur Verwendung durch die Schülerinnen und Schüler kann das Berufswahlportfolio für die Bewerbung um einen Praktikums- bzw. Ausbildungsplatz verwendet werden.

Berufswahlportfolio

Definition:
Im Berufswahlportfolio dokumentieren die Schülerinnen und Schüler ihren individuellen Berufswahlprozess. Dieser beinhaltet die Anstrengungen der bzw. des Jugendlichen, den Lernfortschritt und die erzielten Leistungen auf einem oder mehreren Gebieten. Neben schulischen Leistungen spiegelt ein Berufswahlportfolio auch außerschulisch erworbene Kompetenzen und Aktivitäten wider. Beispiele für die Inhalte eines Berufswahlportfolios sind exemplarische Hausarbeiten, Interessensbeschreibungen, Resultate aus Kompetenzfeststellungsverfahren, Zeugnisse über das Engagement in sozialen Einrichtungen sowie das Mitwirken in Vereinen oder Schulbands.

Ziele:
- Die Dokumentation des eigenen Berufswahlprozesses ermöglicht den Schülerinnen und Schülern eine Beobachtung ihrer eigenen Entwicklung.
- Das Anlegen eines Berufswahlportfolios erfordert von den Schülerinnen und Schülern einen hohen Grad an Selbstreflexion, wodurch eigene Stärken und Interessen stärker ins Bewusstsein rücken.
- Die Schülerinnen und Schüler lernen, Unterlagen systematisch zu sammeln, aber auch Zertifikate und Bescheinigungen einzufordern.
- Für Ausbildungsbetriebe liefert ein Berufswahlportfolio aussagekräftige Informationen, sodass die Stärken und Einsatzpotenziale von Bewerberinnen und Bewerbern besser eingeschätzt werden können.

4.2 Qualitätsdimension 2: »Außerunterrichtliche Aktivitäten«

Beteiligte:
- Alle Schülerinnen und Schüler dokumentieren ihr eigenes Berufswahlportfolio und führen es bis zum Ende der Schulzeit fort.
- Es sollten möglichst viele Lehrkräfte einbezogen werden.
- Für die Schülerinnen und Schüler ist ein Feedback zu ihrer Dokumentation wichtig. Daher sollte Mitschülerinnen und Mitschülern, älteren Geschwistern, vor allem aber den Eltern der Jugendlichen regelmäßig Einblick in das Berufswahlportfolio ermöglicht werden, sodass die Berufsorientierung gemeinsam reflektiert werden kann.

Inhalte:
Ein Berufswahlportfolio wird meist in Form eines Ordners angelegt. Die Schülerinnen und Schüler pflegen den Ordner, heften neue Dokumente ab und bewahren den Ordner auch selbst auf.

Zumeist sind Berufswahlportfolios in drei Bereiche gegliedert:
1. Informationen über Angebote zur Berufsorientierung:
   - Informationen über Angebote zur Berufsorientierung an der eigenen Schule
   - Angebote der Agentur für Arbeit
   - Angebote zur Berufs- und Studienorientierung vor Ort (von Unternehmen und Hochschulen)
   - Angebote von Berufsberatungsstellen

2. Informationen über die Schülerin/den Schüler:
   - allgemeine Angaben über die Schülerin/den Schüler
   - von der Schülerin/vom Schüler entwickeltes eigenes Profil mit persönlichen Angaben
   - Dokumentation der individuellen Lernplanung und der eigenen Übergangsschritte

3. Leistungen der Schülerin/des Schülers:
   - durchgeführte Klassenarbeiten
   - erworbene Sprachkenntnisse
   - Fähigkeiten und Kompetenzen
   - Berichte über Unterrichtseinheiten
   - Berichte über Projekte
   - Berichte über Praktika und außerschulisches Engagement

Umsetzung an der Schule:
- Die Lehrkraft erklärt den Schülerinnen und Schülern zunächst, wofür ein Berufswahlportfolio angelegt wird und was dort eingetragen und abgeheftet werden kann.
- Der zeitliche Rahmen für die Arbeit am Berufswahlportfolio sollte im Voraus mit den Schülerinnen und Schülern geklärt werden.
- Das Berufswahlportfolio wird größtenteils von den Schülerinnen und Schülern selbst geführt. Sie entscheiden, was abgeheftet wird und welche schriftlichen Angaben in das Berufswahlportfolio eingehen sollen.

- Die Aufgabe der Lehrkräfte besteht darin, in regelmäßigen Abständen die Berufswahlportfolios zu kommentieren und auf Wunsch der Schülerinnen und Schüler einzelne Teile zu bewerten.
- Im Unterricht kann Zeit dafür gegeben werden, das Berufswahlportfolio zu bearbeiten. In einzelnen Bundesländern nutzen Schulen häufig bestehende Konzepte als Berufswahlportfolio. In den meisten Bundesländern wird der Berufswahlpass verwendet. Dieser kann über das Internet auf der Seite www.berufswahlpass.de bestellt werden. Weitere Vorlagen stellen der Qualipass (Baden-Württemberg) und der Berufswahlordner (Bayern) dar.

Berufswahlportfolio
Beschreibung: Definition und Beschreibung der Maßnahme
Kapitel 4.2.2 (in Qualitätsdimension 2: »Außerunterrichtliche Aktivitäten«)

4.2.3 Bewerbungstraining

Wie die schriftliche Bewerbung und die Bewerberin oder der Bewerber beim Vorstellungsgespräch wirken, ist entscheidend dafür, ob eine Schülerin oder ein Schüler einen Praktikums-, einen Ausbildungs- oder einen Arbeitsplatz bekommt. Dabei sind eine Reihe von Vorgaben und Regeln zu berücksichtigen. Diese können gelernt und eingeübt werden.

Bewerbungstraining

Definition:
In Bewerbungstrainings werden das Erstellen von Bewerbungsunterlagen und das Verhalten im Bewerbungsgespräch geübt und verbessert. Die Schülerinnen und Schüler lernen dabei, wie sie sowohl mit ihren Unterlagen als auch im persönlichen Gespräch einen guten Eindruck machen können. Anbieter von Bewerbungstrainings sind beispielsweise die Agentur für Arbeit, die Kammern der Wirtschaft, Krankenkassen, Banken etc. Häufig werden die Trainings auch von den Schulen selbst durchgeführt. Zur Unterstützung ist es hilfreich, Expertinnen oder Experten zu bestimmten Themen einzuladen, etwa Personalbeauftragte aus Unternehmen, Personaltrainer, Ansprechpartner der Agentur für Arbeit etc.

Ziele:
- Selbstsicherheit fördern
- eigene Kompetenzen und Interessen kennen
- wichtige Regeln für Bewerbungssituationen beherrschen
- soziale Kompetenzen fördern

4.2 Qualitätsdimension 2: »Außerunterrichtliche Aktivitäten«

- auf die Berufswelt vorbereiten
- die Eigenständigkeit der Schülerinnen und Schüler im Bewerbungsprozess fördern
- die Erfolgschancen für Bewerbungen steigern

Mögliche Inhalte eines Bewerbungstrainings:

1. Wahl des Ausbildungsberufes
- Stärkenanalyse/Zielsetzung: Was kann ich? Was will ich? Welche beruflichen Möglichkeiten gibt es? Die Schülerinnen und Schüler machen sich Gedanken darüber, welchen Beruf sie erlernen wollen und welche Interessen und Fähigkeiten sie haben.
- Die Schülerinnen und Schüler lernen verschiedene Möglichkeiten der Informationsgewinnung kennen: Wie und wo informiere ich mich über Ausbildungsplätze? Zum Beispiel wird innerhalb des Bewerbungstrainings über »offene« und »verdeckte« Stellenmärkte informiert. Ein »offener« Stellenmarkt umfasst alle Stellenanzeigen in Zeitungen, in Jobbörsen, im Internet; ein »verdeckter« Stellenmarkt beinhaltet solche Stellen, die nicht ausgeschrieben werden. Von diesen Stellen erfährt man über Kontakte, über direkte Nachfrage oder über Antworten auf eine Initiativbewerbung.

2. Schriftliche Bewerbung
- Das Anschreiben: Das Anschreiben ist eine »Werbung in eigener Sache«. Es soll Interesse beim Adressaten wecken. Daher sollte es kurz, prägnant, ansprechend formuliert und möglichst genau auf die ausgeschriebene Stelle zugeschnitten sein. Im Training geht es auch um Themen wie Internetrecherche bezüglich potenzieller Arbeitgeber mit dem Ziel, die Bewerbung individuell auf das jeweilige Unternehmen und die spezifische Stelle ausrichten zu können.
- Lebenslauf mit Lichtbild: Der Lebenslauf soll einen schnellen und übersichtlichen Eindruck von der bisherigen Schul- und Berufslaufbahn geben.
- Anhang: Zeugniskopien, Bescheinigungen über außerschulische Tätigkeiten etc.

3. Assessment-Center/Testverfahren
Mithilfe von Rollenspielen können mögliche Assessment-Center-Übungen wie Selbstpräsentation, Gruppendiskussionen oder Konfliktgespräche eingeübt werden.
Ebenso können die erste Kontaktaufnahme am Telefon spielerisch geübt und Testverfahren wie Intelligenztests, Berufs- und Leistungstests sowie Persönlichkeitstests durchgeführt werden.

4. Vorstellungsgespräch
Auch Vorstellungsgespräche können in Form von Rollenspielen geübt werden. Für den Lernerfolg ist es hilfreich, diese Übungen auf Video aufzuzeichnen, die Aufzeichnung anschließend gemeinsam zu analysieren und der betreffenden Person Feedback zu ihrem Verhalten zu geben.

4 Maßnahmen zur Berufsorientierung

Wichtige Elemente:
- Ablauf eines Vorstellungsgespräches
- Auftreten (Kleidung, Körpersprache etc.) und Verhalten im Gespräch
- mögliche Fragen, die im Gespräch gestellt werden
- Umgang mit persönlichen bzw. unangenehmen Fragen
- mögliche Fragen der Bewerberin oder des Bewerbers bezüglich des Ausbildungsplatzes
- fachliche und persönliche Stärken und Schwächen der Bewerberin oder des Bewerbers

Weitere Themen für Bewerbungstrainings können sein: Umgang mit Absagen, Entspannungsübungen, Online-Bewerbungen etc.

Weiterführende Literatur und Links:
Brenner, Doris. *Ziel: Ausbildungsplatz – Bewerbungstraining für die Klassen 8–10. Arbeitsheft.* Berlin 2007.
GESAMTMETALL – Gesamtverband der Arbeitgeberverbände der Metall- und Elektro-Industrie e.V. »Faszination Technik vermitteln – Informationen, Kooperationen, kostenlose Unterrichtskonzepte und Infomaterial für Schulen und M+E-Unternehmen«. www.me-vermitteln.de/tabid/40/Default.aspx (Zugriff am 31.3.2015).
Handwerkskammer Hamburg. »Bewerbungstipps«. www.hwk-hamburg.de/ausbildung/bewerbungstipps.html (Zugriff am 31.3.2015).
Herzog, Beate. *Bewerbungsmanagement im Unterricht.* Göttingen 2007.
LizzyNet GmbH & Co. »LizzyNet Online-Bewerbungstraining«. www.lizzynet.de/wws/online-bewerbungstraining.php (Zugriff am 31.3.2015).

Bewerbungstraining
Beschreibung: Definition und Beschreibung der Maßnahme
Kapitel 4.2.3 (in Qualitätsdimension 2: »Außerunterrichtliche Aktivitäten«)

4.2.4 Ich-Stärkung

Gegenstand der Ich-Stärkung ist die Förderung der personalen und sozialen Kompetenzen der Schülerinnen und Schüler. Diese sind für die erfolgreiche Gestaltung des Berufs- wie auch des Privatlebens wichtige Voraussetzungen.

4.2 Qualitätsdimension 2: »Außerunterrichtliche Aktivitäten«

Ich-Stärkung

Definition:
Durch Selbstreflexion lernen die Schülerinnen und Schüler ihre individuellen Stärken, Schwächen und Interessen kennen. In Ich-Stärkungs- sowie Selbstbehauptungskursen können sie ein gesundes Selbstwertgefühl erwerben, um sich selbstbewusst in die Klassengemeinschaft einzufügen und ihre persönlichen Fähigkeiten in die Gruppe einzubringen. Durch die Stärkung sozialer Kompetenzen wird Empathieempfinden gefördert, sodass sie nicht nur über den gewünschten Umgang mit sich selbst reflektieren, sondern auch über ihre Umgangsformen anderen gegenüber.

In Gemeinschaftsspielen und -aktivitäten werden die Eigenarten anderer Schülerinnen und Schüler deutlich, wodurch gelernt werden kann, mit diesen klarzukommen. Um mit Konfliktsituationen konstruktiv umgehen zu können, bieten Seminare zum Thema Konfliktbewältigung und die Ausbildung einzelner Schülerinnen und Schüler zu Streitschlichtern gute Möglichkeiten.

Ziele:
- Die Schülerinnen und Schüler sollen sich selbst, also ihre Stärken und Schwächen wie auch persönlichen Interessen, und erwünschte Umgangsformen durch Selbstreflexion kennen lernen.
- Das Selbstbewusstsein soll gestärkt werden (z. B. in Selbstbehauptungskursen).
- Die Schülerinnen und Schüler sollen ein Gefühl für die Bedürfnisse anderer bekommen und lernen, diese zu akzeptieren sowie das eigene Verhalten entsprechend zu gestalten.
- Die Klassengemeinschaft soll durch das Einbringen individueller Fähigkeiten der Schülerinnen und Schüler gestärkt werden; gezielte Konfliktbewältigung und Aktivitäten sollen das Gemeinschaftsgefühl stärken.

Beteiligte:
- Schulklasse
- Lehrkräfte
- außerschulische Fachleute wie Erziehungs- und Sozialwissenschaftler, Psychologen, Polizeibeamte etc.

Mögliche Maßnahmen:
- Gruppenspiele und -aktivitäten, z. B. durchgeführt von Erlebnispädagogen oder Psychologen
- Fortbildungen zu Themen wie »Starke Mädchen«, »Starke Jungen«, »Starkes Team«
- Programme zur Konfliktbewältigung, z. B. Schlichter-AGs oder Deeskalationsseminare
- Selbstsicherheitstrainings und Selbstbehauptungskurse in Kooperation mit außerschulischen Partnern, wie z. B. der Polizei
- Kommunikationstrainings durch schulexterne Fachkräfte, um verbale Fähigkeiten zu fördern und damit einhergehend das Selbstbewusstsein zu stärken
- Sozial-AGs mit Kurzpraktika, z. B. in Kindergärten oder Seniorenheimen, um das Empathieempfinden zu erhöhen und Umgangsformen zu erlernen

Beispielhafte Maßnahmen zur Kompetenzförderung:
ZUKUNFTSCAMP – FUTURE NOW:
- gemeinsame Bildungsinitiative von Gewerkschaften, Unternehmen und Wissenschaft, unterstützt durch die Bundesagentur für Arbeit
- Ziel: persönliche Stärken und Kompetenzen entdecken, nutzbar machen und fördern
- Zielgruppe: Haupt- und Gesamtschülerinnen und -schüler
- Ablauf: Sommercamp in den Sommerferien nach der 8. Klasse und Follow-up-Module bis zur Bewerbungsphase
- Inhalte: Methoden- und Sozialkompetenzen trainieren; zudem gibt es Raum für Reflexion

Future Camps:
- Initiative der Stiftung der Deutschen Wirtschaft
- Ziel: berufliche Interessen und Fähigkeiten sowie persönliche Stärken entdecken und fördern; Schlüsselkompetenzen trainieren
- Zielgruppe: Schülerinnen und Schüler der 7. bis 10. Klassen
- Assessment-Center-Übungen zur Förderung von Schlüsselkompetenzen etc.
- auch Qualifizierungen für Lehrkräfte möglich

> **Ich-Stärkung**
> **Beschreibung:** Definition und Beschreibung der Maßnahme
> Kapitel 4.2.4 (in Qualitätsdimension 2: »Außerunterrichtliche Aktivitäten«)

4.2.5 Planspiele

Planspiele sind Spiele, die die Realität vereinfacht und möglichst praxisnah simulieren. Sie veranschaulichen Systeme und Zusammenhänge und werden zu Lernzwecken eingesetzt. Planspiele gibt es zu unterschiedlichsten Themen.

Planspiele

Definition:
In einem Planspiel zur Förderung der Berufsorientierung werden spielerisch komplexe Sachverhalte oder konfliktreiche Situationen aus der Wirtschafts- und Arbeitswelt mit mehreren Akteuren simuliert. Auf der Grundlage eines Szenarios übernimmt jede Teilnehmerin und jeder Teilnehmer eine jeweils zugewiesene Rolle und versucht, deren spezifische Interessen zu vertreten.

Planspiele können mit Unterstützung von Unternehmen durchgeführt werden. Durch die Simulation der betrieblichen Realität wird ein Beitrag zur Berufsorientierung und zur wirtschaftlichen Grundbildung der Schülerinnen und Schüler geleistet.

4.2 Qualitätsdimension 2: »Außerunterrichtliche Aktivitäten«

Ziele:
- realistische Nachvollziehbarkeit komplizierter Diskussions- und Entscheidungsprozesse
- Üben von unternehmerischem Denken und Handeln
- Unterstützung der Selbstständigkeit und Eigenverantwortung der Schülerinnen und Schüler
- Förderung der Entscheidungsfähigkeit der Schülerinnen und Schüler
- Förderung von Schlüsselkompetenzen: Teamfähigkeit, kommunikatives Verhalten

Beteiligte:
- Schülerinnen und Schüler
- Lehrkräfte
- Berufsberater oder Unternehmensvertreter, z. B. Auszubildende

Weiterführende Literatur und Links:

Bundesministerium für Bildung und Forschung (BMBF). »Jugend gründet«. www.jugend-gruen det.de (Zugriff am 31.3.2015).

Deutscher Sparkassen Verlag GmbH. »Deutscher Gründerpreis«. www.dgp-schueler.de/top (Zugriff am 31.3.2015).

JOBLAB & Diversity. »JOBLAB, das Multimedia-Planspiel zur Berufsfindung und Studienwahl«. www.joblab.de (Zugriff am 31.3.2015).

Klippert, Heinz. Planspiele: *10 Spielvorlagen zum sozialen, politischen und methodischen Lernen in Gruppen.* Weinheim 2008.

Verein Methodenkompetenz Siegen. »Internet-Planspiel RFZplan«. www.rfzplan.de (Zugriff am 31.3.2015).

Planspiele
Beschreibung: Definition und Beschreibung der Maßnahme
Kapitel 4.2.5 (in Qualitätsdimension 2: »Außerunterrichtliche Aktivitäten«)

Beispiel für ein Planspiel: Ready-Steady-Go
Ein Beispiel für Planspiele ist das biografische Planspiel »Ready-Steady-Go«, das vom Deutschen Gewerkschaftsbund (DGB) herausgegeben wird.

Planspiel Ready-Steady-Go (Beispiel)

Definition:
Im biografischen Planspiel »Ready-Steady-Go« können Schülerinnen und Schüler ihre berufliche Zukunft entwerfen und ihre Chancen für den Einstieg in eine Ausbildung testen. Nachdem sie ihre beruflichen Wünsche in einem Wunschlebenslauf festgehalten haben, bekommen die Schü-

4 Maßnahmen zur Berufsorientierung

lerinnen und Schüler die Möglichkeit – spielerisch und realistisch zugleich –, sich im Dschungel des Übergangs auszuprobieren, zu orientieren und verschiedene Wege zu gehen, indem sie mehrere Stationen auf dem Weg zur Ausbildung durchlaufen.

Stationen sind etwa das Unternehmen, bei dem sich die Jugendlichen bewerben und ggf. zum Gespräch eingeladen werden, oder die Berufsberatung, die bei der Entscheidung für einen Beruf bzw. ein Berufsfeld unterstützen kann. Weitere Stationen sind beispielsweise die Gewerkschaften, die über Rechte und Pflichten in der Ausbildung etc. informieren können, sowie Eignungstests, die ggf. im Rahmen einer Bewerbung absolviert werden müssen.

Der Anspruch des Planspiels ist das Erreichen größtmöglicher Realitätsnähe durch Einbindung von Fachleuten aus Betrieben und Kammern, Pädagogen, Lehrkräften, Schulsozialarbeitern, Gewerkschaftsvertretern und Berufsberatern, die im Idealfall anwesend sind.

Ziele:
- zur selbstständigen und realistischen Berufswegeplanung motivieren
- sich konkret mit Stationen, die für einen erfolgreichen Einstieg in die Ausbildung wichtig sind, auseinandersetzen
- die eigenen Möglichkeiten kennenlernen
- vernetzter Know-how-Transfer durch biografieorientiertes Coaching
- Transparenz über die verschiedenen Angebote im Berufswahlprozess herstellen

Phasen:
1. Vorbereitung: Zu Beginn stellen die Schülerinnen und Schüler ihre Bewerbungsmappe mit allen erforderlichen Dokumenten zusammen. Dazu werden Vorlagen angeboten. Ein Wunschlebenslauf wird erstellt, der neben berufsbezogenen Aspekten auch persönliche Lebensziele beinhaltet wie Partnerschaft, Kinder, Wohnort, Freizeit und Einkommen. Der Durchführungsort des Planspiels wird vorbereitet; das Planspiel kann beispielsweise in der Schule, in einem Jugendhaus oder einer Jugendherberge stattfinden.
2. Durchführung: Im Planspiel können die Schülerinnen und Schüler je nach Bedarf unterschiedliche Stationen kennenlernen, in denen die beruflich entscheidende Lebensphase im Alter von etwa 15 bis 26 Jahren simuliert wird. Die Stationen sollten räumlich getrennt sein, um die Realitätsnähe zu erhöhen. Alle Teilnehmenden sollten angemessen gekleidet sein und entsprechend auftreten, um eine Authentizität der Abläufe zu erreichen. Folgende Stationen können organisiert werden:
   - Die Berufsberatung der Agentur für Arbeit: Auf der Grundlage von Fähigkeiten, Eignung und Neigungen kann eine Beratung zum gewählten Berufswunsch erfolgen. Erkundigungen nach Fortbildungen oder Maßnahmen sind ebenfalls möglich.
   - Die Firma: Die Bewerbungsunterlagen werden eingereicht. Der Arbeitgeber führt ein Bewerbungsgespräch und entscheidet über eine Einstellung.
   - Die Schule: Die Schule bietet einen Überblick über schulische Qualifizierungen bis zum Studium.

- Eignungstests: Die Schülerinnen und Schüler nehmen unter realen Prüfungsbedingungen an einem Eignungstest teil.
- Checkpoint: Es werden Ereigniskarten mit kleinen Schicksalsschlägen ausgeteilt, wie z. B. berufsbedingten Allergien, mit denen die Schülerinnen und Schüler zurechtkommen müssen.
- Beratungsstelle: Die aufgetretenen Probleme werden besprochen, mögliche Lösungswege und Handlungsstrategien werden ausgearbeitet.
- Gewerkschaft: Die Schülerinnen und Schüler informieren sich über Rechte und Pflichten in der Ausbildung sowie über Schutzbestimmungen im Betrieb.

3. Auswertung: Abschließend werden die Erfahrungen ausgewertet und realistische Szenarien für die persönliche Berufs- und Ausbildungsplanung entworfen.

Durchführungsmodelle:
Für die Durchführung des Planspiels werden zwei Modelle vorgeschlagen:
- Die Vorbereitungsphase wird mit einer Schulklasse in Form einer in den Unterricht integrierten Lerneinheit durchgeführt. Das biografische Planspiel beinhaltet Bausteine des Lehrplans und kann fächerübergreifend eingesetzt werden. Die Durchführung dauert einen Tag.
- Die zweite Variante ist für die Durchführung im Rahmen der Jugendhilfe geeignet. Dabei gibt es eine kompakte Vorbereitungsphase von maximal zwei Tagen. Die Durchführung des Planspiels dauert einen Tag.

Planspiel Ready-Steady-Go (Beispiel)
Beschreibung: Definition und Beschreibung der Maßnahme
Kapitel 4.2.5 (in Qualitätsdimension 2: »Außerunterrichtliche Aktivitäten«)

4.2.6 Projekttage

Im Rahmen von Projekttagen wird in der Schule statt Unterricht im klassischen Sinne meist an mehreren aufeinanderfolgenden Tagen Projektunterricht zu einem Thema organisiert. Die einzelnen Themen können im Unterricht vor- und nachbereitet werden, die intensive Auseinandersetzung mit den konkreten Inhalten erfolgt jedoch während der Projekttage.

Projekttage

Definition:
Im Rahmen eines Projekttags oder einer Projektwoche kann die Berufsorientierung der Schülerinnen und Schüler intensiv gefördert werden. Im Unterschied zum Schwerpunkttag Ökonomie werden hier nicht in den einzelnen Unterrichtsfächern ökonomische Themen behandelt, sondern

4 Maßnahmen zur Berufsorientierung

fächerübergreifend verschiedene Maßnahmen zur Berufsorientierung im Laufe eines Tages bzw. mehrerer Tage durchgeführt. Mögliche Bausteine können sein: Training sozialer Kompetenzen, Bewerbungstraining, Informationsbeschaffung zu Berufen/Berufsbildern, Lebensplanung, Benimmtraining, Vor- und Nachbereitung von Praktika, Eignungstests, Arbeitsschutz/Arbeitssicherheit.

Ziele:
- sich mit verschiedenen Gesichtspunkten der Berufsorientierung intensiv auseinandersetzen
- die eigene Person und die beruflichen Vorstellungen reflektieren
- verschiedene Perspektiven im Berufswahlprozess aufzeigen
- wichtige Kompetenzen für die berufliche Zukunft praktisch trainieren

Beteiligte:
- Schülerinnen und Schüler
- Lehrkräfte
- außerschulische Fachleute wie Erziehungs- und Sozialwissenschaftler, Psychologen etc.

Vorgehen:
Projekttage können innerhalb einer Klassenstufe oder jahrgangsübergreifend stattfinden. Der Ablauf kann unterschiedlich gestaltet sein und sollte im Voraus gründlich geplant werden. Die einzelnen Bausteine sollten so angeordnet werden, dass sie sinnvoll aufeinander aufbauen und somit ein kontinuierlicher Wissenszuwachs ermöglicht wird. Es können verschiedene Lernformen genutzt werden, wie beispielsweise selbstständige Informationsrecherche oder Gruppenarbeit. Die Ergebnisse von Gruppenarbeiten sollten anschließend in der Großgruppe präsentiert und schriftlich festgehalten werden.

Projekttage können sowohl von Lehrkräften als auch von externen Fachleuten durchgeführt werden. Sehr gut eignet sich die Einbeziehung von Experten wie Eltern, Vertretern von Unternehmen oder Hochschulen, Mitarbeitern der Agentur für Arbeit etc.

Weiterführende Literatur und Links:
DGB Bildungswerk e.V. www.dgb-bildungswerk.de (Zugriff am 31.3.2015).
Gesamtschule Brühl. »Projekttage Berufsorientierung«. www.gesamtschule-bruehl.de/index.php/berufsorientierung (Zugriff am 31.3.2015).

Projekttage
Beschreibung: Definition und Beschreibung der Maßnahme
Kapitel 4.2.6 (in Qualitätsdimension 2: »Außerunterrichtliche Aktivitäten«)

4.2 Qualitätsdimension 2: »Außerunterrichtliche Aktivitäten«

4.2.7 Schülerfirma

Schülerinnen und Schüler gründen innerhalb der Schule eine eigene Firma. Sie leiten und organisieren die Firma und führen die Dienstleistung oder Produktion unter Begleitung von Lehrkräften selbst durch. Dabei lernen sie die Vorgänge, Arbeitsweisen und verschiedenen Tätigkeitsfelder von Wirtschaftsunternehmen ganz praktisch kennen. Die Arbeit in der Schülerfirma kann innerhalb und außerhalb des Unterrichts ausgeführt werden. Wichtig ist, dass ein Bezug zu Unterrichtsthemen hergestellt wird.

Schülerfirma

Definition:
In Schülerfirmen stellen Schülerinnen und Schüler Produkte her oder erbringen Dienstleistungen. Die Tätigkeiten in Schülerfirmen bilden die Vorgänge in Wirtschaftsunternehmen in vereinfachter Form ab. Zu den Aufgaben gehören beispielsweise Personalauswahl, Marketing und Buchhaltung. Schülerfirmen sind keine realen Wirtschaftsunternehmen. Sie sind Schulprojekte, integrativer Bestandteil der schulischen Arbeit mit den Jugendlichen. Sie können sehr unterschiedlich komplex aufgebaut und strukturiert sein.

Schülerinnen und Schüler haben hierbei die Möglichkeit, die Gründung, den Aufbau und die Leitung eines »realen« Unternehmens mitzugestalten und selbst umzusetzen, um für das spätere Berufsleben wichtige Erfahrungen zu sammeln und Fähigkeiten zu erwerben.

Schülerfirmen ermöglichen in besonderer Weise die Ausbildung des unternehmerischen Denkens und Handelns der Schülerinnen und Schüler. So wird auch berufliche Selbstständigkeit als mögliches Ziel von Berufsorientierung gefördert. Beim Thüringer Institut für Lehrerfortbildung, Lehrplanentwicklung und Medien ist eine Publikation erhältlich mit dem Titel »Schülerfirmen. Wenn Schülerinnen und Schüler zu Unternehmern werden« mit praktischen Tipps zur Gründung von Schülerfirmen. Sie kann bezogen werden unter www.schulportal-thueringen.de/web/guest/media/detail?tspi=2218.

Typische Beispiele für Schülerfirmen sind die Organisation des Verkaufs während der Pausen, die Herausgabe einer Schülerzeitung, der Aufbau eines Cateringservices oder die Herstellung und der Vertrieb verschiedener Waren, wie Schmuck oder Holzspielzeug.

Ziele:
- Gründung und Leitung eines Wirtschaftsunternehmens komplett durchspielen
- unternehmerisches und selbstständiges Denken und Handeln in geschütztem Rahmen üben
- Schlüsselkompetenzen entwickeln (Selbstständigkeit, Verantwortungsbereitschaft, Teamfähigkeit etc.)
- die eigenen Kompetenzen und Tätigkeitspräferenzen erproben (z. B. in der Geschäftsführung, Personalabteilung, Produktionsabteilung)
- Fähigkeiten und Fertigkeiten für das Berufsleben erwerben
- Wirtschaftswissen aneignen

4 Maßnahmen zur Berufsorientierung

Mit einer Schülerfirma werden zahlreiche Lerninhalte in ein kohärentes, alltagsnahes Konzept integriert und handlungsorientiert und erlebbar vermittelt. Die Schülerinnen und Schüler lernen beispielsweise,

- was Verträge sind, indem sie selbst Arbeitsverträge aufsetzen,
- wie Preise zustande kommen, indem sie selbst Preise für ihre Produkte festsetzen,
- welche Organisationsstrukturen ein Unternehmen hat, indem sie das Personal und die Aufgabenverteilung in ihrem eigenen Unternehmen festlegen.

Diese verschiedenen Lerninhalte werden mit vielfältigen Lernmethoden angeeignet. Die Schülerinnen und Schüler arbeiten selbstständig und selbstorganisiert. Beispielsweise teilen sie ihre Arbeit selbst ein und führen selbstständig Vertragsverhandlungen mit Schülermitarbeiterinnen und -mitarbeitern sowie Lieferanten.

Beteiligte:
- Schülerinnen und Schüler der Klassen 7 bis 12
- eine Lehrkraft in beratender und begleitender Funktion (die eigentlichen Akteure sind die Schülerinnen und Schüler)
- ggf. Wirtschaftsunternehmen (Kooperation ist empfehlenswert)

Schritte zur Gründung einer Schülerfirma im Überblick:
1. Eine Kleingruppe aus interessierten Schülerinnen und Schülern und einer hauptverantwortlichen Lehrkraft findet sich zusammen.
2. Geschäftsideen werden gesammelt und eine davon wird ausgewählt.
3. Die Geschäftsidee wird der Schulleitung vorgestellt und von dieser befürwortet bzw. genehmigt.
4. Name und Logo der Schülerfirma werden vereinbart und vorbereitet.
5. Die Unternehmensform wird gefunden.
6. Die Aufgabenverteilung innerhalb der Gruppe wird festgelegt.
7. Arbeitsverträge werden erstellt und unterzeichnet.
8. Satzung und Businessplan werden erstellt.
9. Die rechtliche Absicherung wird sichergestellt.

Eine Checkliste mit den notwendigen Schritten zur Gründung einer Schülerfirma ist in der Materialsammlung zu finden: »Schülerfirma – Lehrkräftecheckliste zur Gründung«. Die Materialsammlung enthält außerdem eine Vorlage für einen Arbeitsvertrag für die Mitarbeiterinnen und Mitarbeiter der Schülerfirma (»Schülerfirma – Arbeitsvertrag«) sowie eine Vorlage für einen Kooperationsvertrag zwischen der Schülerfirma und der Schule (»Schülerfirma – Kooperationsvertrag«).

4.2 Qualitätsdimension 2: »Außerunterrichtliche Aktivitäten«

Fragen zum Finden einer Geschäftsidee:
- Was könnte die Schule oder die Umgebung brauchen?
- Welchen Bedarf sehen wir bei Mitschülerinnen und Mitschülern und bei Lehrkräften?
- Welche relevanten Interessen, Fähigkeiten, Fertigkeiten, Erfahrungen, Beziehungen haben die einzelnen Gruppenmitglieder?
- Welche Bedingungen bietet das Schulumfeld?

Arbeitsweise in der Schülerfirma:
Innerhalb der Schülerfirma werden die Aufgabenfelder klar abgegrenzt und verteilt. Dabei werden den teilnehmenden Schülerinnen und Schülern verschiedene Verantwortlichkeiten zugeordnet. Meist bieten sich folgende Bereiche an:
- Geschäftsführung
- Finanzen und Buchhaltung
- Personalabteilung
- Einkaufsabteilung
- Produktionsabteilung
- Verkauf
- Werbung und Marketing

Die Aufgaben und Zuständigkeiten können jeweils in Aufgabenbeschreibungen (siehe Material »Aufgabenbeschreibung«, Kapitel 2.2) verbindlich festgelegt werden.

Vor allem in der Planungsphase, aber auch bei der Arbeit in der Schülerfirma werden die Mitarbeiterinnen und Mitarbeiter zahlreiche Sitzungen und Besprechungen abhalten. Hierbei werden immer wieder Entscheidungen getroffen. Daher ist es sinnvoll, auf das Material »Sitzungsprotokoll« in Kapitel 2.2 zurückzugreifen. Ebenso können zur Planung und Umsetzung von Geschäftsideen die Materialien »Meilensteinplan« und »Maßnahmenplan« (Kapitel 2.4) verwendet werden.

Wenn eine Schülerfirma langfristig funktionieren soll, muss dafür gesorgt werden, dass das Wissen und die Erfahrungen, die die Schülerinnen und Schüler im Laufe ihrer Mitarbeit erwerben, nicht verloren gehen, wenn diese Jugendlichen die Schule nach dem Abschluss verlassen. Das kann zum einen im Sinne eines Qualitätsmanagements durch die Dokumentation der Arbeitsabläufe mithilfe des Praxismaterials »Prozessbeschreibung« (siehe Kapitel 3.4) erreicht werden. Zum anderen sollten frühzeitig Schülerinnen und Schüler aus unteren Klassenstufen in die Arbeit miteinbezogen werden, sodass die erfahrenen Mitarbeiterinnen und Mitarbeiter die Tätigkeiten an die weniger erfahrenen übergeben. Dadurch wird der Staffelstab von einer Schülergeneration zur nächsten weitergereicht.

Rechtliche Grundlagen:
Wenn die Schülerfirma von der Schulleitung als Schulprojekt anerkannt wird, bietet die Schule einen rechtlichen Schutzraum für die Aktivitäten der Schülerfirma. Folgende Rechtskonstruktionen sind in diesem Bereich bekannt:

Schülerfirma als reines Schulprojekt ohne eigenen Rechtsstatus:
- Die Schülerfirma ist keine reale Firma, sondern ein Schulprojekt mit pädagogischer Zielsetzung.
- Die Anerkennung als schulisches Projekt bietet den vollen Schutz der Schule, wenn die Geringfügigkeitsgrenze für Umsatz und Gewinn eingehalten wird (siehe Material »Schülerfirma – Kooperationsvertrag«).
- Alle Einrichtungsgegenstände sind automatisch über die Schule versichert.
- Die Mitglieder verfügen über hohe Entscheidungsfreiheit und Verantwortung.
- Das Eigentum der Schülerfirma ist Schuleigentum und kann jederzeit vom Schulträger abgezogen werden.

Schülerfirma unter dem Dach eines Träger- oder Fördervereins:
- Die Schülerfirma ist durch den Verein rechtlich geschützt, wenn sie als Schulprojekt anerkannt ist.
- Hier gilt ebenfalls die Geringfügigkeitsgrenze für Umsatz und Gewinn.
- Wird die Grenze überschritten, ist eine Steuerbefreiung nur möglich, wenn mit dem Gewinn gemeinnützige Zwecke finanziert werden.
- Die Verantwortung und der Entscheidungsspielraum der Schülerinnen und Schüler sind eingeschränkt, Interessen des Fördervereins müssen berücksichtigt werden.
- Kontakte zum realen Rechts- und Wirtschaftsleben können durch die Vereinsstruktur erschwert werden.

Schülerfirma in Kooperation mit einer Institution/einem Unternehmen:
- Rechtliche Fragen werden zwischen Schülerfirma und Institution vertraglich festgehalten.
- Rechtssicherheit ist durch die kooperierende Institution gegeben.
- Produkthaftpflicht und Unfallversicherung übernimmt die Institution.
- Teilnahme am realen Wirtschaftsleben und reger Erfahrungsaustausch sind möglich.

Schülerfirma als eigenständiges Unternehmen (reale Firma):
- Die Schülerfirma ist mit allen rechtlichen, steuerlichen und finanziellen Konsequenzen eigenständig und rechtlich nicht mehr durch die Schule geschützt.
- Diese Form bietet den besten Einblick in reale Rechts- und Wirtschaftszusammenhänge.
- Die Mitglieder verfügen über einen großen Entscheidungs- und Verantwortungsspielraum.
- Die Geschäftsführung haftet im vollen Umfang.

Weitere Informationen finden sich auf der Seite www.nasch21.de unter der Rubrik Kurse/Materialien: »Rechtliche Aspekte von Schülerfirmen«, im Rahmen des Projekts »Schülerfirmen im Kontext einer Bildung für Nachhaltigkeit«.

Unter Einwilligung der Erziehungsberechtigten dürfen Kinder mit vollendetem 13. Lebensjahr leichten Beschäftigungen nachgehen. Die Erziehungsberechtigten müssen ihr Einverständnis zur Mitarbeit ihres Kindes in der Schülerfirma geben. Dies kann etwa durch die Unterschrift eines Erziehungsberechtigten im Arbeitsvertrag der Schülerin oder des Schülers erfolgen.

4.2 Qualitätsdimension 2: »Außerunterrichtliche Aktivitäten«

Weitere Informationen über Gesetze und Verordnungen zum Thema bietet das Bundesministerium der Justiz: www.bundesrecht.juris.de.

Weiterführende Literatur und Links:

Deutsche Kinder- und Jugendstiftung (DKJS). »Fortbildungen für Mitarbeiter in Schülerfirmen«. www.dkjs.de (Zugriff am 31.3.2015).

Institut der deutschen Wirtschaft Köln JUNIOR gGmbH. »JUNIOR – Schüler erleben Wirtschaft«. www.juniorprojekt.de (Zugriff am 31.3.2015).

Krause, Kurt. *Die Schülerfirma: Fit machen für's Berufsleben*. München 2002.

Landesinstitut für Schule und Weiterbildung in NRW (Hrsg.). *Schülerfirma. Von der Idee zur Realisierung*. Soest 2000.

Ministerium für Finanzen und Wirtschaft Baden-Württemberg. Initiative für Existenzgründung und Unternehmensnachfolge (ifex). www.ifex.de (Zugriff am 31.3.2015).

Schülerfirma
Beschreibung: Definition und Beschreibung der Maßnahme
Kapitel 4.2.7 (in Qualitätsdimension 2: »Außerunterrichtliche Aktivitäten«)

Schülerfirma – Lehrkräftecheckliste zur Gründung
Beschreibung: Notwendige Schritte zur Gründung einer Schülerfirma
Kapitel 4.2.7 (in Qualitätsdimension 2: »Außerunterrichtliche Aktivitäten«)

Schülerfirma – Arbeitsvertrag
Beschreibung: Beispielhafter Arbeitsvertrag für die Mitarbeiter in der Schülerfirma
Kapitel 4.2.7 (in Qualitätsdimension 2: »Außerunterrichtliche Aktivitäten«)

Schülerfirma – Kooperationsvertrag
Beschreibung: Beispielhafter Kooperationsvertrag zwischen Schule und Schülerfirma
Kapitel 4.2.7 (in Qualitätsdimension 2: »Außerunterrichtliche Aktivitäten«)

4.2.8 Verantwortungsübertragung

Die Übernahme von Verantwortung ist nicht nur im Berufs-, sondern auch im Privatleben eine wichtige Grundlage für Erfolg. Um ein selbstbestimmtes Leben führen zu können, muss jeder Mensch Verantwortung für sich selbst und in einem gewissen Rahmen auch für andere Personen übernehmen. Auch für den eigenen Lernprozess ist jeder letztlich selbst verantwortlich. Die Fähigkeit zur Verantwortungsübernahme ist jedoch nicht von Natur aus gegeben, sondern muss gelernt und entwickelt werden.

4 Maßnahmen zur Berufsorientierung

Verantwortungsübertragung

Definition:
Die Fähigkeit zur Verantwortungsübernahme ist eine personale Kompetenz und kann im Schulalltag mittels zahlreicher Maßnahmen gelernt und gefördert werden.

Ziele:
- Verantwortung für das eigene Handeln übernehmen
- Verantwortung für andere übernehmen
- Verantwortung für den eigenen Berufswahlprozess übernehmen

Beteiligte:
- Schülerinnen und Schüler
- Lehrkräfte

Vorgehen:
Schülerinnen und Schüler können beispielsweise die Verantwortung für die Pflege von Pflanzen, für Arbeitsmaterialien, das Klassenbuch, die Sauberkeit im Klassenraum etc. übernehmen oder bei der Gestaltung des Schulgebäudes, der Organisation von Schulfesten und Ähnlichem mitarbeiten. Ebenfalls förderlich ist die Übernahme von Funktionen, wie zum Beispiel:
- Klassensprecherin/Klassensprecher
- Streitschlichterin und -schlichter
- Pate für jüngere Schülerinnen und Schüler
- Mitglied der Schülermitverwaltung
- Schülermentorin und -mentor (für Sport, Musik, Informatik, Verkehrserziehung etc.)

In Zusammenhang mit der Berufsorientierung soll den Schülerinnen und Schülern die Verantwortung für ihren eigenen Berufswahlprozess verdeutlicht werden. Sie sollen auch möglichst immer in die Planung von Berufsorientierungsaktivitäten einbezogen werden. Beispielsweise sollten sich die Jugendlichen eigenverantwortlich um Praktikumsstellen bemühen und darüber nachdenken, was sie im Praktikum lernen und erfahren möchten.

Verantwortungsübertragung
Beschreibung: Definition und Beschreibung der Maßnahme
Kapitel 4.2.8 (in Qualitätsdimension 2: »Außerunterrichtliche Aktivitäten«)

4.3 Qualitätsdimension 3: »Kooperation Schule – Wirtschaft«

```
Qualitätsdimension 1        Qualitätsdimension 2
Unterrichtliche             Außerunterrichtliche
Aktivitäten                 Aktivitäten

Qualitätsdimension 3        Qualitätsdimension 4
Kooperation                 Kooperation
Schule – Wirtschaft         Schule – weitere Partner
```

Je besser die Schule mit externen Partnern, wie Unternehmen, Verbänden, Hochschulen, der Wirtschaft, der Agentur für Arbeit, der Jugendhilfe etc., vernetzt ist, desto besser ist meist auch die Berufsorientierung der Schülerinnen und Schüler.

Unternehmen sowie Verbände und Kammern der Wirtschaft stellen als stellvertretende Beispiele der späteren Ausbildungs- und Arbeitsplätze der Jugendlichen wichtige Kooperationspartner dar. Die Zusammenarbeit mit Unternehmen ermöglicht den Schülerinnen und Schülern einen unmittelbaren Zugang zu praktischem Wissen über Berufe, Arbeitsaufgaben und den Arbeitsalltag. Lerninhalte aus dem Bildungsplan können in das Lernumfeld »Unternehmen« ausgelagert und dort sehr viel anschaulicher und praxisnäher vermittelt werden.

Schülerinnen und Schüler sammeln beispielsweise durch Praktika in Unternehmen oder durch Betriebserkundungen aktiv eigene Erfahrungen im Arbeitskontext und profitieren vom Praxiswissen und den Erfahrungen, die Vertreter der Unternehmen bei Exkursionen oder bei Veranstaltungen in der Schule zur Verfügung stellen. Die Jugendlichen gewinnen einen Eindruck von ihrer Passung und ihrem Entwicklungsbedarf für den Wunschberuf.

Die Unternehmen ihrerseits können zukünftige Auszubildende kennenlernen und sehen, ob diese in den jeweiligen Betrieb passen. Die Jugendlichen können ihre Vorstellungen von bestimmten Berufen überprüfen und weiterentwickeln. Dies kann unter anderem zu einer geringeren Abbrecherquote in der Ausbildung beitragen.

In der Kooperation Schule – Wirtschaft treten Schulen und potenzielle Ausbildungsstellen in einen Dialog. Das schafft Transparenz bezüglich der Anforderungen und Erwartungen der Ausbildungsbetriebe. Hat die Schule ein Netzwerk an Kooperationspartnern aufgebaut, können Schülerinnen und Schüler dieses nutzen, um berufsorientierende Informationen zu erhalten oder sich wirksam zu bewerben. Neben möglichen Ausbildungsplätzen übernehmen die Betriebe weitere Funktionen für die Berufsorientierung. Im Rahmen von Praktika erhalten die Schülerinnen und Schüler einen realitätsnahen

4 Maßnahmen zur Berufsorientierung

Einblick in die praktische Arbeit von Unternehmen. Darüber hinaus können Betriebe schulische Projektarbeiten unterstützen, indem sie beispielsweise ihre Expertise zur Verfügung stellen und die Schulen bei der Realisierung von Projekten beraten. Außerdem können Kooperationen mit einzelnen Betrieben Türöffner zu weiteren Ausbildungsunternehmen sein.

In den folgenden Unterkapiteln werden einige konkrete Maßnahmen dargestellt, die eine Schule in einer Kooperation Schule – Wirtschaft realisieren kann.

4.3.1 Berufsmessen

Berufsmessen geben einen breiten Überblick über das Ausbildungsangebot und ggf. auch das duale Studienangebot regionaler Unternehmen. Schülerinnen und Schüler haben dabei die Möglichkeit, vorab Kontakte mit Betrieben zu knüpfen und Informationen aus erster Hand über unterschiedliche Berufe zu erhalten.

Berufsmessen

Definition:
Berufsmessen geben Jugendlichen die Chance, sich über Ausbildungs- und Studienmöglichkeiten zu informieren und erste Kontakte mit Betrieben zu knüpfen. Zielgruppe sind Schülerinnen und Schüler aller Schularten, die kurz vor dem schulischen Abschluss stehen.

Ziele:
- Möglichkeit, Kontakte mit Betrieben und Hochschulen zu knüpfen bzw. Bewerbungsunterlagen persönlich weiterzugeben
- Informationen zu Anforderungen und Inhalten des favorisierten Berufes sammeln
- Fragen über Ausbildungsberufe bzw. Studiengänge vorab mit Experten klären
- Verschiedene Wege in das Berufsleben kennenlernen
- Informationen über Berufs- bzw. Karrierechancen sammeln
- eigenes Berufswahlspektrum erweitern
- Trends auf dem Arbeitsmarkt kennenlernen

Beteiligte:
Schülerinnen und Schüler der Abschlussklassen

Vorbereitung:
- Im Unterricht werden Fragen der Jugendlichen zu Berufen bzw. Studiengängen gesammelt (Leitfrage: Was interessiert die Schülerinnen und Schüler am jeweiligen Beruf bzw. Studiengang?). Zur Sammlung von Fragen bieten sich folgende Medien an:
  - Tafelanschrieb: Fragen werden von der Lehrkraft geordnet und strukturiert bzw. ergänzt.

4.3 Qualitätsdimension 3: »Kooperation Schule – Wirtschaft«

- Metaplantechnik: Jede Schülerin und jeder Schüler schreibt zwei bis drei Fragen auf Kärtchen. Die Fragen werden von der Lehrkraft gesammelt und in eine sinnvolle Reihenfolge gebracht. Weitere Leitfragen sind dem Material »Berufsmessen – Leitfragen für Schülerinnen und Schüler« zu entnehmen.
- Anfahrt organisieren

Durchführung:
- Messeplan an die Schülerinnen und Schüler verteilen
- Treffpunkt und Zeit zur Heimfahrt vereinbaren
- Schülerinnen und Schüler in Gruppen über die Messe schicken

Nachbereitung:
- Schülerinnen und Schüler Präsentationen anfertigen und der Klasse vortragen lassen
- Diskussionsrunden im Unterricht:
  - Was wurde auf der Messe erlebt?
  - Welche Vorteile/Nachteile haben bestimmte Berufe?
  - Wurden neue Berufe kennengelernt?
  - Hat sich die bisherige Berufswahl verändert?
- Feedback einholen:
  - Was hat den Schülerinnen und Schülern gefallen? Was nicht?
  - Sollten Schülerinnen und Schüler weiterhin die Berufsmesse besuchen?
  - Waren die Informationen, die von den Betrieben gegeben wurden, ausreichend?
  - Offene Fragen klären bzw. Möglichkeiten erörtern, um Antworten auf diese Fragen zu erhalten.

Selbstorganisierte Berufsmessen:
Neben dem Besuch extern organisierter Berufsmessen kann die Schule auch eigene Berufsmessen organisieren und regional ansässige Unternehmen in die Schule einladen. Ziel dieser selbstorganisierten Berufsmessen ist es, die Schülerinnen und Schüler möglichst über das gesamte Spektrum der regional vorhandenen Angebote zu informieren. Darüber hinaus können auf diesen Messen freie Praktikums- und Ausbildungsplätze vorgestellt werden, für die sich die Jugendlichen direkt bewerben können. Auch zum Thema Bewerbung können sie hilfreiche Tipps erhalten, beispielsweise zur Vorbereitung auf ein Vorstellungsgespräch.

Auf einer solchen Berufsmesse können sich Handwerksbetriebe ebenso vorstellen wie Industrieunternehmen. An Informationsständen präsentieren die Aussteller ihr Berufsfeld sowie mögliche Ausbildungs- oder Studienwege, halten Kurzvorträge und legen Informationsmaterial aus. Auf diesem Weg haben die Schülerinnen und Schüler die Möglichkeit, Informationen über verschiedene Berufswege, Hochschulen und Unternehmen zu erhalten. Offene Fragen rund um das Thema Beruf können direkt beantwortet werden. Die Jugendlichen erfahren aus erster Hand, was von ihnen erwartet wird und welche Voraussetzungen sie für ihren Studien- oder Berufswunsch mitbringen müssen.

Schülerinnen und Schüler bekommen Antworten auf Fragen wie:
- Welche Anforderungen werden in einem Beruf gestellt?
- Welche Voraussetzungen müssen erfüllt werden?
- Welche Perspektiven und Karrierechancen bietet der Beruf?

Ehemalige Schülerinnen und Schüler, die aktuell studieren, sich in der Ausbildung befinden oder bereits im Berufsleben stehen, können ebenso wie Eltern an Informationsständen der Messe ihre Erfahrungen weitergeben.

Die Schülerinnen und Schüler bereiten sich im Unterricht gezielt auf die Berufsmesse vor, indem sie beispielsweise Fragebögen zur systematischen Befragung der Aussteller entwickeln.

Beteiligte:
Schülerinnen und Schüler, Lehrkräfte, Eltern, ehemalige Schülerinnen und Schüler, Berufsberatung, berufliche Schulen, regionale Unternehmen, Hochschulvertreter, Fachleute aus der Arbeitswelt

Berufsmessen
Beschreibung: Definition und Beschreibung der Maßnahme
Kapitel 4.3.1 (in Qualitätsdimension 3: »Kooperation Schule – Wirtschaft«)

Berufsmessen – Leitfragen für Schülerinnen und Schüler
Beschreibung: Leitfragen für Schülerinnen und Schüler für den Besuch einer Berufsmesse
Kapitel 4.3.1 (in Qualitätsdimension 3: »Kooperation Schule – Wirtschaft«)

4.3.2 Betriebsbesichtigung

Die Betriebsbesichtigung wie auch die Betriebserkundung sind Exkursionen in einen Betrieb und werden meist im Klassenverband durchgeführt. Während die Schülerinnen und Schüler bei der Betriebserkundung einen aktiven Part übernehmen, lernen sie den Betrieb im Rahmen der Betriebsbesichtigung relativ oberflächlich und ohne aktive Teilnahme kennen.

Betriebsbesichtigung

Definition:
Die Betriebsbesichtigung ist eine Methode, mit der Unterrichtsinhalte und -fragen durch unmittelbare Beobachtung veranschaulicht werden. Die Schülerinnen und Schüler sammeln Eindrücke außerhalb der Schule, die dann im Unterricht verarbeitet werden. Im Gegensatz zur Betriebs-

4.3 Qualitätsdimension 3: »Kooperation Schule – Wirtschaft«

erkundung betrachten die Jugendlichen bei der Betriebsbesichtigung den gesamten Betrieb mit geringer Zielorientierung. Insofern bleibt die Betriebsbesichtigung oberflächlicher als die Betriebserkundung.

Bei der Betriebsbesichtigung besucht die ganze Klasse einen Betrieb und lernt mehrere Arbeitsplätze und Situationen des Arbeitslebens durch reines Beobachten mit einer konkreten Beobachtungsaufgabe kennen. Die Schülerinnen und Schüler erkunden dabei nicht aktiv und werden nicht praktisch tätig.

Ziel:
- die Arbeitswelt praktisch veranschaulichen

Beteiligte:
- Unternehmen und öffentliche Einrichtungen
- Schulklasse
- Lehrkräfte
- je nach Gruppengröße und Art der Anreise weitere Begleitpersonen
- alternativ können Schülerinnen und Schüler Betriebe auch mit ihren Eltern oder Bekannten besichtigen

Die Komplexität des Besichtigungsobjekts kann mit dem Entwicklungsstand der Schülerinnen und Schüler wachsen. So ist es in den unteren Klassenstufen (5–6) sinnvoll, kleinere Betriebe zu besichtigen und nur einzelne, vorher festgelegte Tätigkeiten zu beobachten.

Beispielhafter Ablauf einer Betriebsbesichtigung:
- Begrüßung und Einführung der Klasse durch ein Betriebsmitglied, kurze Vorstellung des Betriebes, Wiederholen des Beobachtungsauftrags
- Betriebsbesichtigung, Dauer: ein bis zwei Stunden
- Abschlussgespräch: offene Fragen

Vorbereitung:
Im Vorfeld der Betriebsbesichtigung wird der Betrieb mit in die Vorbereitungen einbezogen. Organisatorische Absprachen werden zwischen Lehrkraft und Betrieb getroffen. Die verantwortliche Lehrkraft verschafft sich einen Überblick über die betrieblichen Strukturen und Abläufe.

Nachbereitung:
Die Betriebsbesichtigung wird im Unterricht nachbereitet. Das Gesehene und Erlebte wird mit den Unterrichtsinhalten und den Berufswünschen der Schülerinnen und Schüler in Verbindung gebracht. Offene Fragen werden gestellt und eventuell an den Betrieb weitergegeben.

Zur organisatorischen Unterstützung einer Betriebsbesichtigung kann auf die Materialien »Betriebsbesichtigung – Lehrkräftecheckliste« und »Betriebsbesichtigung – Betriebscheckliste« zurückgegriffen werden.

4 Maßnahmen zur Berufsorientierung

Betriebsbesichtigung
Beschreibung: Definition und Beschreibung der Maßnahme
Kapitel 4.3.2 (in Qualitätsdimension 3: »Kooperation Schule – Wirtschaft«)

Betriebsbesichtigung – Lehrkräftecheckliste
Beschreibung: Notwendige Schritte zur Vorbereitung, Durchführung und Nachbereitung der Maßnahme aufseiten der Lehrkraft
Kapitel 4.3.2 (in Qualitätsdimension 3: »Kooperation Schule – Wirtschaft«)

Betriebsbesichtigung – Betriebscheckliste
Beschreibung: Notwendige Schritte zur Vorbereitung, Durchführung und Nachbereitung der Maßnahme aufseiten des Betriebes
Kapitel 4.3.2 (in Qualitätsdimension 3: »Kooperation Schule – Wirtschaft«)

4.3.3 Betriebserkundung

Die Betriebserkundung ist eine Exkursion in einen Betrieb mit Erkundungsauftrag. Der Erkundungsauftrag ist an den Entwicklungsstand der Schülerinnen und Schüler angepasst: Am Anfang des Berufsorientierungsprozesses erteilt die Lehrkraft einen einfachen Erkundungsauftrag. In den späteren Phasen erarbeiten die Schülerinnen und Schüler selbstständig Leitfragen zur Erkundung komplexer Themen (Projektaufträge).

Betriebserkundung

Definition:
Die Betriebserkundung wird zur speziellen Vertiefung oder praktischen Illustration bestimmter Unterrichtsinhalte durchgeführt. Praxisnahe Erfahrungen ergänzen das Lernen in der Schule oder ersetzen es teilweise: Bei der Betriebserkundung erhalten die Schülerinnen und Schüler einen Erkundungsauftrag oder eine Fragestellung, die sie während des Aufenthalts im Betrieb durch genaues Beobachten oder Befragen der Mitarbeiter selbstständig bearbeiten. Sie konstruieren ihr Wissen also aktiv. Die Bearbeitung des Erkundungsauftrages findet nicht im Klassenverband, sondern in Kleingruppen statt. Jede Kleingruppe kann dabei einen eigenen Erkundungsauftrag erhalten.

Ziel:
- praktische Erfahrung im Betrieb aktiv sammeln

4.3 Qualitätsdimension 3: »Kooperation Schule – Wirtschaft«

Beteiligte:
- Schülerinnen und Schüler
- Lehrkräfte
- Betrieb

Teilaspekte von Betrieben, die sich für die Betriebserkundung eignen:
- technologischer Aspekt: Arbeits- und Fertigungsabläufe, Fabrikationsweg eines Produktes, Werkstoffe, Funktionsweisen von Maschinen
- ökonomischer Aspekt: Betriebszweck, Rechtsform, Rentabilitätsentwicklung, Marketing
- sozialer Aspekt: Arbeitsbedingungen, Entlohnung, Konfliktregulierung
- berufsorientierender Aspekt: berufstypische Tätigkeiten und Arbeitsplätze, betriebliche Ausbildungspläne, Anforderungen an die schulische Vorbildung
- ökologischer Aspekt: Umweltbelastung, Energiebedarf, Entsorgungsverfahren

Weitere Anregungen für Erkundungsaufträge können dem Material »Betriebserkundung – Leitfragen für Schülerinnen und Schüler« entnommen werden. Das Material beinhaltet eine Fragensammlung zu den unterschiedlichen Aspekten der Betriebserkundung, aus der ein individueller, auf die jeweilige Betriebserkundung zugeschnittener Fragenkatalog zusammengestellt werden kann.

Das Material »Betriebserkundung – Reflexionsbogen für Schülerinnen und Schüler« kann für die Nachbereitung von Betriebserkundungen genutzt werden.

Vorbereitung:
Wie bei der Betriebsbesichtigung wird der Betrieb mit in die Vorbereitungen einbezogen. Organisatorische Absprachen werden getroffen. Dazu gehört auch, dass sich die verantwortliche Lehrkraft und der betriebliche Ansprechpartner darauf verständigen, welche Aspekte die Schülerinnen und Schüler erkunden und in welchem Umfang sie dabei aktiv werden dürfen: Mitarbeiterinnen und Mitarbeiter befragen, in der Produktion Hand anlegen, sich auf dem Betriebsgelände frei bewegen etc. Die Lehrkraft verschafft sich einen Überblick über die betrieblichen Strukturen und Abläufe, sodass sie passende Erkundungsaufträge erteilen oder mit den Schülerinnen und Schülern erarbeiten kann.

Nachbereitung:
Die Betriebserkundung wird im Unterricht nachbereitet. Der Erkundungsauftrag wird durch das Gesehene und Erlebte beantwortet. Eine Verbindung der Erfahrung mit den Unterrichtsinhalten und den Berufswünschen der Schülerinnen und Schüler wird hergestellt. Offene Fragen werden gestellt und eventuell an den Betrieb weitergegeben.

Zur organisatorischen Unterstützung einer Betriebserkundung kann auf die Materialien »Betriebserkundung – Lehrkräftecheckliste« und »Betriebserkundung – Betriebscheckliste« zurückgegriffen werden.

4 Maßnahmen zur Berufsorientierung

Weiterführende Literatur und Links:

Bundesagentur für Arbeit – planet Beruf. »Unterrichtsidee: Betriebserkundung vorbereiten«. www.planet-beruf.de/Unterrichtsidee-Bet.15484.0.html (Zugriff am 31.3.2015).

Hessisches Kultusministerium/Institut für Qualitätsentwicklung (IQ) (Hrsg.). Leitfaden zur aktiven Betriebserkundung. Wiesbaden 2005.

Regionalteam Oberpfalz in der Landesarbeitsgemeinschaft Arbeit-Wirtschaft-Technik. »Leitfaden zur Betriebserkundung für Betriebe und Lehrer«. www.regierung.oberpfalz.bayern.de/leistungen/schule/info/hauptschulinitiative/leitfaden_betriebserkundung.pdf (Zugriff am 31.3.2015).

Wirtschaftskammern Österreichs. »Betriebserkundungen: Leitfaden für Betriebe, Lehrer und Schüler«. www.eduhi.at/dl/Betriebserkundung_Leitfaden.pdf (Zugriff am 31.3.2015).

Betriebserkundung
Beschreibung: Definition und Beschreibung der Maßnahme
Kapitel 4.3.3 (in Qualitätsdimension 3: »Kooperation Schule – Wirtschaft«)

Betriebserkundung – Lehrkräftecheckliste
Beschreibung: Notwendige Schritte zur Vorbereitung, Durchführung und Nachbereitung der Maßnahme aufseiten der Lehrkraft
Kapitel 4.3.3 (in Qualitätsdimension 3: »Kooperation Schule – Wirtschaft«)

Betriebserkundung – Betriebscheckliste
Beschreibung: Notwendige Schritte zur Vorbereitung, Durchführung und Nachbereitung der Maßnahme aufseiten des Betriebes
Kapitel 4.3.3 (in Qualitätsdimension 3: »Kooperation Schule – Wirtschaft«)

Betriebserkundung – Leitfragen für Schülerinnen und Schüler
Beschreibung: Beispielhafte Fragensammlung für Schülerinnen und Schüler zu verschiedenen Aspekten der Betriebserkundung
Kapitel 4.3.3 (in Qualitätsdimension 3: »Kooperation Schule – Wirtschaft«)

Betriebserkundung – Reflexionsbogen für Schülerinnen und Schüler
Beschreibung: Fragen zur Selbstreflexion, anhand derer die Schülerinnen und Schüler Betriebserkundungen nachbereiten können
Kapitel 4.3.3 (in Qualitätsdimension 3: »Kooperation Schule – Wirtschaft«)

4.3 Qualitätsdimension 3: »Kooperation Schule – Wirtschaft«

4.3.4 Betriebspraktikum

In einem Betriebspraktikum arbeiten Schülerinnen und Schüler für einen begrenzten Zeitraum in einem bestimmten Beruf. Sie lernen die Berufswelt somit direkt kennen. Auch das an vielen Schulen durchgeführte Sozialpraktikum kann eine berufsorientierende Funktion erfüllen. Geeignete Institutionen hierfür sind beispielsweise Krankenhäuser, Altenheime, Kindergärten und verschiedenste Einrichtungen von Wohlfahrtsverbänden (AWO, Caritas, Deutsches Rotes Kreuz etc.).

Betriebspraktikum

Definition:
Das Betriebspraktikum ist eine der bekanntesten und am weitesten verbreiteten Berufsorientierungsmaßnahmen und häufig ins Curriculum der Schule eingeordnet. Es ist ein Oberbegriff für Aktivitäten, bei denen Schülerinnen und Schüler unmittelbar Erfahrungen in der Arbeitswelt sammeln. Die Aufgaben und Aktivitäten der Jugendlichen während des Praktikums variieren je nach Art des Praktikums und der Praktikumsstelle beträchtlich.

Viele Zielberufe und Praktikumsplätze eignen sich dazu, dass die Schülerinnen und Schüler aktiv und selbstständig mitarbeiten. Bei komplexeren Zielberufen, wie sie vor allem für die Sekundarstufe II interessant sind, können die Schülerinnen und Schüler weniger aktiv werden. Bei solchen Praktikumsstellen liegt der Schwerpunkt auf der Beobachtung und Informationsbeschaffung. Neben dem Praktikum im Wunschberuf hat auch ein sogenanntes Kontrastpraktikum einen berufsorientierenden Effekt. Dabei absolvieren die Schülerinnen und Schüler ihr Praktikum in einem anderen Bereich als in ihrem Wunschberuf.

Formen des Betriebspraktikums:
- Schnupperpraktikum: wenige Tage dauerndes, oberflächliches Kennenlernen eines Berufes
- Blockpraktikum: an mehreren aufeinanderfolgenden Tagen, zusammenhängend
- Tagespraktikum/Langzeitpraktikum: einen Tag pro Woche, über einen längeren Zeitraum
- Sozialpraktikum: meist einwöchiges Praktikum in einer sozialen Einrichtung

Ziele:
- Fragen, die im Unterricht auftreten, werden durch Praxiserfahrung beantwortet; Unterrichtsinhalte werden in die Praktikumsstelle ausgelagert und dadurch erlebbar.
- Schülerinnen und Schüler gewinnen einen realistischen Eindruck ihres favorisierten Berufes und ihrer Eignung bzw. ihres Entwicklungsbedarfs.
- Schülerinnen und Schüler lernen das Bewerbungsverfahren kennen.
- Kontakte für einen eventuellen Ausbildungsplatz werden geknüpft.
- Schülerinnen und Schüler werden individuell gefördert.

4 Maßnahmen zur Berufsorientierung

Beteiligte:
- Schülerinnen und Schüler
- potenzielle Arbeitgeber, z. B. Unternehmen, öffentliche Einrichtungen, Ämter (davon je eine Ansprechperson)
- Lehrkräfte

Vorgehen:
Die Schule weist den Schülerinnen und Schülern bestimmte Praktikumsplätze zu, wenn ihnen die Suche danach aufgrund ihres Alters oder Wissensstandes noch nicht übertragen werden kann. Sieht die Konzeption der Schule dies vor, wird das Praktikum von den Schülerinnen und Schülern möglichst selbstständig organisiert und durchgeführt. Sie wählen ihren Praktikumsplatz nach Interesse aus, nehmen Kontakt auf, durchlaufen den Bewerbungsprozess mit schriftlicher Bewerbung und Vorstellungsgespräch und kümmern sich um die organisatorischen Absprachen mit der Praktikumsstelle, z. B. über den Zeitrahmen, die Betreuung und die Aufgaben im Praktikum.

Diese selbstständige Organisation stellt für die Schülerinnen und Schüler eine Herausforderung dar. Damit sie diese bewältigen können, werden sie von der verantwortlichen Lehrkraft betreut und begleitet. Ihnen werden von der Lehrkraft klare Rahmenbedingungen für das Praktikum genannt (z. B. über die Dauer des Praktikums oder dass sie einen festen Ansprechpartner im Betrieb finden sollen).

Außerdem wird das Betriebspraktikum so ins Berufsorientierungscurriculum eingeordnet, dass die Schülerinnen und Schüler zum Zeitpunkt des Praktikums auf erworbene Kompetenzen, wie selbstständige Recherche, Verfassen von Bewerbungen, Einschätzung eigener Interessen, Stärken und Schwächen, zurückgreifen können. Als Anhaltspunkt dafür, welches Verhalten von den Jugendlichen im Umgang mit dem Betrieb erwartet wird, kann ihnen das Material »Betriebspraktikum – Verhaltensregeln für Schülerinnen und Schüler« an die Hand gegeben werden.

Ein Problem, das häufig auftritt, wenn Schülerinnen und Schüler ein Praktikum in einem Betrieb machen, besteht darin, dass den Beschäftigten nicht klar ist, welche Aufgaben eine Schülerin oder ein Schüler übernehmen kann und darf. Aufgrund dieser Unklarheit werden den Praktikantinnen und Praktikanten oft sehr einfache Tätigkeiten (z. B. Reinigungs- oder Sortieraufgaben) übertragen, bei denen kaum ein Lernzuwachs zu erwarten ist. Diesem Problem kann durch konkrete Projektaufträge begegnet werden: Die Schülerinnen und Schüler erhalten von der Lehrkraft den Auftrag, bestimmte Lerninhalte im Praktikum in Erfahrung zu bringen bzw. einzuüben. Sie bringen das erworbene Wissen dann in den Unterricht ein, sodass alle davon profitieren.

Bei der Vergabe der Projektaufträge wird auf die individuellen Voraussetzungen der Schülerinnen und Schüler Rücksicht genommen:
- Die Komplexität des Projektauftrags wird an den Stand der Berufsorientierung angepasst: Am Anfang des Prozesses, in den Klassen 5 und 6, wird den Schülerinnen und Schülern nur aufgetragen, die Tätigkeiten am Praktikumsplatz genau zu beobachten (z. B. welche Materialien werden verwendet und mit welchen Werkzeugen bearbeitet). Im Verlauf des Berufsorientierungsprozesses werden die Projektaufträge komplexer und die Schülerinnen und Schüler werden dann zudem in die Erstellung der Projektaufträge eingebunden.

4.3 Qualitätsdimension 3: »Kooperation Schule – Wirtschaft«

- Der Inhalt der Projektaufträge ist auf die Stärken und Schwächen der Schülerin bzw. des Schülers abzustimmen.

Da das Betriebspraktikum nicht im Klassenverband, sondern individuell stattfindet und jede Schülerin und jeder Schüler einen Praktikumsbetreuer im Betrieb hat, ist eine gezielte, persönliche Förderung der Einzelnen besser möglich als im Unterricht.

Betreuung im Praktikum:
Die Betreuung durch eine feste Ansprechperson am Praktikumsort ist entscheidend für den Lernzuwachs der Schülerinnen und Schüler im Praktikum. Die Aufgaben der Praktikumsbetreuung umfassen:
- Erstellen eines Praktikumsplans:
  - Einblick in alle wesentlichen Arbeitsbereiche
  - Zuteilung und Beaufsichtigung angemessener Arbeitsaufgaben
- Informationen über:
  - im Betrieb geltende Regeln (z. B. zur Arbeitssicherheit)
  - das Berufsfeld
  - die Arbeitstätigkeit
- Begleitung der Praktikantin bzw. des Praktikanten:
  - Lob und Motivation
  - Klärung von Fragen und Unklarheiten
  - Ansprechperson bei Unstimmigkeiten
- Rückmeldungen an die Praktikantin bzw. den Praktikanten über:
  - die Qualität der Bewerbungsunterlagen
  - das Auftreten beim Bewerbungsgespräch
  - das Verhalten während des Praktikums
  - die beobachteten Stärken
  - den wahrgenommenen Entwicklungsbedarf
- Kommunikation mit der Lehrkraft:
  - Rückmeldegespräch über die Schülerin bzw. den Schüler
  - Rückmeldegespräch über die schulische und betriebliche Vorbereitung und Organisation des Praktikums im Sinne des Qualitätsmanagements
  - Ausstellen einer Praktikumsbescheinigung

Unterrichtliche Vor- und Nachbereitung:
Das Betriebspraktikum wird im Unterricht vor- und nachbereitet. Dies ist für den Lernerfolg der Schülerinnen und Schüler ausschlaggebend. Die wichtigsten Schritte dafür sind im Material »Betriebspraktikum – Lehrkräftecheckliste« zusammengestellt. In der unterrichtlichen Praktikumsvorbereitung geht es schwerpunktmäßig darum zu klären, welcher Tätigkeitsbereich für die Schülerin oder den Schüler interessant ist, welche offenen Fragen durch das Praktikum beantwortet werden können und welche Erwartungen an das Praktikum bestehen.

4 Maßnahmen zur Berufsorientierung

Das wichtigste Element der schulischen Nachbereitung ist das Anfertigen eines Praktikumsberichtes. Welche Inhalte darin beschrieben werden können, ist im Material »Praktikumsbericht« aufgeführt. Die formalen und inhaltlichen Anforderungen an den Bericht werden schon zu Beginn des Praktikums bekannt gegeben, damit die Schülerinnen und Schüler während des Praktikums gezielt Protokoll über ihre Tätigkeiten führen können. Sie schicken dann ihren Praktikumsbericht mit einem Dankschreiben an ihren Praktikumsbetreuer. Die Lernergebnisse des Praktikums können den anderen Schülerinnen und Schülern in Form von Wandplakaten oder Präsentationen zur Verfügung gestellt werden.

Der Ablauf eines Praktikums ist als schematische Darstellung in den Materialien enthalten (»Betriebspraktikum – schematischer Ablauf«). Die Materialien »Betriebspraktikum – Bestätigung zur Praktikanteneinstellung« und »Betriebspraktikum – Zertifikat« können als Kopiervorlagen verwendet oder als Dateien den jeweiligen Betrieben zum Ausfüllen gegeben werden.

Weiterführende Literatur und Links:

Böwering, Andreas. *Arbeitsmappe Betriebspraktikum: Recherche, Bericht, Selbsteinschätzung.* Buxtehude 2010.

Kusterer, Sabine, und Elisabeth Wieland. *Auer Arbeitsheft zum Betriebspraktikum.* Donauwörth 2006.

Selbach, Angelika. *Leitfaden fürs Betriebspraktikum. Thema Wirtschaft.* Heft 94. Hrsg. IW Köln. Köln 2005.

Im Rahmen berufsorientierender Maßnahmen – besonders bei Praktika – sind die Vorschriften des Jugendarbeitsschutzgesetzes einzuhalten. Informationen dazu liefern die Bundesanstalt für Arbeitsschutz und Arbeitsmedizin (www.baua.de) und die jeweiligen Arbeitsschutzbehörden der Länder.

Betriebspraktikum
Beschreibung: Definition und Beschreibung der Maßnahme
Kapitel 4.3.4 (in Qualitätsdimension 3: »Kooperation Schule – Wirtschaft«)

Betriebspraktikum – schematischer Ablauf
Beschreibung: Schematischer Ablauf eines Betriebspraktikums
Kapitel 4.3.4 (in Qualitätsdimension 3: »Kooperation Schule – Wirtschaft«)

Betriebspraktikum – Lehrkräftecheckliste
Beschreibung: Notwendige Schritte zur Vorbereitung, Durchführung und Nachbereitung der Maßnahme
Kapitel 4.3.4 (in Qualitätsdimension 3: »Kooperation Schule – Wirtschaft«)

4.3 Qualitätsdimension 3: »Kooperation Schule – Wirtschaft«

Betriebspraktikum – Bestätigung zur Praktikanteneinstellung
Beschreibung: Vorlage für eine vom Betrieb auszufüllende Bestätigung zur Einstellung von Praktikanten
Kapitel 4.3.4 (in Qualitätsdimension 3: »Kooperation Schule – Wirtschaft«)

Betriebspraktikum – Zertifikat
Beschreibung: Vorlage für eine Urkunde zu einem absolvierten Betriebspraktikum
Kapitel 4.3.4 (in Qualitätsdimension 3: »Kooperation Schule – Wirtschaft«)

Betriebspraktikum – Verhaltensregeln für Schülerinnen und Schüler
Beschreibung: Verhaltensregeln für Schülerinnen und Schüler im Betriebspraktikum
Kapitel 4.3.4 (in Qualitätsdimension 3: »Kooperation Schule – Wirtschaft«)

Betriebspraktikum – Praktikumsbericht
Beschreibung: Beispielhafter Inhalt und Aufbau eines Praktikumsberichtes
Kapitel 4.3.4 (in Qualitätsdimension 3: »Kooperation Schule – Wirtschaft«)

4.3.5 Girls' Day

Mädchen schränken sich in ihrem Berufswahlspektrum häufig sehr ein, indem sie technische und naturwissenschaftliche Berufe nicht für sich in Betracht ziehen. Dabei sehen Unternehmen vor allem in diesen Bereichen einen künftigen Personalbedarf.

Wichtig ist es deshalb, Rollenklischees in der Berufswahl zu hinterfragen und diesen entgegenzuwirken. Im Sinne dieses Anspruchs kann eine Schule an den sogenannten Girls' Days teilnehmen.

Girls' Day

Definition:
Der Girls' Day ist ein Angebot, das der Verein Kompetenzzentrum Technik-Diversity-Chancengleichheit e.V. auf Bundesebene koordiniert. Am Girls' Day, dem Mädchen-Zukunftstag, haben Mädchen die Möglichkeit, Einblick in ein technisches Berufsfeld zu bekommen. Firmen und Einrichtungen bieten hierzu entsprechende Veranstaltungen an.

Ziele:
- Zukunftsperspektiven für Mädchen eröffnen
- Kontakte für die berufliche Zukunft der Mädchen herstellen
- Öffentlichkeit und Wirtschaft auf die Stärken der Mädchen aufmerksam machen

4 Maßnahmen zur Berufsorientierung

Beteiligte:
- Schülerinnen der Klassen 5 bis 10, Alter zwischen 10 und 16 Jahren
- technische Unternehmen, Betriebe mit technischen Abteilungen und Ausbildungen, Hochschulen, Forschungszentren

Vorgehen:
Die weiter unten genannten Aktionspartner sind in regionalen Arbeitskreisen organisiert, welche die Unternehmen, Hochschulen, Forschungseinrichtungen usw. der entsprechenden Branchen bei der Vorbereitung des Girls' Day unterstützen. So wird den Schülerinnen ein vielfältiges Programm geboten:
- praktische Tätigkeiten in Labors, Büros, Werkstätten, Redaktionsräumen
- persönliche Gespräche und Interviews mit Beschäftigten, v. a. mit Frauen
- Berichte von Frauen in Führungspositionen über ihren Alltag
- fiktive Einstellungsgespräche
- fiktive Einstellungstests
- Hinweise zu Bewerbungsverfahren

Die Unternehmen und weiteren Einrichtungen veröffentlichen ihr entsprechendes Angebot im Internet auf der Projekthomepage www.girls-day.de oder in der örtlichen Presse. Die Schülerinnen melden sich selbst zu den Veranstaltungen an.

Vorbereitung:
Die Schule hat einen relativ geringen Organisationsaufwand in der Vorbereitung und kann sich auf folgende Punkte beschränken:
- Auswahl eines oder mehrerer Unternehmen oder Einrichtungen
- Information der Mädchen und Eltern über den Girls' Day
- inhaltliche Vorbereitung der Mädchen:
  - Lernziele definieren, z. B. Identitätsbildung, Auseinandersetzung mit geschlechtsspezifischen Rollen in Berufen
  - über die Problematik des geschlechtsspezifischen Berufswahlverhaltens, neue Berufsbilder und neue Perspektiven informieren
  - Techniken für die Informationsbeschaffung vermitteln
  - Materialien, z. B. Interviewfragen, erstellen
  - Erwartungen an den Girls' Day formulieren lassen

Nachbereitung:
Die Nachbereitung des Girls' Day findet ebenfalls in der Schule statt. Je intensiver die Nachbereitung der Erfahrungen ist, desto stärker profitieren die Schülerinnen vom Girls' Day. Zur Nachbereitung gehört beispielsweise:
- Erfahrungen sammeln und austauschen, z. B. durch freies Berichten und Erzählen, Pantomime, bereits vorbereitete Fragen der Lehrkraft, Partnerinterviews

4.3 Qualitätsdimension 3: »Kooperation Schule – Wirtschaft«

- Erfahrungen im Berufswahlportfolio dokumentieren
- Präsentation im schulinternen Umfeld (Schülerzeitung, Wandplakat, Collage, Webseite der Schule etc.)
- Erwartungen überprüfen und mit Erlebnissen vergleichen
- Erfahrungen zur Vorbereitung auf ein Betriebspraktikum nutzen und in den Unterricht integrieren

Weitere Informationen unter:
www.girls-day.de

Förderung durch:
- Bundesministerium für Bildung und Forschung (BMBF)
- Bundesministerium für Familie, Senioren, Frauen und Jugend (BMFSFJ)
- Deutscher Gewerkschaftsbund (DGB)
- Initiative D21
- Bundesagentur für Arbeit
- Bundesvereinigung der Deutschen Arbeitgeberverbände (BDA)
- Deutscher Industrie- und Handelskammertag (DIHK)
- Bundesverband der Deutschen Industrie (BDI)
- Zentralverband des Deutschen Handwerks (ZDH)
- Mittel aus dem Europäischen Sozialfonds

Begleitung und Organisation des Projekts durch:
- Vertreterinnen und Vertreter der Aktionspartner
- Kultusministerkonferenz (KMK)
- Gleichstellungs- und Frauenministerkonferenz (GFMK)

Weiterführende Literatur und Links:
Abteilung Frauen der Senatsverwaltung für Arbeit, Integration und Frauen: »Girls' Day. Mädchen Zukunftstag«. www.berlin.de/sen/frauen/bildung/girls-day (Zugriff am 25.11.2014.).
Bildungswerk der Wirtschaft Mecklenburg-Vorpommern e.V. »Girls' Day Landeskoordinierung«. www.girlsday-mv.de/cms (Zugriff am 31.3.2015).
Bundesagentur für Arbeit – Regionaldirektion Baden-Württemberg und Verband der Metall- und Elektroindustrie Baden-Württemberg e. V. – Südwestmetall. »Die Girls' Day Akademie«. www.girls-day-akademie.de/Akademien/Die_Girls_Day_Akademie (Zugriff am 31.3.2015).
Ministerium für Integration, Familie, Kinder, Jugend und Frauen Rheinland-Pfalz: »Girls' Day«. www.girlsday.rlp.de (Zugriff am 31.3.2015).

Girls' Day
Beschreibung: Definition und Beschreibung der Maßnahme
Kapitel 4.3.5 (in Qualitätsdimension 3: »Kooperation Schule – Wirtschaft«)

4.3.6 Lehrerbetriebspraktikum

Im Sinne der Berufsorientierung ist es hilfreich, wenn Lehrkräfte im Rahmen von Praktika den Arbeitsalltag in Unternehmen praktisch kennenlernen. Eigene einschlägige Erfahrungen sollen dazu beitragen, Schülerinnen und Schüler gezielter auf das spätere Berufsleben vorzubereiten. Die Lehrkräfte können so ihre praktischen Erfahrungen und vor Ort gewonnenen Informationen aus erster Hand an die Jugendlichen weitergeben. Für Lehrerbetriebspraktika eignen sich besonders Betriebe oder Unternehmen, die auch Praktikums- und Ausbildungsplätze für Schülerinnen und Schüler anbieten. Diese Formen der Praktika werden in Eigenverantwortung der Schule in Absprache mit der Schulleitung durchgeführt oder in einigen Bundesländern im Rahmen der regionalen bzw. überregionalen Lehrerfortbildung angeboten. Auch einige Handwerkskammern bieten Lehrerbetriebspraktika an. Die Internetadressen der regionalen Handwerkskammern sind auf der Seite des Zentralverbands des Deutschen Handwerks (www.zdh.de) erhältlich.

Lehrerbetriebspraktikum

Definition:
Im Rahmen eines Lehrerbetriebspraktikums haben Lehrkräfte die Möglichkeit, die Unternehmenswelt praktisch kennenzulernen. Dabei erhalten sie Einblicke in Arbeitsabläufe und soziale Strukturen von Unternehmen sowie in die Tätigkeitsfelder der Mitarbeiter. Ein Lehrerbetriebspraktikum wird üblicherweise nicht in einem zusammenhängenden Zeitraum durchgeführt, sondern zeitlich gestückelt – je nachdem, wie es der zeitliche Rahmen erlaubt.

Ziele:
Lehrkräfte sollen
- einen realistischen Eindruck der Arbeitswelt, der betrieblichen Abläufe und der wirtschaftlichen Grundlagen erhalten,
- über die unterschiedlichen Berufswahlmöglichkeiten in der Region informiert werden,
- persönliche Erfahrungen mit Kunden, Produkten, Personal etc. sammeln (Sorgfaltspflicht, Arbeitsschutz, Teamfähigkeit etc.),
- Schlüsselqualifikationen erwerben und diese an die Schülerinnen und Schüler weitergeben: Teamfähigkeit, Kritikfähigkeit etc.,
- berufliche Anforderungen erkennen (notwendige Qualifikationen vor Berufseintritt) und im Unterricht vermitteln,
- fachliche Informationen für den Unterricht sammeln (z. B. für Arbeits- und Wirtschaftsunterricht, Gemeinschaftskundeunterricht).

4.3 Qualitätsdimension 3: »Kooperation Schule – Wirtschaft«

Beteiligte:
- Lehrkräfte
- Unternehmen

Vorbereitung:
- Vorbedingung: gute Kontakte der Schule zu regionalen Betrieben
- Hilfreich ist es, eine Arbeitsgruppe einzurichten, welche die Lehrerbetriebspraktika koordiniert und plant. Mitglieder dieser Arbeitsgruppe könnten sein:
    - Arbeitskreise *SCHULE*WIRTSCHAFT
    - Schulaufsicht
    - Verbände und Kammern der Wirtschaft
    - Arbeitgeberverbände
    - Ausbildungsleiter von Unternehmen
    - Berufsberatung der Arbeitsagentur der Region
- Pressearbeit/Öffentlichkeitsarbeit, um Betriebe zu animieren, Lehrerpraktika anzubieten
- Gespräch mit Unternehmensleitung
- Rundgang durch den Betrieb zur Klärung der Einsatzmöglichkeiten

Möglicher Verlauf:
- prinzipiell ähnlich wie das Betriebspraktikum für Schülerinnen und Schüler (siehe Kapitel 4.3.4)

Nachbereitung:
- Erfahrungen reflektieren und für den eigenen Unterricht aufarbeiten
- Austausch mit anderen Lehrerpraktikanten und gemeinsame Integration der Eindrücke in den Unterricht
- mit Firmenvertretern Eindrücke austauschen

Bei der Organisation eines Lehrerbetriebspraktikums kann auf das Material »Lehrerbetriebspraktikum – Lehrkräftecheckliste« zurückgegriffen werden.

Lehrerbetriebspraktikum
Beschreibung: Definition und Beschreibung der Maßnahme
Kapitel 4.3.6 (in Qualitätsdimension 3: »Kooperation Schule – Wirtschaft«)

Lehrerbetriebspraktikum – Lehrkräftecheckliste
Beschreibung: Notwendige Schritte zur Vorbereitung, Durchführung und Nachbereitung der Maßnahme
Kapitel 4.3.6 (in Qualitätsdimension 3: »Kooperation Schule – Wirtschaft«)

4.3.7 Lernpartnerschaften

Lernpartnerschaften zwischen Schulen und Unternehmen ermöglichen vielfältige Formen der Zusammenarbeit, die sowohl den Schulen und ihren Schülerinnen und Schülern als auch den Wirtschaftsunternehmen Vorteile bringen können.

Lernpartnerschaften

Definition:
Lernpartnerschaften bezeichnen dauerhafte Kooperationen zwischen Schulen und Unternehmen. Die Zusammenarbeit kann in verschiedenen Bereichen erfolgen.

Ziele/Gewinn für die Schulen:
- Schülerinnen und Schüler lernen frühzeitig mögliche Ausbildungsplätze und Arbeitgeber in der Region kennen.
- Schülerinnen und Schüler erhalten von Fachleuten Informationen zu bestimmten Berufsfeldern und deren Anforderungen.
- Schülerinnen und Schüler erfahren, welche konkreten Anforderungen an Auszubildende gestellt werden.
- Der Unterricht kann anschaulich und praxisnah gestaltet werden.
- Die für verschiedene Berufsfelder bzw. für das Berufsleben allgemein benötigten Kompetenzen werden in Zusammenarbeit mit Fachleuten aus der Wirtschaft im Unterricht gezielt gefördert.
- Die Zusammenarbeit mit Unternehmen verschafft den Schulen eine Möglichkeit zur positiven Darstellung in der Öffentlichkeit.

Ziele/Gewinn für die Unternehmen:
- Unternehmen lernen spätere potenzielle Ausbildungsplatzbewerber frühzeitig kennen.
- Unternehmen haben die Möglichkeit, die Anforderungen, die sie an Auszubildende stellen, direkt zu vermitteln.
- Unternehmen können dazu beitragen, dass für die Arbeitswelt notwendige Kompetenzen in der Schule gezielt gefördert werden, um eine höhere Übereinstimmung zwischen Anforderungsprofil der Wirtschaft und Kompetenzprofil der Schülerinnen und Schüler zu erreichen.
- Die Zusammenarbeit mit Schulen verschafft den Unternehmen eine Möglichkeit zur positiven Darstellung in der Öffentlichkeit.

Beispiele für mögliche Kooperationsinhalte:
- Vorträge von Unternehmensvertretern an der Schule zu verschiedenen Themen (Informationen über Berufsfelder, Anforderungen an Auszubildende etc.)
- gemeinsame Veranstaltungen wie Workshops, z. B. Bewerbungstrainings mit Rollenspielen, Assessment-Center-Übungen etc.

4.3 Qualitätsdimension 3: »Kooperation Schule – Wirtschaft«

- Betriebspraktika und Betriebserkundungen für Schülerinnen und Schüler
- Lehrerbetriebspraktika im Unternehmen
- Zusammenarbeit/Erfahrungsaustausch zwischen Lehrkräften und Unternehmensvertretern zur Verbesserung des Übergangs von der Schule in die Ausbildung
- gemeinsame Konzeption von berufsorientierendem, praxisnahem Unterricht, wirtschaftsorientierten Schulprojekten, Planspielen etc.
- Einbeziehen von Wirtschaftsfachleuten in den Unterricht
- individuelle Unterstützung der Schülerinnen und Schüler, z. B. durch Schülerpatenschaften von Auszubildenden oder anderen Unternehmensvertretern

Beteiligte:
- Schulen, Schülerinnen und Schüler
- Unternehmen (meist aus der Region)

Kooperationsvereinbarung:
In einer Kooperationsvereinbarung halten zwei Kooperationspartner – beispielsweise die Schule und ein regionales Unternehmen – ihre Vereinbarungen über die Zusammenarbeit schriftlich fest. So werden die Vereinbarungen verbindlich, ein Rechtsanspruch besteht allerdings nicht. Der Zeitraum, in dem der Vertrag gültig ist, kann von den Partnern frei gewählt werden. Von Vorteil sind langfristig angelegte Kooperationen. So können für einzelne Klassenstufen Maßnahmen geplant werden, die dann in jedem Schuljahr in der jeweiligen Klassenstufe durchgeführt werden.

Beispielsweise kann vereinbart werden, dass jedes Jahr ein bestimmter Mitarbeiter aus der Personalabteilung eines Unternehmens in den Deutschunterricht der Klasse 8 kommt, um Tipps rund um die Bewerbung zu geben. Oder es wird im Rahmen des Chemieunterrichts mit jeder 9. Klasse eine Betriebsbesichtigung zum Thema betrieblicher Umweltschutz durchgeführt.

Eine Kooperationsvereinbarung systematisiert die Zusammenarbeit und die Kommunikation zwischen den Partnern sowie die gemeinsam durchgeführten Aktivitäten zur Berufsorientierung. Durch konkretes Verteilen von Verantwortlichkeiten an bestimmte Personen wird Verbindlichkeit hergestellt und die Planung und Umsetzung von Aktivitäten werden erleichtert. Aus einer Kooperationsvereinbarung können sich auch neue Kooperationsideen und Projekte entwickeln.

Eine Vorlage für eine solche Vereinbarung bietet das Material »Lernpartnerschaften – Kooperationsvereinbarung«.

Beispiel TheoPrax:
TheoPrax ist eine 1996 entstandene Lehr- und Lernmethodik, deren Ziel die Verzahnung von Ausbildung und Wirtschaft und somit die Verbindung von Theorie und Praxis ist.

TheoPrax wird übergeordnet vom Fraunhofer Institut für Chemische Technologie (ICT) in Pfinztal betreut. Darüber hinaus gibt es mittlerweile in elf Bundesländern Kommunikationszentren für die regionale Betreuung. Zu dem Netzwerk gehören Schulen, Hochschulen, Unternehmen und auch einige Verbände und Kommunen.

4 Maßnahmen zur Berufsorientierung

Im Rahmen von TheoPrax haben Schülerinnen, Schüler und Studierende ebenso wie Lehrkräfte, Professorinnen und Professoren die Möglichkeit, erworbenes Wissen praktisch anzuwenden. In Projekten werden konkrete wirtschaftliche Fragestellungen von Unternehmen bearbeitet.

Weitere Informationen unter:
www.theo-prax.de

Weiterführende Literatur und Links:

Behörde für Schule und Berufsbildung Hamburg. *Partnerschaft Schulen – Unternehmen. Handbuch mit Praxisbeispielen.* Hamburg 2010. www.schule-wirtschaft-hamburg.de/service/downloads/HandbuchPartnerschaftenzwischenSchulenundUnternehmen.pdf (Zugriff am 31.3.2015).

Deutsches Institut für Internationale Pädagogische Forschung (DIPF). »Deutscher Bildungsserver – Der Wegweiser zur Bildung: Bundesweite Projektkooperationen zwischen Schule und Wirtschaft«. www.bildungsserver.de/zeigen.html?seite=2116 (Zugriff am 31.3.2015).

Institut der deutschen Wirtschaft Köln JUNIOR GmbH. »Fit für die Wirtschaft – Das Wirtschaftstraining für die achte und neunte Klasse«. www.fitfuerdiewirtschaft.de (Zugriff am 31.3.2015).

Institut Unternehmen & Schule GmbH. www.unternehmen-schule.de (Zugriff am 31.3.2015).

Institut Unternehmen & Schule GmbH. Portal Schule-Wirtschaft. www.portal-schule-wirtschaft.de (Zugriff am 31.3.2015).

Landesinstitut für Erziehung und Unterricht. *Berufsweltoffene Hauptschule: Kooperation Schule – Wirtschaft.* Stuttgart 1999.

Van Ackeren, Isabell, und Anke Thierack. *Der Projektwettbewerb. Ideen für die Kooperation von Schule und Wirtschaft.* Weinheim und München 2004.

Welfens, Maria Jola, und Christa Liedtke (Hrsg.). *KURS 21. Lernmodule für Lernpartnerschaften Schule–Wirtschaft.* München 2005.

Lernpartnerschaften
Beschreibung: Definition und Beschreibung der Maßnahme
Kapitel 4.3.7 (in Qualitätsdimension 3: »Kooperation Schule – Wirtschaft«)

Lernpartnerschaften – Kooperationsvereinbarung
Beschreibung: Vorlage für eine Kooperationsvereinbarung zwischen Schule und externem Partner
Kapitel 4.3.7 (in Qualitätsdimension 3: »Kooperation Schule – Wirtschaft«)

4.3.8 Neue Wege für Jungs

Jungen treffen ihre Berufswahl häufig innerhalb eines engen Spektrums geschlechtstypischer Berufe. Sie wählen vor allem traditionelle Männerberufe in Handwerk und Industrie.

Neue Wege für Jungs

Definition:
»Neue Wege für Jungs« ist ein bundesweites Vernetzungsprojekt, das vom Bundesministerium für Familie, Senioren, Frauen und Jugend sowie aus Mitteln des Europäischen Sozialfonds gefördert und vom Kompetenzzentrum Technik-Diversity-Chancengleichheit e.V. koordiniert wird. Das Service-Büro des Kompetenzzentrums regt regionale Angebote an, bündelt und unterstützt diese. »Neue Wege für Jungs« koordiniert bundesweit auch den Boys' Day (Jungen-Zukunftstag), der parallel zum Girls' Day einmal im Jahr stattfindet.

Ziele:
- Erweiterung des Berufswahlspektrums von Jungen; Aufzeigen von beruflichen Perspektiven in Sozial-, Pflege- und Erziehungsberufen
- Stärkung sozialer Kompetenzen (z.B. Team-, Kommunikations-, Empathie- und Konfliktfähigkeit); Unterstützung der Jungen dabei, den veränderten Erwartungen der Arbeitswelt in Bezug auf Schlüsselkompetenzen zu begegnen
- Anregen lokaler Initiativen zur berufsorientierenden Arbeit mit Jungen
- Flexibilisierung männlicher Rollenbilder; Erkennen des persönlichen Gewinns für das berufliche und persönliche Leben von Jungen, der sich aus Chancengleichheit und Rollenvielfalt ergibt

Zielgruppe:
- Jungen der Klassen 5 bis 10

Vorgehen:
Das Projekt »Neue Wege für Jungs« bietet vielfältige Möglichkeiten für Jungen, ihren Erfahrungshorizont zu erweitern. Die Jungen erhalten beispielsweise praktische Einblicke vor Ort in Sozial-, Pflege- und Erziehungsberufe sowie in weitere »typisch weibliche« Arbeitsfelder in Verwaltung und Handel etc. Außerdem können Gespräche mit Männern stattfinden, die in frauentypischen Berufen tätig sind oder sich für Elternzeit entschieden haben.

Weitere Informationen unter:
www.neue-wege-fuer-jungs.de
www.boys-day.de

4 Maßnahmen zur Berufsorientierung

> ⚠️ **Neue Wege für Jungs**
> **Beschreibung:** Definition und Beschreibung der Maßnahme
> ⬇ Kapitel 4.3.8 (in Qualitätsdimension 3: »Kooperation Schule – Wirtschaft«)

4.4 Qualitätsdimension 4: »Kooperation Schule – weitere Partner«

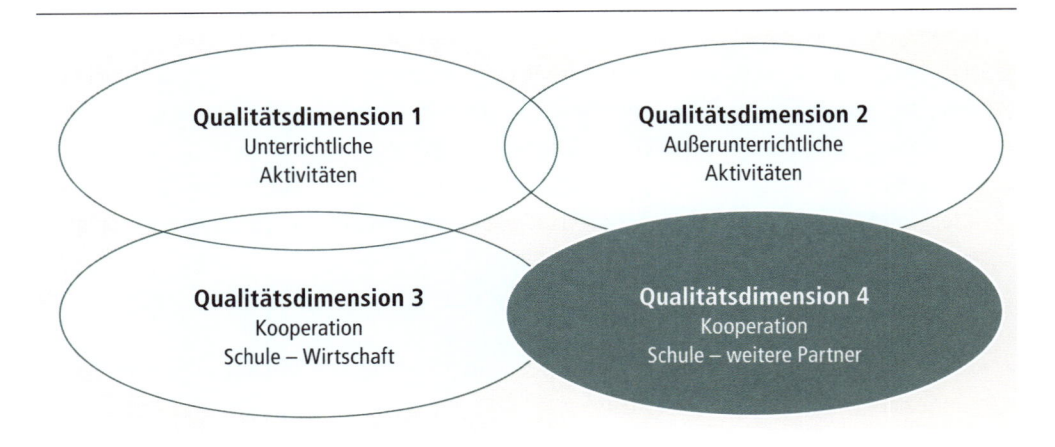

Qualitätsdimension 1 Unterrichtliche Aktivitäten

Qualitätsdimension 2 Außerunterrichtliche Aktivitäten

Qualitätsdimension 3 Kooperation Schule – Wirtschaft

Qualitätsdimension 4 Kooperation Schule – weitere Partner

Neben Unternehmen, die als potenzielle Arbeitgeber der Schülerinnen und Schüler wichtige Kooperationspartner für die Schule sind, können zahlreiche weitere Partner die schulischen Berufsorientierungsmaßnahmen unterstützen.

An erster Stelle der Kooperationspartner sind jedoch die Eltern bzw. Erziehungsberechtigten zu nennen.

Die Eltern

- geben Unterstützung bei Berufsfindung und Zielorientierung,
- unterstützen die Lernbereitschaft der Schülerinnen und Schüler,
- vermitteln Arbeitsmoral und Verhaltensregeln für den Umgang,
- stellen ihre eigene Expertise aus der Arbeitswelt zur Verfügung:
  - berichten zu Hause oder in der Schule über den eigenen Arbeitsplatz,
  - stellen den eigenen Arbeitsplatz für Betriebserkundungen bereit,
  - informieren über den eigenen beruflichen Werdegang.

Elternbeirat und Elternverbände sind wichtige Gremien für die Akzeptanz und Wirksamkeit von Berufsorientierungsmaßnahmen. Die Zusammenarbeit mit den Eltern bzw. den Erziehungsberechtigten funktioniert im Schulalltag nicht immer so reibungslos und effektiv, wie man es sich wünschen würde. Damit die Kooperation gelingt, ist es wichtig, eine gut funktionierende und intensive Kommunikation zwischen der Schule und den Eltern herzustellen (siehe Kapitel 2.3). Dazu gehört unter anderem, die Eltern

4.4 Qualitätsdimension 4: »Kooperation Schule – weitere Partner«

über die Berufsorientierungsmaßnahmen an der Schule zu informieren (z. B. an Elternabenden oder in Elternbriefen).

Unbestritten ist, dass Eltern einen sehr wertvollen Beitrag zur Berufsorientierung ihrer Kinder leisten können. Dies geschieht aber meist nicht von selbst. Erfahrungsgemäß benötigen viele Eltern Hinweise durch die Schule, auf welche Weise sie ihre Kinder bei der Berufsorientierung unterstützen können. Das gilt besonders für Familien mit Migrationshintergrund, die mit dem deutschen (Aus-)Bildungssystem nicht vertraut sind (siehe Kapitel 2.3), oder sozial schwache Familien. Ist eine Unterstützung der Schülerinnen und Schüler durch die Eltern nicht möglich, kann auf andere Möglichkeiten, wie Berufswahlpaten oder Angebote der Jugendhilfe, zurückgegriffen werden.

Da die Berufsorientierung ein wichtiges Thema in Bildung und Wirtschaft geworden ist, sind viele Initiativen, Institutionen und Projekte in diesem Themenfeld entstanden. Zahlreiche Institutionen befassen sich mit Berufsorientierung und haben ein breit gefächertes Unterstützungsangebot. Viele dieser Angebote sind regional organisiert oder haben regionale Besonderheiten. Auskünfte sind am besten bei der jeweiligen Stadt oder Gemeinde einzuholen. Häufig kooperieren Schulen beispielsweise mit folgenden Partnern:

- Agentur für Arbeit
- Berufswahlpaten
- Hochschulen
- Jugendhilfe
- kirchliche Träger (z. B. Caritas, Diakonie, Christliches Jugenddorf)
- Vereine (z. B. Sportvereine)
- Verbände der Wirtschaft (Arbeitgeberverbände, Arbeitnehmerverbände)
- Kammern (z. B. Industrie- und Handelskammer, Handwerkskammer)
- Berufsschulen
- Landesarbeitsgemeinschaften und Arbeitskreise *SCHULE*WIRTSCHAFT

Das Bundesinstitut für Berufsbildung BIBB (www.bibb.de) bietet organisatorische und finanzielle Förderung der schulischen Berufsorientierungsaktivitäten. Außerdem arbeitet das Deutsche Jugendinstitut DJI (www.dji.de) in zahlreichen Projekten zu unterschiedlichen Themen, darunter auch zum Thema Berufsorientierung. Im Folgenden werden konkrete Maßnahmen zur Kooperation zwischen Schule und einigen weiteren Partnern dargestellt.

4.4.1 Agentur für Arbeit

Zwischen der Kultusministerkonferenz und der Bundesagentur für Arbeit besteht eine Rahmenvereinbarung über die Zusammenarbeit von Schule und Berufsberatung zur Berufswahlorientierung und Berufsinformation. Diese hat das Ziel, den Übergang der Schülerinnen und Schüler von der Schule in die Ausbildung, das Studium und ins Er-

4 Maßnahmen zur Berufsorientierung

werbsleben erfolgreich zu gestalten. Dazu sollten Maßnahmen und Projekte jährlich abgestimmt und die Zusammenarbeit mit lokalen Netzwerken, Unternehmen, Kammern und Verbänden miteinbezogen werden.

Die Agentur für Arbeit bietet vielfältige Unterstützung zur Vorbereitung von Schülerinnen und Schülern auf die Berufswahl. Das Angebot umfasst unter anderem Information, Eignungsdiagnostik und Beratung. Das Angebot kann von Schülerinnen und Schülern in Eigeninitiative genutzt werden. Ebenso können Schulklassen Ausflüge zur Arbeitsagentur unternehmen oder zuständige Berufsberater der Agentur für Arbeit können zu einer Veranstaltung in die Schule eingeladen werden.

Agentur für Arbeit – Möglichkeiten der Zusammenarbeit

Definition:
Es gibt verschiedene Möglichkeiten, sich über die Agentur für Arbeit zu den Themen Ausbildung, Studium und Beruf zu informieren, zum Beispiel durch einen Besuch in einem regionalen Berufsinformationszentrum (BIZ), eine persönliche Beratung, eine Berufswahlunterrichtseinheit in der Schule oder über das Internetportal der Arbeitsagentur (www.arbeitsagentur.de).

Ziele:
- Informationsbeschaffung über verschiedene Berufswege in direktem Kontakt mit Fachleuten
- Berufswunschspektrum der Schülerinnen und Schüler auf passende Berufe ausrichten
- Bewerbungsverfahren und -anforderungen kennenlernen

Zielgruppe:
- Schülerinnen und Schüler, ca. zwei Jahre vor Schulende bis Ausbildungs- oder Studienbeginn und bei Bedarf darüber hinaus

Vorbereitung im Unterricht:
- Mithilfe des Materials »Agentur für Arbeit – Fragen zur Selbstreflexion der Schülerinnen und Schüler« werden Stärken und Schwächen der Schülerinnen und Schüler vorab herausgearbeitet.
- Berufswünsche der Schülerinnen und Schüler werden gesammelt und gegliedert.
- Gegebenenfalls muss die Anfahrt zum BIZ geklärt werden.
- Schul- und Klassenbesprechungen zum Einstieg in die Berufswahlthematik mit einem Berater der Agentur für Arbeit. Themen können sein: Interessen und Fähigkeiten, Anforderungen der Arbeitswelt, Prozesscharakter der Berufswahl, Vorbereitung von Kompetenzfeststellungsverfahren, Information zu Bewerbungs- und Auswahlverfahren

1. Besuch im Berufsinformationszentrum (BIZ):
Das Berufsinformationszentrum bietet Schülerinnen und Schülern Informationen über Ausbildung und Studium bzw. über Ausbildungsberufe und deren Qualifikationsanforderungen sowie

4.4 Qualitätsdimension 4: »Kooperation Schule – weitere Partner«

über weitere Bildungsmöglichkeiten. Das Material »Agentur für Arbeit – Vorbereitung auf den Besuch beim BIZ« bietet Unterstützung für die organisatorische Planung des Termins zur Berufsberatung und beinhaltet mögliche Fragen, welche die Schülerinnen und Schüler im Rahmen der Beratung stellen können. Das Material kann zusammen mit der Fragensammlung »Agentur für Arbeit – Fragebogen zur Selbstreflexion der Schülerinnen und Schüler« verwendet werden. Die Nutzung des BIZ ist kostenlos. Veranstaltungen im BIZ umfassen:

- Vorträge und Filmvorführungen
- Veranstaltungen für Schulklassen, Eltern und Lehrkräfte
- Bewerbungsseminare
- Diskussionsrunden
- Workshops zu Themen rund um Arbeit und Beruf

2. Persönliche Beratung:
Berater der Agentur für Arbeit gehen im Gespräch mit den einzelnen Schülerinnen und Schülern gezielt auf persönliche Fragen ein. Sie unterstützen bei:

- der Orientierung in der Berufs- und Studienlandschaft
- der Suche nach passenden Berufen oder passenden Studiengängen
- Fragen zu Ausbildungs- oder Studieninhalten
- der Suche nach einer Ausbildungsstelle
- Fragen zum Ausbildungs- oder Arbeitsmarkt
- der Durchführung eines Berufswahltests
- Fragen zum Bewerbungsverfahren

3. Berufswahlunterricht:
Berater der Agentur für Arbeit führen Informationsveranstaltungen in der Schule zu folgenden Themen durch:

- Informationen über den aktuellen Ausbildungsmarkt
- Grundfragen der Ausbildungs-, Berufs- und Studienwahl
- Bildungswege und Studiengänge
- Förderungsmöglichkeiten
- Mittel und Wege der intensiven Eigeninformation
- Angebote und Hilfe bei der Berufsberatung

4. Internetportal:
Das Internetportal der Agentur für Arbeit bietet umfangreiche Informationen zur Berufsorientierung. Unter der Rubrik »Ausbildung« gibt es Informationen über Ausbildungssuche und Ausbildungswege, etwa die Ausbildung im europäischen Ausland, Berufsberatungen und Bewerbungshilfen (www.arbeitsagentur.de).

Die Internetseite »Berufenet« bietet eine Suchmaschine mit gestuften Informationen von A bis Z für etwa 3.200 aktuelle und weitere rund 4.800 archivierte Berufe. Beschrieben werden hierbei Arbeits- und Tätigkeitsbereiche, Verdienstmöglichkeiten und Qualifikationsanforderungen. Es werden außerdem Zusammenhänge zwischen Berufen aufgezeigt und einzelne Berufe betreffenden Berufsfeldern zugeordnet (www.berufenet.arbeitsagentur.de).

Auf der Internetseite »Planet-Beruf« unter der Rubrik »Berufe finden« – »Berufe von A bis Z« sind einzelne Berufe in alphabetischer Reihenfolge aufgelistet. Neben einer Kurzbeschreibung des jeweiligen Berufes werden auch Informationen zu den Ausbildungsbedingungen und -anforderungen gegeben. Unter der Rubrik »BERUFE-Universum« befindet sich ein Selbsterkundungsprogramm für Schülerinnen und Schüler, mit dem diese mehr über ihre eigenen Stärken herausfinden können und dazu, welche Berufe zu ihren Interessen passen oder welcher Beruf sich für sie eignen würde (www.planet-beruf.de).

Das Filmportal »BERUFE.TV« der Bundesagentur für Arbeit bietet Filme zu Ausbildungs- und Hochschulberufen an (www.berufe.tv/BA).

Auf der Internetseite der Agentur für Arbeit sind die Adressen aller Berufsinformationszentren in Deutschland, sortiert nach Bundesländern, zu finden (www.arbeitsagentur.de/web/wcm/idc/groups/public/documents/webdatei/mdaw/mdk1/~edisp/l6019022dstbai378099.pdf).

Agentur für Arbeit – Möglichkeiten der Zusammenarbeit
Beschreibung: Definition und Beschreibung der Maßnahme
Kapitel 4.4.1 (in Qualitätsdimension 4: »Kooperation Schule – weitere Partner«)

Agentur für Arbeit – Fragen zur Selbstreflexion der Schülerinnen und Schüler
Beschreibung: Fragen zur Selbstreflexion, mit denen sich Schülerinnen und Schüler auf den Besuch bei der Agentur für Arbeit vorbereiten können
Kapitel 4.4.1 (in Qualitätsdimension 4: »Kooperation Schule – weitere Partner«)

Agentur für Arbeit – Vorbereitung auf den Besuch beim BIZ
Beschreibung: Organisatorische Schritte und Fragenkatalog für die Vorbereitung auf den Besuch bei der Agentur für Arbeit
Kapitel 4.4.1 (in Qualitätsdimension 4: »Kooperation Schule – weitere Partner«)

4.4.2 Berufswahlpaten

Die Orientierung auf dem Arbeitsmarkt, die Einschätzung der eigenen Stärken und Schwächen, die Entscheidung für eine Ausbildung und die Planung und Umsetzung der notwendigen Schritte zum gelingenden Übergang von der Schule in den Beruf sind für Jugendliche eine große Herausforderung. Berufswahlpaten können Jugendliche dabei – meist ehrenamtlich – unterstützen. Sie geben ihre eigene Erfahrung über die Arbeitswelt weiter und bieten beispielsweise Bewerbungstrainings, Hilfe beim Entwer-

4.4 Qualitätsdimension 4: »Kooperation Schule – weitere Partner«

fen von Bewerbungsunterlagen, Erörterung der Berufswünsche und -vorstellungen etc. Jede Schülerin und jeder Schüler hat einen persönlichen Paten. Diese Betreuung endet nicht mit dem Schulabschluss, sodass eine kontinuierliche Begleitung über die Schulzeit hinaus gewährleistet wird.

Berufswahlpaten

Definition:
Berufswahlpaten unterstützen vor allem Jugendliche, die Schwierigkeiten beim Übergang Schule – Beruf haben. Berufswahlpaten sind Personen, die sich die Arbeit mit bzw. die Unterstützung von Jugendlichen aufgrund ihrer bisherigen Lebenserfahrung, ihrer sozialen Kompetenzen und ihres Zeitpotenzials zutrauen. Viele Berufswahlpaten haben aufgrund von früheren Erfahrungen mit Auszubildenden Kontakte zu Unternehmen. Berufswahlpaten sind meist geschulte ehrenamtliche Helferinnen und Helfer.

Ziele:
- Schülerinnen und Schüler ins Berufsleben begleiten
- Fragen der Schülerinnen und Schüler beantworten
- bei der Berufsorientierung helfen
- bei Bewerbungsschreiben und der Ausbildungsplatzsuche helfen
- die Schülerinnen und Schüler motivieren, ermutigen und ihre Stärken fördern

Zielgruppe:
- Jugendliche aus sozial schwachen Umfeldern
- Jugendliche ohne Schulabschluss bzw. mit schwachem Schulabschluss
- Jugendliche mit Lernschwäche
- Jugendliche mit geringer Unterstützung aus dem Elternhaus
- Jugendliche mit Sprachproblemen

Vorbereitung:
- Wenn möglich, sollten die Schülerinnen und Schüler den Kontakt zu einem Berufswahlpaten selbst herstellen, beispielsweise durch Nachfragen in Jugendzentren und Beratungsstellen. Häufig ist jedoch Unterstützung durch Lehrkräfte nötig.
- Nach einem Erstgespräch zwischen Berufswahlpaten und Jugendlichen entscheiden beide über eine Zusammenarbeit. Wichtig ist es sicherzustellen, dass die Jugendlichen die Hilfe auch annehmen wollen.

Arbeit mit den Jugendlichen:
Berufswahlpaten
- informieren über mögliche Berufsfelder,

4 Maßnahmen zur Berufsorientierung

- erörtern gemeinsam mit den Jugendlichen deren Stärken und Schwächen sowie die Berufswünsche und die Erwartungen an den Ausbildungsberuf,
- entwerfen bzw. überarbeiten gemeinsam mit den Jugendlichen die Bewerbungsunterlagen,
- suchen gemeinsam Stellenausschreibungen in der Presse,
- nehmen Kontakt zu Unternehmen auf,
- bereiten gemeinsam mit den Jugendlichen Vorstellungsgespräche bzw. Einstellungstests vor,
- unterstützen die Jugendlichen bis ins erste Lehrjahr hinein.

Weiterführende Literatur und Links:
Bundesinstitut für Berufsbildung (BIBB). »Patenschaften und Mentoring«. www.good-practice.de/3566.php (Zugriff am 31.3.2015).
Rock your life! gGmbH. www.rockyourlife.de (Zugriff am 31.3.2015).
Stadt Stuttgart. »Projekt STARTklar«. www.stuttgart.de/startklar (Zugriff am 31.3.2015).

Berufswahlpaten
Beschreibung: Definition und Beschreibung der Maßnahme
Kapitel 4.4.2 (in Qualitätsdimension 4: »Kooperation Schule – weitere Partner«)

4.4.3 Eltern-Schüler-Abend

Ein Eltern-Schüler-Abend ist eine gute Möglichkeit, die Eltern aktiv in den Berufsorientierungsprozess ihrer Kinder einzubinden. Durch einen solchen Abend werden das Interesse und die Bereitschaft der Eltern gestärkt, ihre Kinder bei der Berufsfindung zu unterstützen. Zudem erleben die Schülerinnen und Schüler ihre Eltern als wichtige Ansprechpartner und Bezugspersonen bei der Berufsorientierung. Bei Eltern-Schüler-Abenden können unterschiedliche Themenschwerpunkte behandelt werden. Mögliche Themen sind die aktuellen Berufswünsche der Schülerinnen und Schüler oder die Berufsfindung der Eltern. Die Möglichkeiten und Aufgabenstellungen sind vielfältig. So könnten Schüler-Eltern-Gruppen mit ähnlichen Interessen bei der Berufsorientierung arbeitsgleiche Aufgaben bearbeiten und Informationen austauschen.

Eltern-Schüler-Abend

Definition:
Die Schülerinnen und Schüler einer Klasse laden ihre Eltern zu einem gemeinsamen Abend in die Schule ein. Dabei bearbeiten die Eltern gemeinsam mit ihren Kindern verschiedene Themen der Berufsorientierung, die zuvor im Unterricht erarbeitet wurden.

4.4 Qualitätsdimension 4: »Kooperation Schule – weitere Partner«

Ziele:
- Die Eltern werden in ihrer Beratungsfähigkeit gestärkt und in die Berufsorientierung miteinbezogen.
- Die Eltern erfahren mehr über die Stärken und Schwächen ihrer Kinder und können so gezielter reflektieren, welche Berufsausbildung zu deren Begabungen passt.
- Die Schülerinnen und Schüler bekommen Rückmeldung zu ihren Selbsteinschätzungen und können so ein realistischeres Selbstbild aufbauen.

Beteiligte:
- Schülerinnen und Schüler
- mindestens ein Elternteil pro Schülerin und Schüler
- Lehrkraft zur Vorbereitung und Durchführung des Abends

Der folgende Ablauf eines Eltern-Schüler-Abends ist als Vorschlag zu verstehen. Der Inhalt kann individuell angepasst und mit den Schülerinnen und Schülern zusammen geplant und organisiert werden.

Vorbereitung in der Schule:
- Die Lehrkraft legt einen Termin für den gemeinsamen Abend fest.
- Die Schülerinnen und Schüler planen gemeinsam mit der Lehrkraft den Ablauf und die Organisation des Abends.
- Sie fertigen bildhafte Darstellungen (z. B. Zeichnungen, Graphiken) zu ihren individuellen Stärken und Schwächen an.
- Sie sammeln Fragen, die sie in Bezug auf den Beruf ihrer Eltern bzw. deren Berufsfindung interessieren.
- Sie bereiten eine gemeinsame Präsentation zu ihren aktuellen Berufswünschen vor.

Durchführung in der Schule:
- Die Schülerinnen und Schüler begrüßen die Eltern gemeinsam mit der Lehrkraft.
- Sie präsentieren im Plenum den Eltern ihre aktuellen Berufswünsche.
- In Eltern-Schüler-Kleingruppen führt jede Schülerin und jeder Schüler ein Interview mit den eigenen Eltern zu deren Beruf bzw. Berufsfindung. Im Gespräch mit ihrem Kind versuchen die Eltern, die bildhaft dargestellten Stärken und Schwächen ihrer Kinder zu erkennen, und besprechen diese gemeinsam mit ihrem Kind.
- Im Plenum findet eine abschließende kurze Reflexion des Abends statt.

Nachbereitung in der Schule:
- Die Schülerinnen und Schüler reflektieren mit der Lehrkraft den Ablauf des Eltern-Schüler-Abends.
- Sie besprechen mit der Lehrkraft die Erfahrungen aus ihren Gesprächen mit den Eltern und dokumentieren die Ergebnisse.

4 Maßnahmen zur Berufsorientierung

Eltern-Schüler-Abend
Beschreibung: Definition und Beschreibung der Maßnahme
Kapitel 4.4.3 (in Qualitätsdimension 4: »Kooperation Schule – weitere Partner«)

4.4.4 Erkundung von Elternarbeitsplätzen

Die Erkundung der Arbeitsplätze ihrer Eltern hat in vielerlei Hinsicht einen hohen Erfahrungswert für die Jugendlichen. Die Schülerinnen und Schüler erhalten detailreiche und authentische Informationen über Vorzüge und Schwierigkeiten einzelner Berufsbereiche und einen Eindruck zur Integration von Privat- und Arbeitsleben.

Erkundung von Elternarbeitsplätzen

Definition:
Die Schülerinnen und Schüler einer Klasse besuchen die Arbeitsplätze von Eltern. Sie können die betreffenden Berufe aufgrund der Erfahrungen der Eltern näher kennenlernen.

Ziele:
- Die Schülerinnen und Schüler bekommen einen praxisnahen Bezug zu unterschiedlichen Berufsfeldern.
- Durch den direkten Bezug der Eltern zur Schulklasse ist die Information über den betreffenden Arbeitsplatz in hohem Maße authentisch.
- Die Schülerinnen und Schüler lernen Berufe kennen, mit denen sie sich bisher in ihrer Berufsorientierungsphase nicht befasst haben.
- Den Schülerinnen und Schülern wird der Zusammenhang zwischen Beruf und privatem Leben verdeutlicht.

Beteiligte:
- Schülerinnen und Schüler
- jeweils ein Elternteil pro Erkundung
- jeweils zwei Lehrkräfte zur Begleitung der Erkundung

Da die Eltern häufig über eine langjährige Berufserfahrung verfügen, können sie ein sehr differenziertes Bild von ihrem Beruf vermitteln. Dieses beleuchtet sowohl positive als auch negative Aspekte der Arbeitsstelle und ist aufgrund der reichhaltigen Informationen seitens der Eltern sehr umfassend.

Durch die persönliche Nähe hat diese Art der Berufserkundung den Vorteil, dass die Eltern den Wunsch haben, den Schülerinnen und Schülern die Vorzüge und eventuelle Schwierigkeiten ihres Berufsfeldes möglichst authentisch zu zeigen. Ein weiterer Vorteil ist, dass die Jugendlichen die Ausführungen der Eltern meist ernst nehmen.

4.4 Qualitätsdimension 4: »Kooperation Schule – weitere Partner«

Vorbereitung in der Schule:
- zunächst klären, welche Elternteile bereit sind, ihren Arbeitsplatz vorzustellen
- Arbeitsplätze auswählen, die erkundet werden (ähnliche oder gleiche Berufe nicht doppelt besuchen)
- Termine für die Besichtigungen klären
- Gruppen bilden, die für unterschiedliche Arbeiten eingeteilt werden:
  - Protokoll führen
  - Fragenkatalog anfertigen
  - Antworten während der Erkundung schriftlich festhalten
  - Hintergrundinformationen zum betreffenden Beruf recherchieren
  - Erkundung organisieren (z. B. Anfahrt mit dem Bus)

Nachbereitung in der Schule:
- nach jeder Arbeitsplatzerkundung die einzelnen Themenbereiche vorstellen lassen (Protokoll, Fotos etc.)
- Meinungsaustausch in der Klasse bezüglich der Erkundung
- Informationen sammeln und beispielsweise einen Ordner anlegen, in den Protokolle, Fotos und Interviews eingeheftet werden

Zur Organisation der Erkundung der Elternarbeitsplätze kann das Material »Erkundung von Elternarbeitsplätzen – Lehrkräftecheckliste« verwendet werden. Leitfragen für die Jugendlichen können dem Material »Betriebserkundung – Leitfragen für Schülerinnen und Schüler« entnommen werden (siehe Kapitel 4.3.3).

Erkundung von Elternarbeitsplätzen
Beschreibung: Definition und Beschreibung der Maßnahme
Kapitel 4.4.4 (in Qualitätsdimension 4: »Kooperation Schule – weitere Partner«)

Erkundung von Elternarbeitsplätzen – Lehrkräftecheckliste
Beschreibung: Notwendige Schritte zur Vorbereitung, Durchführung und Nachbereitung der Maßnahme
Kapitel 4.4.4 (in Qualitätsdimension 4: »Kooperation Schule – weitere Partner«)

4.4.5 Förderung leistungsstarker Schülerinnen und Schüler

Während Berufswahlpaten (siehe Kapitel 4.4.2) vor allem zur Unterstützung leistungsschwächerer Schülerinnen und Schüler eingesetzt werden, gibt es auch Möglichkeiten zur Förderung besonders starker Schülerinnen und Schüler. Diese sollen ihren speziellen Fähigkeiten entsprechend gefördert und gefordert werden.

4 Maßnahmen zur Berufsorientierung

Förderung leistungsstarker Schülerinnen und Schüler

Definition:
Besonders gute und motivierte Schülerinnen und Schüler können in mehreren Bundesländern freiwillig Akademien besuchen, in denen sie besonders gefördert werden. Den Schülerinnen und Schülern wird in diesem Zeitraum eine intellektuelle und soziale Herausforderung angeboten, die ihnen neue, weitreichende Erfahrungen vermitteln soll. Hier können die Schülerinnen und Schüler Gleichaltrige treffen, die ebenso besondere Fähigkeiten und Interessen in unterschiedlichsten Bereichen haben. In verschiedenen Projektgruppen und Praktika blicken sie über den Horizont der bisherigen Lebens- und Erfahrungswelt hinaus.

Ziele:
- unternehmerisches Denken und Handeln fördern
- die Persönlichkeit und das Verantwortungsbewusstsein der Schülerinnen und Schüler fördern
- Schlüsselkompetenzen und eine reflektierte Werthaltung vermitteln
- interkulturelle Erfahrungen ermöglichen

Zielgruppe:
- Jugendliche mit Interesse an unterschiedlichen Fachrichtungen
- leistungsstarke und gesellschaftlich engagierte Jugendliche

Die Förderung besteht aus:
- Stipendienleistungen
- einem breit angelegten Programm mit Seminaren, Projektarbeit und Praktika
- einer umfassenden Betreuung
- immer wieder neuen Impulsen aus einem stetig wachsenden Netzwerk

Beispielhafte Maßnahmen zur Förderung Leistungsstarker:
Deutsche SchülerAkademie (DSA):
Ein außerschulisches Programm zur Förderung begabter Schülerinnen und Schüler. Die Deutschen SchülerAkademien finden zu jährlich wechselnden Terminen in den Sommerferien statt und dauern jeweils 17 Tage. Sie bestehen aus Kursen mit unterschiedlichen Themen aus verschiedenen Disziplinen der Natur- und Geisteswissenschaften und des musischen Bereichs. Die fachliche Arbeit in den Kursen wird durch zahlreiche kursübergreifende Angebote (z. B. Sport, Musik, Theater, Exkursionen, Vorträge) ergänzt. Deutsche SchülerAkademien gibt es in diversen Städten in folgenden Bundesländern: Niedersachsen, Sachsen-Anhalt, Baden-Württemberg, Nordrhein-Westfalen, Mecklenburg-Vorpommern und Bayern.

Schüler-INGENIEUR-Akademie (SIA):
Eine außerschulische Ausbildung mit naturwissenschaftlichem bzw. technischem Schwerpunkt, die zwei Jahre (vier Semester) dauert und auch im Schulzeugnis vermerkt werden kann. Neben

wenigen theoretischen Vorlesungen liegt der Schwerpunkt auf Projektarbeiten, begleitenden Übungen und Praktika. Die durch das Zertifikat bescheinigte Ausbildungszeit kann auf das für ein Ingenieurstudium erforderliche Grundpraktikum angerechnet werden. Schüler-INGENIEUR-Akademien gibt es in den Bundesländern Baden-Württemberg, Brandenburg, Niedersachsen, Nordrhein-Westfalen und Thüringen.

Förderung leistungsstarker Schülerinnen und Schüler
Beschreibung: Definition und Beschreibung der Maßnahme
Kapitel 4.4.5 (in Qualitätsdimension 4: »Kooperation Schule – weitere Partner«)

4.4.6 Hochschulen

Im Rahmen der Studienorientierung stellen die Hochschulen wichtige Kooperationspartner für die Schule dar. Um sich in diesem Bereich orientieren zu können, benötigen die Schülerinnen und Schüler zahlreiche Informationen zu Hochschulen, Studiengängen, Zulassungsvoraussetzungen und auch Zugangsmöglichkeiten, wie etwa im Anschluss an eine berufliche Ausbildung etc. Vor allem Hochschulen, aber auch andere Institutionen bieten dazu vielfältige Möglichkeiten.

Hochschulen – Möglichkeiten der Studienorientierung

Definition:
Bei der Förderung der Studienorientierung für Schülerinnen und Schüler bietet sich für die Schule vor allem eine Zusammenarbeit mit einer Hochschule an. Dabei ist es sinnvoll, eine langfristige Kooperationsbeziehung zu einer Hochschule in der Region aufzubauen. Darüber hinaus stellen viele Hochschulen verschiedene Angebote zur Studienorientierung bereit. Neben Informationen über die Hochschule und ihre Studiengänge bieten sie den Schülerinnen und Schülern beispielsweise die Gelegenheit, Studiengänge im Rahmen eines Schnupperstudiums auszuprobieren. Im Rahmen hochschulinterner Beratungsangebote können Schülerinnen und Schüler individuelle Unterstützung erhalten. Für die Studienorientierung relevante Informationen werden zudem von verschiedenen weiteren Institutionen bereitgestellt.

Ziele:
- Schülerinnen und Schüler lernen Hochschulen und verschiedene Studiengänge kennen.
- Schülerinnen und Schüler lernen die Rahmenbedingungen (z. B. Bewerbungsverfahren, Zulassungsbedingungen, spätere Berufsaussichten) von Studiengängen kennen.
- Schülerinnen und Schüler lernen, sich im Hochschulbereich zurechtzufinden, sich eigenständig zu orientieren und zu informieren.

4 Maßnahmen zur Berufsorientierung

Zielgruppe:
- Schülerinnen und Schüler, die mit dem Schulabschluss eine Hochschulzugangsberechtigung erhalten
- Schülerinnen und Schüler, die die Hochschulzugangsberechtigung nach dem Schulabschluss durch einen weiteren Schulbesuch erwerben können
- Schülerinnen und Schüler, die eine Ausbildung mit einem Studium verknüpfen möchten (duales Studium)
- Schülerinnen und Schüler, die im Anschluss an eine Ausbildung studieren möchten

Hochschulinterne Informationsquellen:
Auf den Homepages der Hochschulen können sich die Schülerinnen und Schüler über Studiengänge, Bewerbungsverfahren, Beratungsmöglichkeiten, Zulassungsbedingungen, wichtige Termine und vieles mehr informieren. Viele Hochschulen haben ihre Studiengänge und weitere wichtige Informationen in Flyern oder Broschüren zusammengefasst.

Hochschulinterne Beratungsstellen, wie die Zentrale Studienberatung, bieten individuelle Gespräche auch für Schülerinnen und Schüler an. Studienberater unterstützen bei der Entscheidung für einen Studiengang und bei weiteren Fragen rund um das Studium. Auch die Fachschaften sind mögliche Anlaufstellen. Die Studierenden können sich dort über angebotene Studienfächer informieren. Das Deutsche Studentenwerk e.V. stellt für Schülerinnen und Schüler, Eltern und Lehrkräfte Informationen und Angebote zur Verfügung: www.studentenwerke.de.

Informationsveranstaltungen der Hochschulen:
An jährlich stattfindenden Studieninformationstagen – oft auch »Tag der offenen Tür« genannt – geben Hochschulen einen Überblick über ihr Angebot an Studiengängen. An Informationsständen oder bei Vorträgen können Schülerinnen und Schüler nähere Auskünfte zu bestimmten Fachrichtungen erhalten.

An einigen Hochschulen wird regelmäßig ein sogenanntes Schnupperstudium angeboten. In diesem Rahmen haben Schülerinnen und Schüler die Möglichkeit, an Vorlesungen oder an Praktika und Übungen teilzunehmen und so einen Einblick in verschiedene Studiengänge zu erhalten. Eine Auflistung solcher Veranstaltungen ist hier zu finden: www.studienwahl.de/de/orientieren/entscheidungshilfen/infotage-schnupperstudium/infotage-schnupperstudium082.htm.

Bei Berufsmessen sind häufig auch Hochschulen der Region vertreten, die ihre Studienmöglichkeiten vorstellen und für Fragen zur Verfügung stehen (siehe Kapitel 4.3.1).

Angebote der Hochschulen für Mädchen:
Viele Hochschulen geben speziell Mädchen die Möglichkeit, typischerweise von Männern gewählte Studiengänge kennenzulernen. So bietet beispielsweise die Universität Stuttgart das Projekt »Probiert die Uni aus« für Schülerinnen der Oberstufe an. Hierbei werden Studiengänge aus dem Bereich Naturwissenschaft und Technik vorgestellt (www.uni-stuttgart.de/probiert).

Die Technische Universität Berlin möchte mit dem Projekt »Labgirls« Mädchen für das Physikstudium begeistern. Hier können Mädchen selbst Versuche auswählen und durchführen und wer-

4.4 Qualitätsdimension 4: »Kooperation Schule – weitere Partner«

den dabei von Physikstudenten aus dem Grundpraktikum begleitet (www.naturwissenschaften.tu-berlin.de/menue/einrichtungen/beauftragte/frauenbeauftragte/v-menue/labgirls/v-menue/home).

Möglichkeiten zur Kooperation zwischen Schule und Hochschule:

Darüber hinaus haben viele Hochschulen individuelle Angebote für interessierte Schülerinnen und Schüler. Es empfiehlt sich für Schulen, den direkten Kontakt mit Hochschulen in der Region zu suchen, um solche Angebote wahrnehmen zu können und ggf. eine langfristige Kooperation mit einzelnen Hochschulen aufzubauen. Beispielsweise können Hochschulbesuche von Schulklassen oder Vorträge und andere Veranstaltungen zu studienrelevanten Themen an der Schule organisiert werden.

Darüber hinaus ist es sinnvoll, den Schülerinnen und Schülern persönliche Eindrücke von Studierenden zugänglich zu machen, indem die Schule zum Beispiel ehemalige Schülerinnen und Schüler, die sich im Studium befinden, zum Erfahrungsaustausch einlädt (siehe Kapitel 4.1.1).

Weitere Informationsquellen und Angebote:

Im Folgenden werden weitere Institutionen genannt, über die studienorientierungsrelevante Informationen bezogen werden können.

Die Stiftung für Hochschulzulassung informiert über Bewerbungs- und Auswahlverfahren sowie den Numerus clausus der Studiengänge, die über die Stiftung für Hochschulzulassung vergeben werden (www.hochschulstart.de).

Das Centrum für Hochschulentwicklung (CHE) liefert eine ausführliche Bewertung und ein differenziertes Ranking von Hochschulen. Es informiert über die Reputation der einzelnen Fakultäten, Regelstudienzeiten, Wohnformen, Studiengebühren etc. (www.ranking.zeit.de/che9/CHE).

Das Netzwerk »Wege ins Studium« ist eine Initiative der Bundesagentur für Arbeit, des Bundeselternrates, des Bundesministeriums für Bildung und Forschung, des Deutschen Studentenwerkes, des Deutschen Gewerkschaftsbundes, der Hochschulrektorenkonferenz und der Kultusministerien der Länder. Das Netzwerk unterstützt Schülerinnen und Schüler durch Information und Beratung bei der Studienorientierung (www.wege-ins-studium.de).

Die Agentur für Arbeit bietet regionale Informationen zu Hochschulen, aber auch zu anderen Themen der Berufsorientierung, wie z. B. zur betrieblichen Berufsausbildung (www.regional.planet-beruf.de/index.jsp).

Die Veranstaltung »Startschuss Abi« von e-fellows.net für Schülerinnen und Schüler der Oberstufe sowie Abiturientinnen und Abiturienten findet jährlich in fünf Städten Deutschlands statt. Dort sind jeweils 20 bis 30 Hochschulen und Unternehmen vertreten und stehen für individuelle Gespräche zur Verfügung. Darüber hinaus gibt es weitere Unterstützungsmöglichkeiten, wie das »Startschuss Abi Buch«, ein Ratgeber zur Studien- und Berufswahl (www.e-fellows.net/show/detail.php/9736).

Die Bundesagentur für Arbeit bietet für Abiturientinnen und Abiturienten Informationen zu verschiedenen Themen an (www.abi.de).

4 Maßnahmen zur Berufsorientierung

Die Stiftung der Deutschen Wirtschaft bietet Schülerinnen und Schülern, die sich für ein Studium interessieren, verschiedene Unterstützungsmöglichkeiten wie Workshops, Trainings und individuelle Betreuung (www.studienkompass.de).

Zahlreiche weitere Internetseiten bieten Schülerinnen und Schülern Unterstützung und Informationen über Hochschulen und Studiengänge, beispielsweise:

www.hochschulkompass.de
www.studienwahl.de
www.studium-ratgeber.de
www.bildungsserver.de
www.studieninfo-bw.de
www.studis-online.de

Computerplanspiel zur Studienorientierung:
JOBLAB ist ein Computerplanspiel, das Schülerinnen und Schüler dabei unterstützen soll, für sie interessante akademische Berufe zu entdecken und deren Besonderheiten mit den eigenen Vorstellungen und Neigungen zu vergleichen. Dabei werden auch Ähnlichkeiten und Unterschiede zwischen Studienfächern und Berufen dargestellt.

Weitere Informationen und Bestellmöglichkeiten sind unter folgendem Link zu finden: www.joblab.de/planspiel_studium.html.

Wie bei der Berufsorientierung können die Eltern auch die Studienorientierung ihrer Kinder fördern. Informationen darüber, wie Eltern ihre Kinder unter anderem bei der Studienorientierung unterstützen können, finden sich unter www.einstieg.com/eltern/elternratgeber.html. Praktische Anregungen dazu, wie das Thema Studienorientierung in den Unterricht eingebettet werden kann, sowie Unterrichtsmaterialien und Informationen über Messeveranstaltungen zur Berufs- und Studienorientierung erhalten Lehrkräfte unter www.einstieg.com/lehrer/home.html. Die Praxismaterialien zum Studieninformationstag können auch für jede andere Form der Informationsgewinnung – z. B. im Rahmen des Schnupperstudiums oder der Internetrecherche – genutzt werden. Die beiden Dokumente »Hochschulen – Vorbereitung auf den Studieninformationstag« und »Hochschulen – Leitfragen für den Studieninformationstag« unterstützen die Schülerinnen und Schüler dabei, ihre Informationssuche zielgerichtet und strukturiert durchzuführen. Das Material »Hochschulen – Nachbereitung des Studieninformationstags« hilft den Schülerinnen und Schülern, aus den gesammelten Informationen Schlüsse für ihre Entscheidung und ihr weiteres Vorgehen zu ziehen.

Hochschulen – Möglichkeiten der Studienorientierung
Beschreibung: Definition und Beschreibung der Maßnahme
Kapitel 4.4.6 (in Qualitätsdimension 4: »Kooperation Schule – weitere Partner«)

4.4 Qualitätsdimension 4: »Kooperation Schule – weitere Partner«

Hochschulen – Vorbereitung auf den Studieninformationstag
Beschreibung: Vorlage zur Vorbereitung auf den Studieninformationstag für Schülerinnen und Schüler
Kapitel 4.4.6 (in Qualitätsdimension 4: »Kooperation Schule – weitere Partner«)

Hochschulen – Leitfragen für den Studieninformationstag
Beschreibung: Leitfragen für Schülerinnen und Schüler für den Studieninformationstag
Kapitel 4.4.6 (in Qualitätsdimension 4: »Kooperation Schule – weitere Partner«)

Hochschulen – Nachbereitung des Studieninformationstags
Beschreibung: Leitfragen zur Nachbereitung des Studieninformationstags für Schülerinnen und Schüler
Kapitel 4.4.6 (in Qualitätsdimension 4: »Kooperation Schule – weitere Partner«)

4.4.7 Jugendhilfe

Im Rahmen der Kooperation mit außerschulischen Partnern spielt die Jugendhilfe eine wichtige Rolle bei der Unterstützung und Förderung von Jugendlichen. Gerade bei der Berufsorientierung und -ausbildung kann eine Beratung durch beispielsweise einen Sozialberater der Jugendhilfe sinnvoll sein.

Jugendhilfe – Möglichkeiten der Zusammenarbeit

Definition:
Aufgabe der Jugendhilfe ist die Förderung der personalen und sozialen Entwicklung von Jugendlichen. Sie soll dazu beitragen, dass individuelle Benachteiligungen abgebaut werden. Im Rahmen der Jugendhilfe sollen benachteiligten oder beeinträchtigten Schülerinnen und Schülern sozialpädagogische Hilfen angeboten werden, um so ihre schulische und berufliche Ausbildung, ihre Eingliederung in die Arbeitswelt und ihre soziale Integration zu fördern.

Ziele:
- personale Kompetenzen, wie z. B. Selbstständigkeit, Selbstorganisation, Verantwortungsbewusstsein, vermitteln
- soziale Kompetenzen, wie z. B. Kommunikationsfähigkeit, Kooperationsfähigkeit, Konfliktfähigkeit, vermitteln
- ein individuelles Wertesystem aufbauen

4 Maßnahmen zur Berufsorientierung

Verschiedene Bereiche der Jugendhilfe können die schulische Berufsorientierung unterstützen, so etwa:
- außerschulische Kinder- und Jugendarbeit, z. B. Jugendhäuser
- Jugendverbände, Stadt- und Kreisjugendringe
- Jugendsozialarbeit, u. a. an Schulen
- Jugendschutz
- Hilfe für junge Volljährige

Jugendsozialarbeit an Schulen:

Viele Schulen haben die Möglichkeit, mit Schulsozialarbeitern eng zusammenzuarbeiten. Die Sozialarbeit stellt eine Brücke zwischen Schule und Jugendhilfe dar und trägt zur sozialen und beruflichen Integration der Schülerinnen und Schüler bei. Neben den Lehrkräften können Schulsozialarbeiter als eine weitere professionelle Kompetenz innerhalb der Schule betrachtet werden. Sie wirken als intermediäre Instanz, bieten sozialpädagogische Begleitung für Schülerinnen und Schüler (Einzelfallhilfe), beraten Lehrkräfte und kooperieren eng mit der Schulleitung und den Eltern. Schulsozialarbeiter können zudem einen wichtigen Beitrag zur Öffentlichkeitsarbeit leisten, indem sie die Schule nach außen in Richtung Kulturzentrum oder Begegnungsstätte für Jugendliche ausbauen.

Jugendsozialarbeiter können bei folgenden Punkten die schulische Arbeit ergänzend unterstützen:
- soziale Kompetenzvermittlung
- frühzeitige Förderung der Entscheidungskompetenz der Schülerinnen und Schüler bei der Berufswahl
- Erarbeitung realistischer Lebensperspektiven und Handlungsalternativen
- Erkennung der eigenen Stärken und Schwächen
- Stärkung des Selbstvertrauens
- Unterstützung der Schülerinnen und Schüler bei Entscheidungs- und Motivationsschwierigkeiten
- Vermittlung von Informationen über die Arbeitswelt
- kontinuierliche Kooperation mit der Agentur für Arbeit, mit Berufsberatern, mit Ausbildern und dem Berufsinformationszentrum (BIZ)
- Besuch von Unternehmen im Umfeld der Schule
- Kooperation mit Unternehmen bei Praktika
- Organisation von Projektwochen zur Berufsfindung
- Anregung zu interessenbezogener Projektarbeit und zu Praktika

Weiterführende Literatur und Links:

Bundesministerium für Familie, Senioren, Frauen und Jugend. www.bmfsfj.de/BMFSFJ/kinder-und-jugend,did=187318.html (Zugriff am 31.3.2015).

4.4 Qualitätsdimension 4: »Kooperation Schule – weitere Partner«

Institut für berufliche Bildung, Arbeitsmarkt- und Sozialpolitik GmbH. Regiestelle des Modellprogramms »Arbeitsweltbezogene Jugendsozialarbeit, Phase Kompetenzagenturen«. www.kompetenzagenturen.inbas.com/themen/schulen.html#5f7038797cccfa2749c2582b5fd960b2 (Zugriff am 31.3.2015).

Schober, Karen. »Berufsorientierung im Wandel – Vorbereitung auf eine veränderte Arbeitswelt«. Vortrag. www.swa-programm.de/tagungen/bielefeld/vortragschober.doc (Zugriff am 31.3.2015).

Jugendhilfe – Möglichkeiten der Zusammenarbeit
Beschreibung: Definition und Beschreibung der Maßnahme
Kapitel 4.4.7 (in Qualitätsdimension 4: »Kooperation Schule – weitere Partner«)

Literatur und Links zu Kapitel 4

Sämtliche hier genannten Literatur- und Linkangaben sind auch im Material »Literatur und Links« (siehe Kapitel 1.4) zu finden.

4.1 Qualitätsdimension 1: »Unterrichtliche Aktivitäten«
Zu Kapitel 4.1.1 Einbeziehen außerschulischer Experten in den Unterricht
Staatsministerium für Kultus Sachsen. »Handreichung – Gestaltung von Berufsorientierung«. www.landeselternrat-sachsen.de/fileadmin/ler/daten/09schwerpunkt/01alle-ausser/Handr.Berufsor..pdf (Zugriff am 31.3.2015).

Zu Kapitel 4.1.2 Recherche und Präsentation von Informationen
Bundesinstitut für Berufsbildung (BIBB). »Verzeichnis der staatlich anerkannten Ausbildungsberufe«. www.bibb.de/veroeffentlichungen/de/publication/download/id/7408 (Zugriff am 31.3.2015).

Schulen ans Netz e.V. »Erlebe Berufe online!«. www.beroobi.de (Zugriff am 31.3.2015).

Statistisches Bundesamt. »Neu abgeschlossene Ausbildungsverträge 2013 nach Ausbildungsberufen (TOP 20), Frauen«. www.destatis.de/DE/ZahlenFakten/GesellschaftStaat/BildungForschungKultur/BeruflicheBildung/Tabellen/AzubiRanglisteAusbildungsvertragWeiblich.html (Zugriff am 31.3.2015).

Statistisches Bundesamt. »Neu abgeschlossene Ausbildungsverträge 2013 nach Ausbildungsberufen (TOP 20), Männer«. www.destatis.de/DE/ZahlenFakten/GesellschaftStaat/BildungForschungKultur/BeruflicheBildung/Tabellen/AzubiRanglisteAusbildungsvertragMaennlich.html (Zugriff am 31.3.2015).

Swissnet media. »bildung-news.com – der tägliche Bildungs- und Karriereblog: 10 beliebte Studiengänge und ihre Einstiegschancen«. www.bildung-news.com/bildung-und-karriere/studium/10-beliebte-studiengange-und-ihre-einstiegschanchen (Zugriff am 31.3.2015).

Thüringer Institut für Lehrerfortbildung, Lehrplanentwicklung und Medien (Hrsg.). *Berufswahlvorbereitung.* Materialien Heft 96. Bad Berka 2005.

4.2 Qualitätsdimension 2: »Außerunterrichtliche Aktivitäten«

Zu Kapitel 4.2.1 Benimmtraining

AKADA Weiterbildung Bayer Leverkusen bietet Benimmtrainings für Schülerinnen und Schüler an. www.akada-weiterbildung.de/Benimm-Training.htm (Zugriff am 31.3.2015).

Imago Agentur für Kommunikation. »Benimm ist in«. www.steps-to-success.info (Zugriff am 31.3.2015).

Wirtschaftsjunioren Göppingen. »Die Stufen zum Erfolg: Benimmtraining«. www.stufen-zum-erfolg.de/Benimmtraining.html (Zugriff am 31.3.2015).

Zu Kapitel 4.2.2 Berufswahlportfolio

Bundesarbeitsgemeinschaft Berufswahlpass (Hrsg.). »Berufswahlpass«. www.berufswahlpass.de (Zugriff am 31.3.2015).

Landesarbeitsgemeinschaft *SCHULE*WIRTSCHAFT Thüringen. »Der Thüringer Berufswahlpass«. www.schule-wirtschaft-thueringen.de/bwtw/cms_de.nsf/index.htm?ReadForm&p=schulewirtschaft&content=%2Fbwtw%2Fcms_de.nsf%2F(%24UNID)%2FEDB5AAC260B33CCAC125792F0038D661%3FOpenDocument%26NavDocID%3DEDB5AAC260B33CCAC125792F0038D661 (Zugriff am 31.3.2015).

Pfeifer, Sylvia, und Joachim Kriebel. *Lernen mit Portfolios: Neue Wege des selbstgesteuerten Arbeitens in der Schule.* Göttingen 2007. www.pedocs.de/volltexte/2010/1447/pdf/Pfeiffer_Kriebel_Portfolios_kompr_W_D_A.pdf (Zugriff am 31.3.2015).

Zu Kapitel 4.2.3 Bewerbungstraining

Arbeitsmarktservice Österreich. »Interaktives Training«. www.ams.at/berufsinfo-weiterbildung/bewerbungsportal (Zugriff am 31.3.2015).

Job-Pages. »Bewerbungstraining«. www.job-pages.de/bewerbungstraining.html (Zugriff am 31.3.2015).

m.o.v.e hr GmbH. »Das move hr online-Bewerbungstraining«. www.hamburg-lernt.de/Bewerbungstraining.html (Zugriff am 31.3.2015).

Technische Universität Hamburg-Harburg. »Seminar ›Bewerbungstraining‹. Das Vorstellungsgespräch und Assessment Center. Übungen für Studierende«. www.tu-harburg.de/service/acs/career/s_bewerbung2.html (Zugriff am 31.3.2015).

Literatur und Links zu Kapitel 4

Zu Kapitel 4.2.4 Ich-Stärkung
DGB Bildungswerk e.V. »ZUKUNFTSCAMP – FUTURE NOW«. www.zukunftscamps.de (Zugriff am 31.3.2015).
Franken-Gymnasium Zülpich. »Schulprogramm: Ich-Stärkung in Klasse 6«. www.fragy.de (Zugriff am 31.3.2015).
Landesbildungsserver Baden-Württemberg. »Projekt 54 – Netzwerk Soziales Lernen«. www.schule-bw.de/unterricht/paedagogik/praevention/gewaltpraevention/projekte/projekt54.html (Zugriff am 31.3.2015).
Ratsgymnasium Bielefeld. »Schulleben: Gesundheitsförderung am Ratsgymnasium«. www.ratsgymnasium-bielefeld.de/index.php/schulprofil/gesundheitsfoerderung (Zugriff am 31.3.2015).
Stiftung der Deutschen Wirtschaft. »Future Camps«. www.sdw.org/unternehmenjugend/foerderprogramm/future-camps (Zugriff am 31.3.2015).

Zu Kapitel 4.2.5 Planspiele
Bundesarbeitsgemeinschaft SCHULEWIRTSCHAFT. »beach*manager* — das deutschlandweite Wirtschaftsplanspiel«. www.beachmanager.de (Zugriff am 31.3.2015).
Bundesinstitut für Berufsbildung (BIBB). »BIBB-Planspielforum«. www.bildungsserver.de/db/mlesen.html?Id=12950 (Zugriff am 31.3.2015).
Bundesverband deutscher Banken. »SCHUL/BANKER – Das Bankenplanspiel«. www.schulbanker.de (Zugriff am 31.3.2015).
Deutscher Gewerkschaftsbund Baden-Württemberg. »Ready-Steady-Go«. www.nordwuerttemberg.dgb.de/++co++a0090ea2-e31f-11e2-b36e-00188b4dc422 (Zugriff am 25.11.2014).
Focus. »Schule macht Zukunft«. www.focus.de/schuelerwettbewerb (Zugriff am 31.3.2015).
Institut der deutschen Wirtschaft Köln JUNIOR gGmbH. »JUNIOR – Schüler erleben Wirtschaft«. www.juniorprojekt.de (Zugriff am 31.3.2015).
Lehrer-Online. »Unterrichten mit digitalen Medien. Ready, Steady, Go – ein biographisches Planspiel«. www.lehrer-online.de/ready-steadygo.php (Zugriff am 31.3.2015).

Zu Kapitel 4.2.6 Projekttage
Mercator-Gymnasium Duisburg. »Berufsorientierung«. www.mercator-gym.de/HP/index.php?option=com_content&view=article&id=308:berufsorientierung&catid=32:schulprofil&Itemid=151 (Zugriff am 31.3.2015).

Zu Kapitel 4.2.7 Schülerfirma
Bundesministerium der Justiz. www.bundesrecht.juris.de (Zugriff am 31.3.2015).
Deutsche Bundesstiftung Umwelt. »Rechtliche Aspekte von Schülerfirmen«. www.nasch21.de/kurse/kurs02_00.html (Zugriff am 31.3.2015).
Erich Kästner-Schule Bad Neuenahr-Ahrweiler. »Projekt Schülerfirma«. www.rsplus-ahrweiler.de/index.php?id=21 (Zugriff am 31.3.2015).

4 Maßnahmen zur Berufsorientierung

Institut der deutschen Wirtschaft. »Der Gründungs-Guide für Schülerfirmen«. https://bscw.ph-bw.de/pub/bscw.cgi/d155284/Sch%C3%BClerfirma_Gruendungsguide.pdf (Zugriff am 31.3.2015).

Landesarbeitsgemeinschaft SCHULEWIRTSCHAFT Thüringen (Hrsg.). *Schülerfirmen – Wenn Schüler zu Unternehmern werden*. o. O. 2000.

Landeshauptstadt Hannover (Hrsg.). *Alles was Recht ist. Rechtliche Grundlagen für nachhaltige Schülerfirmen in Hannover*. Hannover 2008. www.hannover.de/Media/01-DATA-Neu/Downloads/Landeshauptstadt-Hannover/Umwelt/Umweltinformation/Publikationen-Umweltbildung/Brosch%C3%BCre-%22Alles-was-Recht-ist!%22 (Zugriff am 31.3.2015).

Ministerium für Kultus, Jugend und Sport Baden-Württemberg (Hrsg.). *Bildungsplan Baden-Württemberg. Allgemeinbildendes Gymnasium, Fächerverbund Geographie – Wirtschaft – Gemeinschaftskunde*. Stuttgart 2004.

Thüringer Institut für Lehrerfortbildung. »Schülerfirmen«. www.schulportal-thueringen.de/web/guest/media/detail?tspi=2218 (Zugriff am 31.3.2015).

4.3 Qualitätsdimension 3: »Kooperation Schule – Wirtschaft«
Zu Kapitel 4.3.1 Berufsmessen

Industrie- und Handelskammer Siegen. »Berufsmesse Olpe«. www.berufsmesse-olpe.de/berufsmesse (Zugriff am 31.3.2015).

EINSTIEG GmbH. »Studien- und Ausbildungsmessen«. www.einstieg.com/messen.html (Zugriff 25.11.2014).

Zu den Kapiteln 4.3.2 Betriebsbesichtigung und 4.3.3 Betriebserkundung

Arbeitskreis Schule und Wirtschaft Daun (Hrsg.). *Arbeitshilfe Betriebserkundung*. Daun 2003.

Bundesarbeitsgemeinschaft SCHULEWIRTSCHAFT (Hrsg.). »Die Betriebserkundung – Einblicke in die Wirtschaft. Informationen für Betriebe und Unternehmen«. www.schule-wirtschaft-thueringen.de/bwtw/cms_de.nsf/%28$UNID%29/E59F23A2B2B27416C12576B3005597D7/$File/Brosch_re_Die_Betriebserkundung.pdf (Zugriff am 25.11.2014).

Humboldt-Gymnasium Bad Pyrmont. »Betriebserkundung als methodische Voraussetzung für das Betriebspraktikum«. www.humboldt-gymnasium.de/alte_homepage/Downloads/Faecher.html (Zugriff am 31.3.2015).

Thüringer Institut für Lehrerfortbildung, Lehrplanentwicklung und Medien (Hrsg.). *Berufswahlvorbereitung*. Materialien Heft 96. Bad Berka 2005.

Zu Kapitel 4.3.4 Betriebspraktikum

Baden-Württembergischer Handwerkstag e.V. »Nimm deine Zukunft in die Hände«. www.handwerks-power.de (Zugriff am 31.3.2015).

Thüringer Institut für Lehrerfortbildung, Lehrplanentwicklung und Medien (Hrsg.). *Berufswahlvorbereitung*. Materialien Heft 96. Bad Berka 2005.

Literatur und Links zu Kapitel 4

Zu Kapitel 4.3.5 Girls' Day
Kompetenzzentrum Technik-Diversity-Chancengleichheit e.V. »Girls' Day. Mädchen entdecken Berufe in Technik, IT, Handwerk und Naturwissenschaften«. www.girls-day.de (Zugriff am 31.3.2015).
Kompetenzzentrum Technik-Diversity-Chancengleichheit e.V. »idee_it. IT als Chance für Mädchen und junge Frauen«. www.idee-it.de (Zugriff am 31.3.2015).
LizzyNet GmbH. »LizzyNet – die Community für Mädchen und junge Frauen«. www.lizzynet.de (Zugriff am 31.3.2015).

Zu Kapitel 4.3.6 Lehrerbetriebspraktikum
Reinartz, Ursula. »Das Lehrerbetriebspraktikum. Handreichung für die Einrichtung einer Koordinierungsstelle – Version mit regionalem Bezug«. www.bildungswerk-nrw.de/PDF/lehrerbetriebspraktikum_handreichung_juli_2004%5B1%5D.pdf (Zugriff am 31.3.2015).
Zentralverband des Deutschen Handwerks e.V. (ZDH). www.zdh.de (Zugriff am 31.3.2015).

Zu Kapitel 4.3.7 Lernpartnerschaften
Bundesarbeitsgemeinschaft SCHULEWIRTSCHAFT. »Unternehmenspartnerschaften«. www.schulewirtschaft.de/www/schulewirtschaft.nsf/id/Links (Zugriff am 31.3.2015).
TheoPrax-Zentrum am Fraunhofer Institut für Chemische Technologie. »TheoPrax«. www.theo-prax.de (Zugriff am 31.3.2015).

Zu Kapitel 4.3.8 Neue Wege für Jungs
Kompetenzzentrum Technik-Diversity-Chancengleichheit e.V. »Boys' Day. Neue Perspektiven in der Berufs- und Lebensplanung für Jungs«. www.boys-day.de (Zugriff am 31.3.2015).
Kompetenzzentrum Technik-Diversity-Chancengleichheit e.V. »Neue Wege für Jungs – Bundesweites Netzwerk von Initiativen zur Berufswahl und Lebensplanung von Jungen«. www.neue-wege-fuer-jungs.de (Zugriff am 31.3.2015).

4.4 Qualitätsdimension 4: »Kooperation Schule – weitere Partner«
Bundesinstitut für Berufsbildung BIBB. www.bibb.de (Zugriff am 31.3.2015).
Deutsches Jugendinstitut DJI. www.dji.de (Zugriff am 31.3.2015).

Zu Kapitel 4.4.1 Agentur für Arbeit
Bundesagentur für Arbeit. www.arbeitsagentur.de (Zugriff am 31.3.2015).
Bundesagentur für Arbeit. »BERUFENET – Berufsinformationen einfach finden«. www.berufenet.arbeitsagentur.de (Zugriff am 31.3.2015).
Bundesagentur für Arbeit. »BerufeTV«. www.berufe.tv/BA (Zugriff am 31.3.2015).

Bundesagentur für Arbeit. »Berufsinformationszentren«. www.arbeitsagentur.de/web/wcm/idc/groups/public/documents/webdatei/mdaw/mdk1/~edisp/l6019022dstbai378099.pdf (Zugriff am 31.3.2015).

Bundesagentur für Arbeit. »Berufsinformationszentrum (BiZ)«. www.arbeitsagentur.de/web/content/DE/BuergerinnenUndBuerger/Detail/index.htm?dfContentId=L6019022DSTBAI485471 (Zugriff am 31.3.2015).

Bundesagentur für Arbeit. »Planet-Beruf«. www.planet-beruf.de (Zugriff am 31.3.2015).

Bundesagentur für Arbeit, Kultusministerkonferenz. »Rahmenvereinbarung über die Zusammenarbeit von Schule und Berufsberatung zwischen der Kultusministerkonferenz und der Bundesagentur für Arbeit«. www.kmk.org/fileadmin/pdf/PresseUndAktuelles/2004/RV_Schule_Berufsberatung.pdf (Zugriff am 31.3.2015).

Zu Kapitel 4.4.2 Berufswahlpaten

Erich Kästner Regionalschule Ransbach-Baumbach. »Berufswahlpaten? Was ist das denn?«. www.berufswahlpaten-eks-rp.de (Zugriff am 31.3.2015).

Seniorenbüro »Die Brücke« des Rhein-Lahn-Kreises. »Projekt Berufswahlpaten«. www.rhein-lahn-bruecke.de/Projekt/berufswahlpaten.htm (Zugriff am 31.3.2015).

Zu Kapitel 4.4.4 Erkundung von Elternarbeitsplätzen

Schütz, Peter. »Rein in die Betriebe«. www.p-schuetz.de/Betriebe/Betriebe.html (Zugriff am 31.3.2015).

Zu Kapitel 4.4.5 Förderung leistungsstarker Schüler

Deutsche SchülerAkademie (DSA). »Deutsche SchülerAkademie – ein außerschulisches Programm zur Förderung besonders leistungsfähiger und motivierter Schülerinnen und Schüler«. www.deutsche-schuelerakademie.de (Zugriff am 31.3.2015).

Max-Planck-Gymnasium Heidenheim. »Schüler-Ingenieur-Akademie SIA«. www.sia-bw.de/das_ist_sia.de (Zugriff am 31.3.2015).

Stiftung der Deutschen Wirtschaft e.V. »›Wir stiften Chancen!‹ – zukunftsweisende Bildungsangebote für leistungswillige Schülerinnen und Schüler«. www.sdw.org (Zugriff am 31.3.2015).

Zu Kapitel 4.4.6 Hochschulen

Bundesagentur für Arbeit. »planet-beruf.de regional – Infos rund um die Ausbildung in deiner Region«. www.regional.planet-beruf.de/index.jsp (Zugriff am 31.3.2015).

Bundesagentur für Arbeit Nürnberg. »Abi – Dein Weg in Studium und Beruf«. www.abi.de (Zugriff am 31.3.2015).

Bundesagentur für Arbeit – Regionaldirektion Baden-Württemberg, Ministerium für Wissenschaft, Forschung und Kunst Baden-Württemberg, Landesarbeitsgemeinschaft SCHULEWIRTSCHAFT Baden-Württemberg (Hrsg.). *BOGY-KOMPASS – Dein Begleiter bis zum Abitur. Berufs- und Studienorientierung am Gymnasium.* o. O. 2008.

Literatur und Links zu Kapitel 4

Centrum für Hochschulentwicklung (CHE). »Hochschulranking«. www.che-ranking.de (Zugriff am 31.3.2015).

Deutsches Institut für Internationale Pädagogische Forschung (DIPF). »Deutscher Bildungsserver – Der Wegweiser zur Bildung«. www.bildungsserver.de (Zugriff am 31.3.2015).

Deutsches Studentenwerk e.V. www.studentenwerke.de (Zugriff am 31.3.2015).

Die Länder der Bundesrepublik Deutschland, Bundesagentur für Arbeit (Hrsg.). »Infotage, Schnupperstudium«. www.studienwahl.de/de/kurse-und-veranstaltungen/infotage-schnupperstudium/anzeigen.htm (Zugriff am 31.3.2015).

Die Länder der Bundesrepublik Deutschland, Bundesagentur für Arbeit (Hrsg.). »Studien- und Berufswahl«. www.studienwahl.de (Zugriff am 31.3.2015).

e-fellows.net GmbH & Co KG. »e-fellows.net – Das Online-Stipendium und Karrierenetzwerk«. www.e-fellows.net/Studium/Schule-Abi-und-dann-studieren (Zugriff am 31.3.2015).

EINSTIEG GmbH. »eltern-service Berufswahl«. www.einstieg.com/eltern/elternratgeber.html (Zugriff am 31.3.2015).

EINSTIEG GmbH. »lehrer-service Berufswahl«. www.einstieg.com/lehrer/home.html (Zugriff am 31.3.2015).

JOBLAB & Diversity. »JOBLAB, das Multimedia-Planspiel zur Berufsfindung und Studienwahl«. www.joblab.de/planspiel_studium.html (Zugriff am 31.3.2015).

Johannes Gutenberg Universität Mainz. »Schnuppertage – Studienfächer gezielt kennenlernen«. www.studium.uni-mainz.de/schnuppertage (Zugriff am 31.3.2015).

Ministerium für Wissenschaft, Forschung und Kunst Baden-Württemberg. »Studieninformation Baden-Württemberg. Gscheit studiert«. www.studieninfo-bw.de (Zugriff am 31.3.2015).

moeller eConsult. »Studium-Ratgeber: Dein Studenten-Portal«. www.studium-ratgeber.de (Zugriff am 31.3.2015).

Netzwerk »Wege ins Studium«. www.wege-ins-studium.de (Zugriff am 31.3.2015).

Oliver+Katrin Iost GbR. »Studis Online – Studieren leicht gemacht«. www.studis-online.de (Zugriff am 31.3.2015).

Stiftung der Deutschen Wirtschaft e.V. »Förderprogramm ›Der Studienkompass‹: Ein sicheres Ticket an die Hochschule«. www.studienkompass.de (Zugriff am 31.3.2015).

Stiftung für Hochschulzulassung. »Bewerbung für Medizin, Tiermedizin, Zahnmedizin und Pharmazie«. www.hochschulstart.de (Zugriff am 31.3.2015).

Stiftung zur Förderung der Hochschulrektorenkonferenz. »Hochschulkompass – Studieren und promovieren in Deutschland«. www.hochschulkompass.de (Zugriff am 31.3.2015).

Technische Universität Berlin. »Labgirls – Physiklabor für Schülerinnen«. www.naturwissenschaften.tu-berlin.de/menue/einrichtungen/beauftragte/frauenbeauftragte/v-menue/labgirls/v-menue/home (Zugriff am 31.3.2015).

4 Maßnahmen zur Berufsorientierung

Universität Stuttgart. »Probiert die Uni aus! Naturwissenschaften und Technik für Schülerinnen der Oberstufe«. www.uni-stuttgart.de/probiert (Zugriff am 31.3.2015).

Zu Kapitel 4.4.7 Jugendhilfe
Bertelsmann Stiftung (Hrsg.). *Leitfaden lokales Übergangsmanagement.* Gütersloh 2008.

5 Anhang

Übersicht über alle Materialien zum Download
www.bertelsmann-stiftung.de/de/leitfaden-berufsorientierung

Kapitel 1 Einführung

1.4 Qualitätsmanagementsystem zur Berufsorientierung an Schulen
- Links zu länderspezifischen Vorgaben zur Berufsorientierung
- Literatur und Links

Kapitel 2 Planung der Berufsorientierung an Schulen

2.1 Statusanalyse
- Fragebogen zur Statusanalyse

2.2 Koordinationsgruppe
- Aufgabenbeschreibung
- Teamentwicklung
- Sitzungsprotokoll
- Regeln zur Sitzungsgestaltung
- Rolle des Moderators
- Feedbackregeln

2.3 Kommunikation
- Fragebogen zur Kooperation im Kollegium
- Partnerdatenbank

Anhang

- Berufedatenbank
- Kooperationspartner

2.4 Projektmanagement
- Projektentwurf
- Projektentwurf (Beispiel)
- Meilensteinplan
- Meilensteinplan (Beispiel)
- Maßnahmenplan
- Maßnahmenplan (Beispiel)
- Projektbericht
- Projektbericht (Beispiel)

Kapitel 3 Umsetzung der Berufsorientierung an Schulen

3.1 Kompetenzfeststellung und individuelle Förderung
- Checkliste »Strukturierung von Fördergesprächen«
- Fördervereinbarung
- Maßnahmen zur Berufsorientierung – spezifische Hinweise für Schülerinnen und Schüler mit Unterstützungsbedarf

3.2 Qualitätsrahmen Berufsorientierung
- Qualitätsrahmen Berufsorientierung
- Fachspezifische Maßnahmen und Inhalte zur Berufsorientierung

3.3 Qualitätsleitbild Berufsorientierung
- Qualitätsleitsätze und Qualitätskriterien
- Qualitätsindikatoren und Qualitätsstandards
- Qualitätsleitbild (Beispiel)
- Qualitätsleitbild zur Berufsorientierung (Beispiel einer Schule)
- Stufen der Berufsorientierung
- Stufen der Berufsorientierung (Beispiel einer Hauptschule)
- Stufen der Berufsorientierung (Beispiel einer Realschule)
- Stufen der Berufsorientierung (Beispiel eines Gymnasiums)

3.4 Prozessdokumentation
- Prozessbeschreibung
- Prozessbeschreibung (Beispiel)
- Berufsorientierungs-Dokumentationsordner (BoDo)

3.5 Evaluation und Verbesserung
- Checkliste Evaluation
- Schritte bei der Fragebogenerstellung
- Evaluationszielscheibe
- SWOT-Analyse

Kapitel 4 Maßnahmen zur Berufsorientierung

4.1 Qualitätsdimension 1: »Unterrichtliche Aktivitäten«

4.1.1 Einbeziehen außerschulischer Experten in den Unterricht
- Einbeziehen außerschulischer Experten in den Unterricht – Beispiel: ehemalige Schülerinnen und Schüler

4.1.2 Recherche und Präsentation von Informationen
- Recherche und Präsentation von Informationen

4.1.3 Schwerpunkttag Ökonomie
- Schwerpunkttag Ökonomie
- Schwerpunkttag Ökonomie – Lehrkräftecheckliste

4.2 Qualitätsdimension 2: »Außerunterrichtliche Aktivitäten«

4.2.1 Benimmtraining
- Benimmtraining

4.2.2 Berufswahlportfolio
- Berufswahlportfolio

4.2.3 Bewerbungstraining
- Bewerbungstraining

4.2.4 Ich-Stärkung
- Ich-Stärkung

4.2.5 Planspiele
- Planspiele
- Planspiel Ready-Steady-Go (Beispiel)

4.2.6 Projekttage
- Projekttage

Anhang

4.2.7 Schülerfirma
- Schülerfirma
- Schülerfirma – Lehrkräftecheckliste zur Gründung
- Schülerfirma – Arbeitsvertrag
- Schülerfirma – Kooperationsvertrag

4.2.8 Verantwortungsübertragung
- Verantwortungsübertragung

4.3 Qualitätsdimension 3: »Kooperation Schule – Wirtschaft«

4.3.1 Berufsmessen
- Berufsmessen
- Berufsmessen – Leitfragen für Schülerinnen und Schüler

4.3.2 Betriebsbesichtigung
- Betriebsbesichtigung
- Betriebsbesichtigung – Lehrkräftecheckliste
- Betriebsbesichtigung – Betriebscheckliste

4.3.3 Betriebserkundung
- Betriebserkundung
- Betriebserkundung – Lehrkräftecheckliste
- Betriebserkundung – Betriebscheckliste
- Betriebserkundung – Leitfragen für Schülerinnen und Schüler
- Betriebserkundung – Reflexionsbogen für Schülerinnen und Schüler

4.3.4 Betriebspraktikum
- Betriebspraktikum
- Betriebspraktikum – schematischer Ablauf
- Betriebspraktikum – Lehrkräftecheckliste
- Betriebspraktikum – Bestätigung zur Praktikanteneinstellung
- Betriebspraktikum – Zertifikat
- Betriebspraktikum – Verhaltensregeln für Schülerinnen und Schüler
- Betriebspraktikum – Praktikumsbericht

4.3.5 Girls' Day
- Girls' Day

4.3.6 Lehrerbetriebspraktikum
- Lehrerbetriebspraktikum
- Lehrerbetriebspraktikum – Lehrkräftecheckliste

4.3.7 Lernpartnerschaften
- Lernpartnerschaften
- Lernpartnerschaften – Kooperationsvereinbarung

4.3.8 Neue Wege für Jungs
- Neue Wege für Jungs

4.4 Qualitätsdimension 4: »Kooperation Schule – weitere Partner«

4.4.1 Agentur für Arbeit
- Agentur für Arbeit – Möglichkeiten der Zusammenarbeit
- Agentur für Arbeit – Fragen zur Selbstreflexion der Schülerinnen und Schüler
- Agentur für Arbeit – Vorbereitung auf den Besuch beim BIZ

4.4.2 Berufswahlpaten
- Berufswahlpaten

4.4.3 Eltern-Schüler-Abend
- Eltern-Schüler-Abend

4.4.4 Erkundung von Elternarbeitsplätzen
- Erkundung von Elternarbeitsplätzen
- Erkundung von Elternarbeitsplätzen – Lehrkräftecheckliste

4.4.5 Förderung leistungsstarker Schülerinnen und Schüler
- Förderung leistungsstarker Schülerinnen und Schüler

4.4.6 Hochschulen
- Hochschulen – Möglichkeiten der Studienorientierung
- Hochschulen – Vorbereitung auf den Studieninformationstag
- Hochschulen – Leitfragen für den Studieninformationstag
- Hochschulen – Nachbereitung des Studieninformationstags

4.4.7 Jugendhilfe
- Jugendhilfe – Möglichkeiten der Zusammenarbeit

Danksagung

Unser besonderer Dank gilt folgenden Expertinnen und Experten, die uns bei der Bearbeitung der 6. Auflage mit Rat und Tat zur Seite standen: *Claudia Burkard, Dr. Ina Döttinger, Eike Fischer, Prof. Dr. Ulrich Heimlich, Ute Kahle, Christian Kotter, Erich Schuler* und der Bundesagentur für Arbeit.

Abstract

The Vocational Orientation Handbook is a practical guide for innovative schools aiming to create a conceptual framework for vocational orientation that is tailored to specific needs and subject to quality management. The strategies presented in the Handbook can be applied across school types and are designed to facilitate the systematic integration of vocational activities into schoolwork. The Handbook offers educational professionals a complete guide to vocational orientation and related activities. In addition to providing a broad range of background information, it offers a diverse set of teaching materials that substantially reduce the workload of educators. From parent-student »open house« nights to company tours to job application trainings, the Handbook addresses a broad spectrum of ideas and practices.

Vocational orientation in schools introduces children and young adults to the world of employment, a world that is, for them, terra incognita. Given the limited tangibility of this world in its complexity and diversity, good vocational orientation must, at the very least, equip young people with an understanding of the basic expectations they are bound to encounter through the course of their education and career paths. At the same time, good vocational orientation must facilitate their capacity to develop a realistic view of their own abilities and individual talents. Schools can deliver on these points only when vocational orientation activities are integrated into their overall educational framework and are subject to continual updates and qualitative development. Reliable coordination teams and an established framework for quality management are key pillars in achieving long-term success in these areas.

The Vocational Orientation Handbook simplifies teachers' work in several ways. It is designed not to change or radically alter existing activities for vocational orientation, but to make sensible use of them in rethinking their systematization. Schools then assign their measures to four different dimensions: classroom activities, extracurricular activities, cooperation between schools and industry, and cooperation between schools and

Abstract

other partners. Each school then has a status profile that can be used in monitoring individual progress and identifying areas in need of improvement.

During its development, the Handbook was tested, evaluated and improved upon in various types of schools in the German federal states of Baden-Württemberg and North Rhine-Westphalia. The Handbook is therefore field-tested and tailored to the needs of schools. It offers users creative latitude in developing vocational orientation activities that are in line with each schools' own visionary framework. Working with the Handbook does not require specific background knowledge or expertise. The Handbook includes a website with a variety of materials such as checklists and worksheets designed to support teachers both conceptually and in the classroom. All documents are provided in Microsoft Word-format so that they can be easily adapted for individual use. The spectrum of activities addressed range from conducting an initial status analysis to preparing individualized counseling interviews to developing long-term quality standards. The Handbook is a practical tool for schools aiming to help students answer three key questions as they prepare for a career or vocation: Who am I? What can I do? Where do I want to go?